U0055463

賣尚

千滋百味話川菜

人生百味 百味人生 慢嘗細品 味味皆美

向東◎著

出版序

《食悟》——因食而悟，悟的是什麼？滋味、歷史、文化、傳說、典故、民風、食俗、記憶、懷念，還是烹調秘技！

來自聯合國教科文組織認證的世界美食之都——成都的作者向東，心中總有著老成都人與「吃」難解的情。兒時母親的在廚灶邊忙活時的隱香不時地挑動他的心弦；遠離家鄉在外地工作時，故鄉味總讓他流涎又流淚；當了媒體工作者又和「吃」攪和在一起，四處采風、追本溯源的講述著吃的傳奇，卻總為那傳統、樸實之味與濃濃人情相融的真味動情；現在退休了，天天為了旺盛的「食」情勤奮筆耕，而悟出了巴蜀男女的「吃」情與生活、習俗、文化、風情有著共同的記憶與不解之情緊緊相繫；悟出一五００年前東晉・常璩的《華楊國志》歸結出巴蜀人「尚滋味，好辛香」的真義。

這裡作者一改過去以「點」的方式，單一角度的介紹巴蜀美食、典故、文化、風情、歷史等，而是運用川人擺龍門陣的奇巧為讀者帶來「面」的新趣味，將巴蜀美食、典故、文化、風情、歷史等串在一起，讓讀者在精彩如故事般地訴說中，感悟川菜美味的真實風情，誠如作者所言：「以菜說味，以味侃菜；以物說肴，以肴聊物；以食說情，以情話食」，一環扣一環，讓人一讀就停不下來，就如川菜的美味一嘗就停不了口。

作者透過筆墨，譜出《食悟》三部曲，首部曲是《食悟——千滋百味話川菜》，為大家擺上經典佳肴、特色滋味和巴蜀食風食俗。二部曲是《食悟——巴蜀風情在小吃》，小吃在巴蜀地區不只是吃好玩的，更是用嗅覺、視覺、味覺、觸覺、聽覺等五感體驗巴蜀風情的最佳途徑。最後回歸飲食的原始目的——強身健體、延續生命。巴蜀地區是強調自然與養身的道教發源地，對日常的吃，可是有獨到的健康概念，運用簡單飲食就能養身，壓軸的第三部曲《食悟——百姓飲食即養生》，將是您最佳的生活飲食指南。

發行人 蔡名雄

2011/6/9 於台北

目錄

248 話風情

話佳肴

情話　天府芙蓉錦繡舒　芙蓉
川味河鮮　肴不醉人人自醉
話及鴛鴦菜式　不得其醬，不
「趣話與砂鍋雅魚　滋身怡情
情　巴蜀泡菜之民間風情
鍋肉之前世今生　回鍋肉／
俏傳奇新說　百年難斷雞丁
妻肺片情話新說　七滋八味
流韻　巴蜀豆花風流情話
肉當是白肉香　蒜泥白肉之
子及名肴鑒賞　大話閒水煮
成都耗子洞張鴨子傳奇
魚，我辣我招搖　水煮牛肉
味四絕　神韻妙味話魚香
椒與椒麻風味　窈窕竹蓀，
飾肴　天府芙蓉錦繡舒　芙蓉

江草堂郫鏈魚　軟燒仔鯰
老饕亂點鴛鴦譜　鴛鴦
本青衣羌國品三雅「二
席　巴蜀田席之古風新韻
菜風味品賞　紅肥綠瘦泡
麻辣，麻婆不麻　陳麻婆
今是非　夫妻肺片不了情
之興與衰　古風鄉味，千
湖　棒棒雞之江湖遊記
質，雪藏仙肴　魔芋、雪
川菜之湯　耗子洞裡鴨肴
雞豆花風味賞析　莫道是
風道味白果雞　青城道家
麻你沒商量，香麻到永遠
名肴賞析　西壩豆腐，仙
江草堂郫鏈魚　軟燒仔鯰

回鍋肉之前世今生

回鍋肉／熬鍋肉外傳

還記得小時候做錯了事，母親很生氣地扯下你的褲子，在光屁股上啪啪幾巴掌嗎？這叫吃「熬鍋肉」；若是母親用竹片子打屁股，這又叫做吃「筍子熬肉」。當你已成長為青年、中年、壯年，這「熬鍋肉」和「筍子熬肉」的滋味已演化成為一生都在懷念的溫馨、親情和母愛……演化成人生不同階段中那難以忘懷的經歷。熬鍋肉、回鍋肉，恐怕世間再也沒有那款家常菜肴能與一個地區，一億多人有著如此深切的情感與千千情結，和巴蜀百姓的民俗民生、民風民情如此緊密，讓世代巴蜀兒女一生魂牽夢縈。

回鍋肉固然是川人「尚滋味，好辛香」的典型家常風味菜，但其味中之味與味外之味，卻是唯有川人方能品味和感受到的。不論是在家鄉還是異土，每當人們在思念、品嘗回鍋肉那特有的風味特色時，湧流在心底的是那濃郁的鄉味，令人恍惚的鄉風，還有那相思淚漣的親情；蕩漾在腦海裡的是生命中那平淡，亦或是短暫的幸福生活滋味。

鄧小平，作為一個道地的四川人、雖少小離川，可他一生卻是鄉音不變、鄉味不改，始終對回鍋肉一往情深。幾乎每次回川他都要吃回鍋肉，有時還特別叮囑，要品嘗鄉村風味的折耳根回鍋肉。朱德、陳毅等川籍老帥，回到家裡，最愛吃的依然是回鍋肉。儘管因健康原因而受限，但卻常趁夫人不注意而「偷吃」，有時又像小孩兒一樣「耍賴」而得以多吃兩片。

二〇〇〇年元月，華西都市報與一家新開張的大型川菜酒樓發起全川首次全民參與的，最能代表川菜的「巴蜀十二品」評選活動。回鍋肉理所當然成為「川菜之王」，「巴蜀第一菜」。有趣的是，二〇〇二年，英國美食學者扶霞．鄧祿普分別採訪了成都川菜大師肖見明、喻波和雙流的劉少坤。她問肖：「你都是川菜大師了，那你最喜歡吃的川菜是什麼？」肖見明毫不遲凝地回答：「還是回鍋肉。」問到喻波，這位川菜菜癡略為沉思，然後像孩童般純真、坦然地一笑，說：「回鍋肉。」而劉少坤這位川西壩子美味高手卻這樣說：「我平時愛吃泡菜燒魚，但最喜歡的還是回鍋肉。」

回到二〇〇八年五月十二日下午二：二十八分，四川汶川突發八．〇級震驚世界的特大地震。這年春節的大年夜，大陸總理溫家寶再次來到震央映秀鎮，給剛住進臨時板房的災區民眾拜年。他繫上圍裙親自為鄉親們炒了碗回鍋肉，親切地與受災群眾同坐一桌，請大家品嘗他炒的回鍋肉。

誠然，透過川菜這道視窗，人們窺視到了巴蜀文化的絢麗多姿、林林總總。然而透過回鍋肉這道家常菜，映射出的卻是一幅巴山蜀水、天府子民尚生活、好勤儉、純真質樸的人間風情畫卷……。

回鍋肉與刀頭肉

回鍋肉源於川人祭祀神祖，起於那人類史上規模罕見的移民大潮——湖廣填四川。據考，清朝初年遷徙到四川的移民為追念故土先人，每逢初二、十六便要備酒、割肉、殺雞，祭神祭祖。肉須割豬坐臀肉，俗稱「刀頭肉」，雞則大雄雞。神祖忌生，得先把刀頭肉稍煮斷生方可作供品。祭祀後再把肉切片回鍋熬煎，配上時蔬及家中自製調料炒合，如是便稱其為熬鍋肉。早先之湖廣人稱祭祖為「祭爺」（音讀「牙」），民間又把吃祭肉稱為「打爺祭」。後來川人就順「打爺祭」之讀音戲謔成「打牙祭」。記得兒時，有次母親牽著我去割了塊刀頭肉，遇到熟人打招呼：「呵喲，割那麼大塊二刀肉嗦，今天安心要打牙祭哈！」母親笑呵呵地回道：「是噻，祭了死人還要祭活人的嘛，牙齒都癆鬆了，娃兒都鬧了好多天了」。

祭祀的刀頭肉是很講究的，不但肉要好還得方正有形，遵古訓，割不正不食。因此割豬坐臀肉頭刀不方正，須得第二刀才整齊均勻，故又稱為「二刀肉」。至今去市場買做回鍋肉的肉，賣肉者都會主動告訴你哪塊是二刀。雖然進入現代社會早已不再祭祀，但炒回鍋肉的片張大小，以及要熬起燈盞窩也都需要肉方正才好。

從刀頭肉演化而來的且不只是熬鍋肉。過去，鄉村城鎮之家通常沒有寬餘的錢去買豆瓣、甜醬等調料，便把祭祀後的肉切片放進先前煮肉的湯鍋（土罐或砂鍋）中煮熟，隨時令季節添加些像蘿蔔、冬瓜、高麗菜、大白菜、萵筍等鮮蔬，連鍋上桌肉菜湯三合一，再打個醬油辣椒粉或豆瓣碟子醮食，吃來又是一番風味。百姓把這吃法叫做「連鍋子」或「連鍋湯」，意為肉菜湯成一鍋不用另占碗盆。從形式上看，連鍋子也是回鍋肉。筆者工作後，一個冬天遊樂山大佛，中午在山下一家餐廳要了碗蘿蔔連鍋、味碟就是醬油加辣椒粉。吃完了喝湯，服務員還特意過來用樂山話對我說：「同志，湯的圍（味）道波（不）夠，座（桌）子上有一（鹽）巴」。我會心一笑，這三合一的連鍋子真是花錢不多，吃得熱呵，且服務還滿有地方特色。

●樂山著名景點──樂山大佛。

還有款源自刀頭肉的是涼拌白肉，同樣是祭

●郫縣小館子的燈盞窩狀回鍋肉。

祀完後回鍋煮熟透、切片，用家製的辣豆瓣或油辣子，或鮮青辣椒放進柴火灶中烘熟，剁成椒茸與醬油、蒜泥拌合肉片。煮肉的湯一樣煮些鮮蔬，一拖三，亦是風味別樣。成都名館竹林小餐就是靠這「蒜泥白肉」和「罐湯」出了名。由此，應該說從川人祭祀之刀頭肉演繹成的「回鍋肉」就是「回氏」三兄弟：熬鍋肉、連鍋子、拌白肉。都是回鍋，只是做法與風味不同而以。

如今，祭祀神祖已是往事，追念先人也多在清明。尤其是一九八〇年代後生活日漸寬裕，吃的東西更為豐富，人們不僅吃風味、吃特色、吃新奇、也要吃健康，忌肥減肥成為時尚。回鍋肉雖依然是川人最愛，只是做回鍋肉大多不再選用肥多瘦少的「刀頭肉」，也更無熬油之必要，而多用肥瘦相間的五花肉，刀頭肉就這樣悄然退居二線了。

回鍋肉與熬鍋肉

多年來，究竟是叫回鍋肉還是叫熬鍋肉，世人一直眾說不一。有說熬鍋肉是川東的，有人又說是川西北的，也還有說熬鍋肉與回鍋肉是兩個概念。而在大眾百姓看來，熬鍋肉、回鍋肉，手心手背都是肉。只是因其內函與先後叫法不同而已。事實上也就在三十多年前，四川絕大部份地區，無論城鄉，民間都稱之為熬鍋肉。飯館將其列為家常風味主菜後，依其烹製特點改稱「回鍋肉」。換言之，回鍋肉是專業之稱，堂館之說，代表一種烹製手法和風味特色。其後擴展成回鍋系列或回鍋一族亦是此理。而一個「熬」字卻好生了得，其蘊含的不僅是一種手法，更是百姓居家過日子的真實寫照。反映出的是人世間酸楚而又快樂的生活經歷。當然，一個「熬」一個「回」實為兩個概念，前者生活之必須，先熬後炒，吃來雖乾香卻有些頂牙；後者直接回鍋煎炒，吃來是油潤滋香。客觀而言，這款風味情肴的稱謂該是，本名：熬鍋肉；學名：回鍋肉；別名：打牙祭；綽號：過門香。

熬鍋肉作為回鍋肉的前生十分清晰地透視出巴蜀地區的人文風情。過去，生活中的祭祀既含對上天的祈求哀告，亦有對吃祭肉的期盼。祭祀之肉切片入鍋，重要的是「熬油」，為以後清苦寡淡的日子多少添點油氣和肉味。這就是「熬鍋肉」之由來。此風俗一直承襲到一九六〇、七〇年代。那段歲月，城鎮居民從糧油肉到鹽糖茶甚至火柴全都憑票證限量供給，每月每人豬肉僅半斤。筆者一家五口，父親在外地工作，全家每月總共二斤肉。這就決定了一個月頂多能吃上兩次肉。而且還要盡可能割肥肉，以便能多熬點油作為之後炒素菜或吃麵條用。每逢要割肉，天不見亮四、五點鐘就得摸黑起早去到肉鋪排隊。天寒地凍也不例外，為的是排在前面能割上肥肉。若晚了排後，輪到位不是肉賣完就是只剩帶皮連骨的瘦肉。油熬不成是絕對不行的，又得第二天起早再來。買到了肥肉，那喜悅之情盡露臉上。炒肉時，先把油熬得差不多了，篦進油罐中，鍋裡再下豆瓣豆豉和其他配料。通常一次只能割上一斤肥多瘦少的肉，熬了油，肉也沒有幾片了，於是只得加些時蔬或鍋盔什麼的。這樣就有了各式各樣配料的熬鍋肉。即便如此，一個二、三十戶人家的大院，一家熬肉滿院聞香，於是又給熬鍋肉取個綽號「過門香」，意為飄過哪家門，哪家就留香。這一風俗直到生活見好供應充足，不必再熬油方才逐漸稱為回鍋肉。

回鍋肉與回鍋族

兩百多年來，儘管川菜菜品數千達萬、日新月異，但唯有回鍋肉才具有如此廣泛、如此豐富的內涵。回鍋肉在烹炒和風味上還享有充分的民主和自由，人人可做，家家能炒，一人一格，百家百味。回鍋肉還以其驚人的包容性和親和力因時應市、依物就料、自由組合、隨意搭配。這就有了名目繁多的回鍋家族。二、三百歲的回鍋肉如今已是回鍋一族。回鍋家族中有民眾較熟知的青辣椒回鍋肉、燈籠辣椒回鍋肉、蒜苔回鍋肉、紅苕豆豉回鍋肉，以及韭菜花、高麗菜、洋蔥、仔薑、鹽菜、乾豇豆回鍋肉；亦有與鍋魁、饅頭、油條、麻花、苕皮、豆腐乾、年糕等配伍的回鍋肉，五花八門，風味紛呈，款款都為人所愛，常吃不厭。其間尤其是高麗菜或洋蔥回鍋肉，對現今五十歲以上的人來說更別有一番滋味在心頭。

一九六〇、七〇年代，單位及學校食堂大抵是一週一兩次回鍋肉，幾乎不是高麗菜就是洋蔥回鍋肉。排隊打菜或圍桌分菜，每個人的心情與目光是難以言狀的。一九六〇年代中期正讀成都第二師範學校的我，在校以寢室劃分八人一桌，一小臉盆高麗菜回鍋肉，肉少菜多，大家輪流掌勺分菜。通常是先分肉，數片數平均分配，大小兼搭、肥瘦兼顧，分完肉再分高麗菜，絕對公正公平。那時的我們，恰青澀少年，雖不識愁滋味，卻也八雙眼珠直落菜盆。牙祭打完，碗或飯盒是捨不得洗的，碗裡的紅油湯汁要留到下頓享用。工作後，單位食堂也還是高麗菜或洋蔥回鍋肉，仍是一周兩次。逢年過節或國家有什麼大好事要歡慶，方能吃到傳統正宗的蒜苗或青辣椒回鍋肉。大凡買肉，排到取菜窗口，若平日與食堂人員關係較好，則勺裡會多兩小片肉或大片些。此時此刻，雙眼會不由自主地緊盯住炊事員的手，一勺舀起扣入碗裡還好，若是他（她）的手還抖那麼兩下，那准把人的心都要抖發慌發毛。這，就是回鍋肉與一代代川人的情結，既浸含著苦澀滋味，亦有著幸福的快感。

飯館酒樓中的回鍋肉，經眾多廚師提煉，其烹製更為規範和標準化，風味特色相對穩定。行業中亦有傳統蒜苗回鍋肉、川東旱蒸回鍋肉（不煮，乾蒸後切片回鍋）、香辣回鍋肉、林派回鍋肉、廣漢連山回鍋肉幾個風味流派。其中林派回鍋肉鮮有人知。據說是解放前川大的一位教授是個美食家，尤喜回鍋肉，自家研製了一款加有蒜泥或蒜片，熗乾辣椒及醪糟汁的回鍋肉，吃起來在傳統鹹鮮微辣、醬香濃郁的風味口感中多了蒜香、熗辣香及糟香的風味，得到行業的認可，稱為林派回鍋肉。

此外、從回鍋肉中還演繹出回鍋臘肉、回鍋醬肉、回鍋香腸、回鍋魚片、回鍋牛肉、回鍋鱔魚、回鍋甲魚、回鍋牛蛙等回鍋風味系列。近年來，「新派」回鍋相繼出堂，像泡椒回鍋肉、泡菜回鍋肉、香辣醬回鍋肉、老干媽回鍋肉等。那些省外國外的川菜館就更不用說，其回鍋肉已是面目全非，難識天府真面目了。回鍋肉家族甚至還擴展到素菜中、像回鍋厚皮菜、回鍋茄片、回鍋蘿蔔、回鍋土豆片等。回鍋一族、葷素齊揚風行人間。二〇〇九年五月二十八日端午節，成都卞氏菜根香隆重推出回鍋肉大全二十五款，其傳統風味，資格味道及豐富多彩的品類吸引了一潮一潮的食客爭相品嘗，快樂過癮。

話說回鍋肉，還得提及另一款風情民肴——泡菜。回鍋肉與泡菜在川人的生活中，可堪稱佳偶天成，風味情肴兄妹花。四川人吃回鍋肉，絕少不了要配泡菜。肉吃得可以了，吃幾塊鮮香脆爽、鹹甜酸辣的泡菜除油清口，那是一種十分令人愜意的享受。這一葷一素、一濃一淡，濃妝淡抹兩相宜，這就是四川人尚滋味、尚生活的藝術所在。

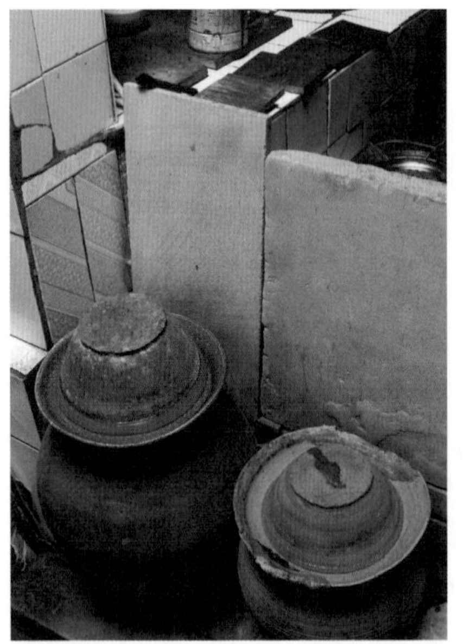

●巴蜀地方家家必備的泡菜罈子。

兩個多世紀來，作為一款地方風味情肴，回鍋肉的鹹鮮微辣、醬香回甜、肥而不膩、滋潤爽口的風味特色，以及醇濃的民俗風情魅力，不僅生動地體現了川人的品味、習俗與性格，且川人還將回鍋肉吃出這麼多的名堂來。這不能不說是一個地域、一方人民之人文風情和傳統文化的風采。正是這種風采的滋味與濃情，滋潤一代又一代天府兒女，也感動了無數中外食客。在川人的情懷中，回鍋肉那紅亮豔麗，如花朵般的燈盞窩中，蘊藏著巴蜀子民那平凡與平淡人生中的縷縷鄉情、親情，飄溢出的是人生經歷中幸福生活的七滋八味。借用王維之詩《相思》略改以抒情：「回鍋」生天府，味美且多滋，願君常品享，此肴最相思。

熬鍋肉、回鍋肉，手心手背都是肉；
你回鍋、他熬鍋，巴蜀流香燈盞窩。

豆腐麻辣，麻婆不麻

陳麻婆豆腐傳奇新說

當漢代淮南王劉安在淮南八公山珍珠泉，以黃豆煉製金丹時，無意間創製成了豆腐。其後傳至民間，豆腐便成為中華民族之美饌。然而劉安與其煉丹術士絕沒想像到，在近兩千年後，四川成都一位至今其姓名仍不為世人所知的農家婦女，卻把豆腐做成為一款世界名肴——麻婆豆腐。

麻婆豆腐，一款中國西部盆地中的家常川菜，何以能享譽世界？搜索中華食庫，單豆腐菜肴不說上萬也有數千而計。僅川菜中，以百年前《成都通覽》所列亦有近八十餘款，現今已達二百餘個。非但如此，還在國內國外衍生出「新派麻婆豆腐」、「海派麻婆豆腐」、「粵派麻婆豆腐」、「南京麻婆豆腐」、「長春麻婆豆腐」、「日本麻婆豆腐」、「韓國麻婆豆腐」等等。較特別的是有一位學者在他的《烹飪原理》（1964，台灣）一書中作出了這樣的奇怪推論：麻婆豆腐的特點不在其特殊的口味，而在於為了入味，在烹調時必須將其搞破爛，所以這道名菜的本名是叫「麻破豆腐」，只是為了典雅吉祥才稱為麻婆豆腐。如此誤解也真令人忍俊不禁。

然而，麻婆豆腐卻是這般獨領風騷，盡享殊榮近一個半世紀。百幾十年間，流傳於世的有關麻婆豆腐的諸多傳說，更給這道坊間名菜增添了諸多奇趣食情，致使地球村裡各種膚色之麻婆豆腐 Fans（粉絲）趨之若鶩，迢迢萬里飛渡，拜吃麻婆豆腐，問味芙蓉錦城。

麻婆豆腐之陳麻婆

話說清朝咸豐末年（一八六一年），成都北門外有座青瓦頂棚的平板木橋，人稱萬福橋。在橋頭上河壩街的一排灰瓦破房前，一幅「陳興盛飯鋪」的破布店招隨風招搖。這座萬福橋當年是新繁、什邡、廣漢及彭州一帶農副產品交易，特別是為成都油糧行送米和菜油的進出要道，也是那些運物送貨的腳夫、挑夫、背夫、船夫、推車、抬轎等苦力之人歇腳吃飯之地。萬福橋邊金花街，臨近成都北門城隍廟，亦是周邊及城裡人燒香求佛、趕廟會、遊耍、小商小販叫賣雜貨的熱鬧場所。「陳興盛飯鋪」的店主陳春富偕妻在此開店，就是看好這個「黃金口岸」，取名「陳興盛」倒是想借此旺鋪，指望生意興盛而發家致富。起初，陳氏夫妻小本經營，只賣點小菜便飯。好在其妻農家婦女，不僅善製泡菜鹹菜還小有廚技，因此飯鋪就全仗她主理。

當時，陳家飯鋪附近有家王姓豆腐坊，豆腐做得細嫩綿軟，每天都要在陳家飯鋪擺幾板豆腐招客。這條路上也常有挑擔賣豬肉或牛肉的小販，來到飯鋪總要歇一腳，坐等買主。而飯店的主要客人，便是那些挑糧油擔子的挑夫。他們每日起早摸黑、肩承重荷、長途跋涉，進城送完糧油回到萬福橋，已是人睏體乏、饑腸轆轆、口乾舌燥、癆腸寡肚。於是三五相湊打個平夥，割幾兩豬肉或牛肉，買幾塊豆腐，再於陳氏飯鋪拿個缸缽，把油簍倒立，讓簍底餘油盡流入缽，連油一併交由陳妻加工代燒。陳妻知道下苦力的人口味吃得大，偏好麻辣鮮燙。因此，她以自製之辣椒粉加花椒粉，把客人買的豬肉切成片烹燒豆腐。陳妻燒出的豆腐紅亮誘人、麻辣鮮香、又熱又燙，挑夫們吃來是解饑解饞又解澇。加之陳妻為人和善，加工代燒，連調料、柴火、燒製等費用一併算入豆腐中，每碗八文錢，價廉味美，大受挑夫和其他吃客的喜愛。陳妻則每日可從挑夫的油簍中收得好幾斤餘油。

不久，陳妻有著「麻辣燙」風味的豆腐，便以十傳百地散佈開來，成為其飯鋪的特色招牌菜。陳妻本人亦傳因臉上有幾顆麻子，而被食客戲稱為陳麻婆，豆腐出了名，也順勢叫為「麻婆豆腐」。正當「興盛」飯鋪的生意呈現興盛之際，其夫陳春富卻因病逝去。陳妻孤身一人既帶女兒又打點生意，苦不堪言，但她硬把飯鋪支撐下來，生意也日漸有了起色。此後，陳妻請了一個叫薛順祥的廚師和幫工，除了豆腐還增加了些時令小炒，擴了兩間鋪面。並聽從客人建議，在後院河邊擺設了茶座，以方便城裡來等吃豆腐的客人及客商喝茶、打牌、品酒、聊天。興盛飯鋪就此便有了些規模。呈現出日後如馮家吉《成都竹技詞．詠麻婆豆腐》中所描繪：「麻婆陳氏尚傳名，豆腐烘來味最精；萬福橋邊簾影動，合沽春酒醉先生。」的生動繁榮景象。

麻婆豆腐之溫巧巧

話說到此，一個陳妻的核心問題尚未挑明，這就是「陳麻婆」之麻子。在大多傳說及論述中，眾口一詞是因其臉上有幾顆黑痣（川人稱麻子），而被戲稱為陳麻婆，豆腐也就叫為「麻婆豆腐」。此由來與定義已為專家、學者、社會大眾所認定，以至陳麻婆本人姓啥名誰反到鮮為人知。不過世間亦有質疑和它說。據《成都民間文學大全》所記：陳麻婆本人姓李，李劼人先生《大波》中言之姓陳，而《四川省志．人物志》又謂之姓劉。另有一說：陳麻婆，本姓溫，名巧巧。稱之為陳麻婆雖合情理，但卻是豆腐麻辣，麻婆不麻。

●陳麻婆的麻婆豆腐。

溫巧巧其人，白淨漂亮、聰慧賢能、性情開朗，因丈夫陳春富是麻子，臉上坑坑窪窪的，鄉里街坊都喊陳麻子。按舊時習俗，嫁雞隨雞，嫁狗隨狗，女人過門則隨夫姓，陳麻子的婆娘，自然就順便戲喊為陳麻婆。豆腐出了名，食客也樂得直呼為「麻婆豆腐」，更順口、更有情趣。於是，陳麻婆就這樣叫傳下來。民國初年，周詢在《芙蓉話舊錄》中如是說：「北門外有陳麻婆，善治豆腐……其牌號人多不知，但言陳麻婆，則無不知者。」當然，如此叫法也無甚貶意，溫巧巧本人更無所謂，只要愛吃她的豆腐，生意好，她也樂而受之。再說「陳麻婆」及「麻婆豆腐」遠比「溫巧巧」、「溫豆腐」更上口，更宜口口相傳。況且人們呼之陳麻婆，觀之卻是豆腐西施，真可謂，豆腐好吃，秀色亦可餐，四門食客何不前呼後擁，牽群打浪般趕去飽口福、享眼福呢。可終究令人有些感歎的是，早先其夫陳春富因店名而被誤為叫陳興盛，人死也就算了，可她白生生、漂漂亮亮的溫巧巧卻被誤冤為「麻婆」，這一冤就是一百五十年。這還不說，要緊的是麻婆麻倒國人到也罷了，可連老外都被麻昏一大片，弄得他們為英、法、德語等咋個翻譯「麻婆」二字而搞得焦頭爛額，最後沒法還是只得用中文拼音。

麻婆豆腐，其麻辣風味已為食眾所認定，而麻婆到底麻不麻雖已無關要緊，日後有興趣還可研究考證。只是從較早記述麻婆豆腐的一九〇九年之《成都通覽》，民國年間的《芙蓉話舊錄》，一九二四年的《成都竹技詞·詠麻婆豆腐》，到李劼人先生的《大波》以及《成都民間文學大全》雖都言明「陳麻婆」，但是都均未確指是因陳妻臉上有麻子而為「陳麻婆」。《大波》中李先生言之：「以作豆腐出名之麻婆、姓陳，成都人皆稱陳麻婆。既曰婆，則老婦可知，既曰麻，則為醜婦可知，然而皆與作豆腐無關。」顯然，無論作何之說，陳麻婆已流傳一個半世紀，不成定論也為真理。

麻婆豆腐之興與衰

在一九二〇年代，陳麻婆已是遠近聞名的響亮品牌。其店雖仍在萬福橋，堂子依舊，但卻有了一定實力。人們仍稱其店為「陳麻婆飯鋪」或「陳麻婆豆腐店」。陳麻婆五十四歲去世，飯鋪便完全由女兒及女婿魯希智主理，先前請的紅案廚師薛祥順統廚掌灶。此時，萬福橋木材加工交易興起，麻婆豆腐生意更加興隆。薛祥順便擔負起經營及傳承麻婆豆腐的重任來。

進入一九三〇年代抗戰時期，國民政府遷都重慶，成都成為大後方。各地要員，名人商賈彙聚成渝兩地，吃便是一大樂事，更少不了要吃麻婆豆腐。那時，城中南堂館、炒菜館、便飯鋪比肩而立，不少店也賣麻婆豆腐，但食客仍還是你邀我約到萬福橋去品正宗、吃道地。這時陳麻婆的女兒女婿也已雙雙過世。店鋪由其兒子魯世權料理，娶妻龍氏，有一女名俊卿。此時上河壩街有個諢名叫宋么娃的見陳家飯鋪生意如此興旺，覺得有錢可賺，便也在旁邊開了家飯館，照樣賣肉臊子豆腐。他請的袁姓和李姓廚師廚技也不錯，燒的豆腐除按陳家的方法外還添加了些別的調料，其豆腐味道也很香美。這樣，兩家店各施廚技，爭攬食客，但畢竟麻婆豆腐更有名氣。後來又有個叫劉伯安的生意人動了心，便出高價把宋么娃的飯鋪打下，裝修一新，取名「伯莊飯店」，仍經營麻婆豆腐，但增添不少傳統名菜，生意很是興隆。見此情景，陳興盛飯鋪亦依時應市，不再代客加工，而是自備原料，隨堂叫菜，吃後算帳。並開發了系列豆腐菜肴，添加了些傳統川菜，生意就更加紅火。

一九四〇年代，萬福橋頭又新開一家比陳麻婆豆腐大氣體面，叫「江頭歸」的飯莊，且稱擅烹麻婆豆腐，還針對萬福橋木材交易興隆，四方客商眾多而承辦席桌。原來這是城裡一家叫「精一堂」餐館的老闆，人稱金胖子，把伯莊飯館頂下來，擴大規模、豪華裝修，還雇請了名廚劉永清等人主火，一時間真還攬了不少客。其時，陳家飯鋪當家人，已是陳麻婆的曾孫女魯俊卿和丈夫劉柏茂，他們決定啟用「陳麻婆豆腐」這一金字招牌。便把店更名為「陳麻婆飯鋪」，拿出早先一位文墨先生書贈的「陳麻婆豆腐」字幅，製成店牌。這一弄，果然立杆見影，慕名而來的更是人川流不息。沒過一年多，「江頭歸」生意日漸冷清，不久就悄然關門。

一九四七年，一場百年不遇的洪水突襲成都，全城幾近淹沒，萬福橋被完全沖毀。陳麻婆豆腐店也垮得支離破碎。雖因陋就簡加以維修，很快恢復了生意，但經洪水一折騰，便蕭條了許多。魯俊卿與劉柏茂便在北門簸箕街重振家業，憑藉名氣與招牌生意雖很快復興，但比萬福橋就著實差了不少。不久成渝鐵路通車，便又遷搬到火車北站，可生意仍不理想。又再次將店搬遷回到萬福橋附近的梁家巷二道橋，且特意請了當時蜀中著名作家、美食評論家李劼人先生重書「陳麻婆豆腐」店招。名牌加名人的效應果然立馬生效，生意迅速興旺。

一九五一年六月二十五日，魯俊卿、劉柏茂以店名「陳麻婆飯鋪」，經營業務：「飯菜麵食」，地址：「成都市上河壩街」，向成都市人民政府工商局正式申請了營業登記，劉柏茂本人為經理。不久，劉柏茂因病去世。這時，全中國對私有企業改造及公私合營運動全面展開，陳麻婆豆腐飯鋪於一九五六年初合而營之。從此結束了由女性當家，相傳四代，自創自立百年品牌之歷史。魯俊卿和鄧姓大媳婦隨資從業，在國營陳麻婆豆腐店工作至退休。

公私合營後，陳麻婆飯鋪改名為陳麻婆豆腐店，搬遷到城中心的西玉龍街。其後轉為國營陳麻婆豆腐飯店。一九六〇年代，由四川著名書法家余中先生書寫了「陳麻婆豆腐」招牌，用生漆金字做成橫匾，上挽紅綢懸掛店堂。一九六六年，在文革「破四舊」的浪潮中，麻婆豆腐被強制改名為「文勝豆腐」，意為「文化大革命勝利」之義。自一九五〇年代末三年自然災害到文革十年動亂，生活物資奇缺，民生基本用品均憑票供應。在這一歷史階段中，麻婆豆腐因被劃為成都名特小吃而受到相應的保護，並享受物料專供的特殊待遇，確保了大眾的基本需求和市場供應，而烹調技術和風味特色也得到了傳承。一九七〇年代末，改革開放，陳麻婆豆腐店得以恢復原名，經營上也隨經濟體制改革實行獨立經營，自負盈虧的傳統經營模式，形成以陳麻婆為招牌，麻婆豆腐及豆腐系列菜為特色之綜合經營的傳統川菜館，重新煥發出其生命活力與風味魅力。如今，陳麻婆豆腐店除總店在成都的文殊坊，老店仍在西玉龍街外，更在成都、四川、全國甚至海外開辦了多家陳麻婆豆腐店或陳麻婆豆腐川菜館。

麻婆豆腐之八字訣

就麻婆豆腐之風味特色而言，饕客與廚界概括為「八字訣」。即「麻、辣、鮮、香、酥、嫩、燙、渾」（渾：音讀「細」，意指豆腐塊烹煮後仍方整無缺之意）。

首先說「麻」，其「麻」，非得漢源紅袍貢

●重新裝修前，2006 年的陳麻婆豆腐店。

椒不可，且須打磨成細粉，方能麻而舒涼、香沁入脾；一九三〇年代初，川中軍閥混戰，陳氏飯鋪的漢源花椒一時缺貨，店主除了向外縣高價購買以外，還特意在飯鋪門面上貼出告示：「因暫缺上好花椒，我店麻婆豆腐停業不賣。」如此真誠經營的做法在社會上傳為美談。

再說「辣」，麻婆豆腐必用成都龍潭寺一帶的二荊條辣椒，炒香舂細，才得香辣醇濃，盪氣迴腸；「鮮」一應主輔料新鮮質優，鮮湯熠（音同「督」，四川烹調技法之一，又作熗或篤）燒，則鮮美純厚；「香」，成菜後，豆腐無石膏或鏞水之味，諸味齊揚，味味香美；「酥」，為新鮮上好黃牛肉去筋膜，剁成肉末入鍋 至酥香滋潤；「嫩」，特指豆腐成菜細嫩，形整，色麗、入味；「燙」則是指成菜上桌，紅油亮麗、豆腐滾燙，燙則諸味活躍、風味濃郁；最後是「渾」，即成菜之豆腐形整不爛。一九五〇年以前，麻婆豆腐的特色還有一個「活」，當是陳麻婆豆腐的烹調絕招。豆腐燒好，起鍋前所下的青蒜苗翠綠鮮活，直立碗中，像是剛從地頭摘來洗淨、切成寸節、插入豆腐間一般，吃到嘴裡卻全無生澀之味，反是清鮮宜口，蒜香竄喉。饕客呼之「活」蒜苗。一九四〇年代抗戰時期，蓉城餐館興隆，不少飯館也能做麻婆豆腐，但沒有一家能把加在豆腐裡的蒜苗做「活」，當時南打金街有家江南館子，為做好麻婆豆腐，曾重金挖到陳麻婆豆腐店的師傅陳三帥去當了三天提調，教授蒜苗做活的絕技，此事當時還被作為新聞，上了報紙。

公私合營後的麻婆豆腐經專業大廚們的反復提煉，在烹製上加了郫縣豆瓣、蒜米、薑米，勾欠亮油也進行了改進。其風味特色更為豐富多滋。但現今大多餐館的麻婆豆腐卻是：成菜色澤偏黑或淡白、油不紅亮、豆腐爛垮，再或是肉臊綿纏、芡汁結塊、湯汁分離，其味鹹淡失衡、辣而不香、麻味苦澀、熱而不燙等毛病。這些問題是怎麼造成的？這是個「烹道」和「心道」的問題。烹道即技法，心道是烹者之態度。是「將就」，還是「講究」方才是真正的卯竅。

麻婆豆腐之風雅頌

縱觀一個半世紀，麻婆豆腐不單是款風味名肴，她如同回鍋肉一般，成為世代川人化解鄉愁、懷念鄉情、寄託鄉思的一道難以替代的非常情肴。從辛亥革命至今朝，無數高官賢達，文人雅士，豪紳富賈，名流名星，無不對麻婆豆腐情有獨鐘，更有不少舞文弄墨，吟詩作賦抒發其讚美和眷戀情懷。那些少小出川，終生在外的，如郭沫若、張大千、巴金等文壇藝苑巨匠，那些川籍中央領導和將帥們更是對川菜懷有特殊的情感。一九五三年，一代川菜巨匠羅國榮就奉調進京，在北京飯店設立川菜廳，其菜譜中麻婆豆腐位居前列。一九五九年，大陸總理周恩來親自批准建立的北京四川飯店，成為大陸黨政領導人宴請外國元首、政要、名流的高級食府。而在大多數宴請筵席上都必見麻婆豆腐的芳容。

一九八〇年，川菜名師劉建成、曾國華赴美國紐約川菜館「榮樂園」主廚，他們精心推出的魚香八塊雞、脆皮魚、麻婆豆腐等經典傳統川菜一炮走紅，讓美國政要、聯合國高官、社會名流及美食大家首次品味到了正宗川菜的風味魅力。榮樂園因此而榮獲《紐約時報》「三星」極好評價。而一位以其挑剔出名，有「慈禧太后」之稱的紐約著名美食評論家稱，若是再把麻婆豆腐的麻辣味做夠，她將首次破例給予「四星」超級好之評價。

一九八一年，川菜名廚陳志剛、李躍華主持香港錦江春川菜酒樓。一次接待由世界著名美食及旅遊雜誌主編，權威美食評論家亨利．高特率領的一五〇人歐美及東南亞各國烹飪專家，美食家考察團。抵店後，高特先生立即提出將原定菜單上的紅燒鮑魚、蒜子大貝，不變原定標準（三〇〇元一桌）改為麻婆豆腐和螞蟻上樹。品吃後，全團人員十分興奮，讚不絕口，感歎「吃在中國、味在四川」果真名不虛傳。

一九八八年，成都陳麻婆豆腐店廚師東度日

本，參加國際食品博覽會，其表演的「陳麻婆豆腐」在日本曾掀起一股「豆腐旋風」。一九九三年，中國烹飪代表團到日本表演，四川廚師烹製的陳麻婆豆腐及豆腐系列菜品，在東京、京都、大阪等城市引起轟動，排隊求食者絡繹不絕。其實早在一九七〇年代，麻婆豆腐就已成為日本家喻戶曉的中國名菜，這依然要歸功於一位四川廚師陳健民。

原籍四川富順，十二歲在宜賓開始從廚，一九三一到一九五一年先後在南京、上海、臺灣、香港事廚，其間曾為**張大千家廚的陳健民，一九五二年去到日本謀求發展，並於一九五八年在日本東京創建第一家川菜館——四川飯店**。當二〇〇八年十一月十一日這位川菜名廚之子陳建一，從日本厚生勞動大臣手中接過日本「現代名匠」證書時，五二歲的他尤為百感交集。他做夢也未曾想到，時隔二十年，自已竟和父親陳健民一樣榮獲象徵日本行業模範的「現代名匠」稱號，而評委會給他的頒獎祝辭是：「精通四川料理烹技，尤對麻婆豆腐的烹調具有獨到的認識與技術，堪稱這一行業第一人，其陳建一麻婆豆腐對日本中華料理及烹調技術發展作出了突出貢獻」。父子二人都以「麻婆豆腐」而榮獲日本「現代名匠」之殊榮，這的確令人感慨萬千。倘若陳麻婆九泉之下得知這一喜訊，同出一門的陳氏後人，能在異國它鄉把麻婆豆腐傳揚得這般榮光，她必定也會樂得歡笑而醒。

非但如此，日本陳麻婆豆腐第三代傳人，陳健一的兒子陳健太郎已開始承擔起傳承，弘揚麻婆豆腐的重任。剛過而立之年的他，前些年專門回到故鄉，在四川大學學漢語，也學四川話，且找了個成都姑娘做老婆。二〇〇九年十二月一日，陳建太郎又回到成都，按中國傳統禮儀正式拜卞氏菜根香旗艦店總廚曾國華為師。如今陳健太郎如其父親一樣，每年隔三岔五都要回到成都瞭解和學習川菜。

近二十年來，以麻婆豆腐、宮保雞丁、魚香風味、回鍋肉為代表的幾款川菜經典，引領中國川菜風行全球，味道天下，使全球無數的食客傾服在其風味和風情的魅力之下。綜觀今日川菜，麻婆豆腐已成為一種家常風味流派，演繹出像麻婆豆腐蟹、麻婆豆腐扇貝、麻婆豆腐蝦、麻婆豆腐牛蛙、麻婆豆腐燒牛腩、麻婆豆腐鮑魚、麻婆豆腐海參等千姿百味的麻婆風味系列佳肴。

麻婆豆腐，一款生於坊間，傳於民間的地方風味情肴，風流一百五十個春夏秋冬，風味依然、味醉人間，也成為中國菜在海外影響最大的一道名肴佳饌。

豆腐西施溫巧巧，
百年風流陳麻婆。

●重新裝修後，精緻且風味十足的陳麻婆豆腐店。

百年難斷雞丁案

宮保雞丁之古今是非

在川菜以味見長，百菜百味的菜式中，以人名或名號定名的菜品實不多見，無非是，太白醬肉、貴妃雞、東坡肘子、大千魚、二姐兔丁、王胖鴨等。其中以名成菜，以菜揚名者，宮保雞丁、麻婆豆腐堪為典範，百年傳揚，四海皆知。單就宮保雞丁來說，這款風味名肴，成菜色澤豔麗而不張揚，菜式秀美暗吐芳香，風味多滋五味和諧，口感舒暢回味悠長；既作閑食伴聊齋，亦為佳肴佐酒釀。若將其與川東辣子雞丁較之，一似江湖莽漢，讓人忘而生畏，敬而遠之；一如書香閨秀，令人聞香下馬，知味停車。非但如此，一百多年來，有關宮保雞丁的坊間傳說，更使得這道名菜奇趣橫生，誘得大千世界男女老少樂吃不疲，盡品其味中之娛，味外之趣。

要言明宮保雞丁，其關鍵字不在「雞丁」，而是「宮保」。宮保，實名丁寶楨，貴州平遠（今織金）人，清朝咸豐三年（一八五三年）進士。歷任編修及湖南嶽州和長沙知府，山東巡撫與四川總督，為清廷洋務派官員。丁寶楨做官廉潔勤政，為人剛直不阿，任山東巡撫期間，曾乘慈禧寵信安德海來山東辦事，丁以「宦豎私出」之罪名將這奸妄宦官「小安子」就地正法而聲震朝野。其後被朝廷加封為「太子少保」銜，尊稱宮保，民間敬稱「丁宮保」。丁寶楨調升四川總督後，大力整頓吏治，打擊貪污腐敗，籌辦四川機器局，製造各種機器及槍炮，改革鹽運體制，使川鹽生產與銷售掛鈎。他大抓水利建設，改造都江堰。同時，丁寶楨還興辦教育，特聘著名教育家、學者王闓運擔任四川尊經書院院長。丁寶楨在川政績累累，治川十年，蜀盛民安，夜不閉戶，路不拾遺、深得川人愛戴。一八八六年於四川任內去世。因清貧廉潔，去世後家人甚至沒錢治喪，全靠僚屬及地方百姓捐贈，方得將丁的棺柩運回貴州平遠老家安葬。

宮保雞丁之百年是非

丁寶楨為官三十餘年，政績豐碩卻兩袖清風，讓人不禁愕然。然而，丁寶楨傳揚後世的並非是其高風亮節和顯赫政績，卻是一款他日常喜吃的風味雞丁。這就使得後世不少美食學者，文人雅士對其探根究底，查淵尋源。而百餘年來，民間也為各種傳說爭議不休，莫衷一是。坊間流傳的三款雞丁，辣子、宮爆與宮保，誰為正宗？哪款道地？

據考，丁寶楨自小喜食雞肉，家廚常以清燉或清蒸，蘸糍粑辣子味碟投其所好。一次丁到拜把兄長王小勤家，王家來不及燉、蒸，便將雞肉切成丁，用糍粑辣椒、花生米爆炒，丁寶楨立即愛上這款辣子雞丁，並叫家廚學會此烹法。一八六九年，丁寶楨調任山東巡撫，這款辣子雞丁亦隨其家廚入魯。在濟南期間丁曾請濟南名廚周進臣、劉桂祥等魯菜名師到丁府辦宴席。這二位魯菜名師得知丁尤喜辣子雞丁，便用山東醬爆之法加鮮青辣椒做了款「青辣椒醬爆雞丁」，成菜醬紅亮麗、雞丁嫩滑爽口、風味鹹甜鮮辣、醬香濃郁醇厚。丁寶楨吃後，感覺風味別樣，但食慣了家鄉糍粑辣椒的煳辣香味，總還覺得這款雞丁味單薄了點。便叫家廚將醬爆雞丁和家鄉辣子雞丁合而炒製，烹炒出一道煳辣醬香的新款風味雞丁。丁品嘗後讚美有加。家廚請丁寶楨定名，丁寶楨說，既是我家辣子雞丁與山東醬爆雞丁相嫁接，不妨就叫「宮爆雞丁」。此後，這款菜就成了丁府款待賓客之特色招牌菜而流傳世間。

一八七六年，調任四川後仍常以此菜招待蜀中官員。就在一年多後，川中冒出個「宮保雞丁」，且傳說四起。有一說是丁寶楨入川就任時，下屬設宴接風，正逢青辣椒出新，有人用新鮮小青辣椒與雞米合炒成菜，頗受丁寶楨喜愛，即問其名，下屬回答，既是為宮保大人接風所烹，該叫「宮保雞」。另一傳說，丁寶楨常微服私訪，體察民情，一次進一小店用飯，店主以花仁、乾辣椒炒雞丁，丁寶楨吃後，喜其味佳，熗辣鮮香，後令家廚仿做，將此菜稱為「宮保雞丁」。再有道，丁寶楨在衙府處理公務夜深，人頗困乏，便叫家廚炒個雞丁下酒。衙中物料不甚齊備，家廚便用鮮青辣椒切碎與碎雞米加宜賓芽菜炒之（有如今之青辣椒芽菜碎米雞），用調羹舀食，丁一勺入口，感覺鮮辣香醇，香美味厚，下酒超爽，叫來廚師問其炒法，後定名為「宮保雞丁」。更有傳言，說是其家廚炒好雞丁不合丁之口味，丁寶楨便親自上灶教家廚烹製，丁寶楨用乾辣椒、花椒、薑蔥蒜、鹽糖醋三兩下，就把雞丁炒好，撒了把油酥花生即成，丁寶楨自嘗一口，很是滿意，又叫家廚嘗，感覺其風味特色，丁寶楨告之家廚此雞丁日後就按此法和風味炒製。家廚問此雞丁該叫何名？丁寶楨道，我親做此菜，就叫「宮保雞丁」。

諸如此類，或道聽塗說，或生編胡造，雖有些情理牽強，甚而荒誕可笑，但作為美食聊齋佐酒助餐倒也增色添彩，活躍吃趣，亦可聽之任之。然而民間另有一聞，所傳「宮保雞丁」卻是有鹽有味，通情達理，似乎不由你不信！

宮保雞丁與臨邛卓氏

話說丁寶楨在力抓四川農業發展之命脈，都江堰的維修改造及擴建水利灌溉系統的同時，亦開始籌辦四川機器局，製造機器與槍炮。此專案的開發需要大量鐵銅，丁寶楨便要考察川中各主要鐵銅礦場及冶煉生產情況，以掌握第一手資料。首去之處就是離成都二百多里的臨邛（邛崃）縣。自漢文帝始，臨邛卓王孫（卓文君之父）家族就是四川鐵銅礦開採冶煉大戶。丁總督經川西南走溫江、崇州、大邑，還順便堪察文井江水文、天然氣井及地下熱溫泉地質資源。每去一處，總督辦則提前一兩天派發通知給各州縣。通知發至臨邛，州官等慌了手腳，立即與卓王府家商議如何為丁總督接風洗塵。送發通知的人鄭重告之，丁大人有指示，反腐倡廉吃喝從簡，不得奢華鋪張，況且大人還在減肥健身，故而喜素厭葷。州官一聽，這事情還不好整，便叫來全城名廚說：「總督大人，你們要搞清楚就是省長哈，首巡臨邛，雖有令不得大辦，但我們也得弄幾樣有特色，能拿臉的菜給大人吃噻。」廚師們你望我，我看他，最後一致推舉卓王府家廚陳師傅擔綱主理。陳師傅當下便留在州衙，州官則命其趕緊張羅備料。

當天，陳師傅好像沒咋個當回事一樣，東一下、西一下，削了點萵筍、蘿蔔啥的放進泡菜罈裡，叫人買回只大公雞擱起。第二天下午，州官派人來查看，只見廚房頭黑乎乎、冷瞅瞅，啥動靜都沒得。陳師傅還在院子頭喝茶吹牛。來人急了便催：「再個把時辰，丁大人就要攏了，你咋個還穩起不動？」陳師傅笑著起身說：「莫急、莫急、搞得贏」。問了下人數，剛好一大桌。正說，又有人急火來報，丁大人到了，州官與卓府家人在城門口迎接。聽說是到了州衙先開會，聽取州官和卓王府彙報鐵銅開採及冶煉生產情況，再與鄉紳代表座談，瞭解民情，然後才說吃飯。

這時，只見陳師傅不慌不忙提起公雞，一刀斬去雞頭、把血一放、毛都不扯、剖開雞腹，掏盡內臟，把兩塊雞脯肉割下，沖去血水便操弄起來。陳師先切了些乾辣椒節、鮮青辣椒節、蔥節、把薑蒜切成片，油酥了碗花生，然後把雞肉拍松切成丁，碼上味，又用鹽、醬油、醋、糖、鮮湯加太白粉水兑成汁。此時，有人來喊上菜，陳師叫人先把昨晚上泡製的一盤新鮮泡菜送上桌，然後大火把鍋兒燒熱，舀一大勺油，燒熱後，陳師扔進乾辣椒、花椒快速炒至辣椒棕紅，又倒進雞丁鏟幾下炒轉，下了點酒，再放入青辣椒節、蔥薑蒜炒合出香，倒進兑好的滋汁翻炒，撒一大把油酥花生，提起鍋兒連簸幾下就裝盤。

再說，丁寶楨一路風塵僕僕、又熱又累，口

●道地的宮保雞丁。

乾舌燥，雖感腹中饑餓，但又無甚胃口，一見新鮮泡菜，五顏六色、鮮香脆嫩、鹹甜酸辣，頓時來了精神，有了吃情，便邊嘗邊聊，很是開胃解乏。州官和卓王府家只見泡菜上桌，心頭像貓兒抓一樣，急得坐立不安，但又不好露形於色，心想：「遭了，今天要拿給陳師傅這龜兒子整起」。恰好，雞丁端了上來，眾人眼睛一亮，一大盤雞丁熱氣輕漫、棕紅豔麗、油亮汁美，一嘗，煳辣酸甜、鹹鮮香濃、雞丁滑嫩、花生酥脆，佐酒下飯妙不可言。丁寶楨食欲大開吃情盛旺，吃雞喝酒，興致超好，邊吃邊稱讚：「好菜，好菜，這款雞丁做法獨特，風味極佳口感美妙，比我平日吃的雞丁味道更勝一籌」。見丁大人讚不絕口，吃得開心，州官與卓家等人臉都笑爛了。

卓王府家說：「知道大人喜食雞丁，特叫家廚專為大人研發了這款四川風味雞丁」。說笑間，又陸續上了榨菜肉絲、素拌三絲、本地時蔬和菠菜豆腐湯，外加臨邛兩款民間小吃。丁寶楨吃得紅光滿面心滿意足，連誇州官卓王府家會辦事。丁寶楨說：「雖說從簡，但並不等於就做不出美味佳肴，今天這桌菜，花費不多又吃得舒展，遠勝山珍海味嘛」。丁寶楨又說：「此廚師廚技甚精，還頗有想法，這些菜不僅風味可口、獨具特色，且菜式搭配安排很合理。」便傳廚師上堂。

陳師傅早在堂後恭候，聽丁大人這麼一番讚揚頗為得意，便走出來。丁問起這雞丁是如何做的，陳師傅一一稟告，丁又問此菜何名，陳師傅略思便答：「大人在家鄉喜吃辣子雞丁，在山東愛吃醬爆雞丁，這款川味雞丁此前沒得，是特為宮保大人創製，故在下以為該叫『宮保雞丁』為好，不知妥否？」丁寶楨一聽開懷大笑道：「好，好，甚妙。」眾人一見也拍手齊聲附合。丁寶楨又對陳師傅說：「我到四川一年多了，還沒找到合適的家廚，你廚技不凡，人也機靈，做我家廚如何？」陳師傅一聽，望著州官和卓王府家不知可否。州官趕緊搭話：「這還有啥子說的呢，還不趕緊謝大人賞識。」隨即叫陳師傅趕快去收拾行裝，明日一早跟隨總督大人聽差。此後，陳師傅便一直事廚丁府至丁寶楨去世。

丁寶楨此後常以此款宮保雞丁宴賓待客，此種宮保雞丁為煳辣風味菜式，具有紅而不辣、辣而不烈、辣香濃郁、油而不膩、鮮香嫩脆的風味特色，吃者無不口服心服，都吩咐家廚仿做。於是，宮保雞丁及其故事便在市井中傳為佳話。宮保雞丁很快又傳回貴州，貴陽的酒樓裡也出現了「宮保雞丁」的菜式，成為貴州最有名氣的傳統菜之一。丁寶楨病逝後，其後代祭祀宗祠，亦必以此菜為祭品。而貴州的宮保雞丁之做法與川味宮保雞丁大相徑庭。雞用的是仔公雞，烹法是雞肉切丁，用鹽、料酒、醬油、太白粉水拌勻，油燒熱，先猛火把雞丁炒成八成熟，再鏟起濾去油，鍋內另放熟油燒熱，下糍粑辣椒炒成紅棕，加甜醬炒香，放薑蒜片、蔥節，再倒入雞丁翻炒幾下起鍋即成。這可看作是貴州「出口轉內銷」的貴州版宮保雞丁吧。

宮保雞丁之色香味

宮保雞丁源於貴州醬辣爆炒，傳至齊魯青辣椒醬爆，盛於巴蜀煳辣煎炒。三款宮保雞丁，不僅是丁寶楨一生一世始與終的見證，亦是他人生旅途之寫照。然而，丁宮保有生之年全然不可想像，他一生最愛的美味，不僅成為中華食苑及黔、魯、巴蜀三地之風味名肴，更以川味宮保雞丁獨享美譽，風味世界。川式宮保雞丁的色香味充分展現了川菜以味見長，味多、味廣、味厚的烹調之道。由於採用了乾辣椒、花椒熗炒，而產生辣麻煳香味；巧用鹽糖醋，使其鹹甜酸協調平衡；再取薑蔥蒜之辛滲入諸味之中，使成菜色澤棕紅亮麗、煳辣酸甜宜口、鹹鮮香濃味悠、雞丁滑嫩鮮美、花仁酥香脆爽，在味感和吃口上形成鮮明而柔和的口感對比，從而成功突破飲食地域概念而廣受中外食客喜好稱道。

宮保雞丁這款獨具一格的風味特色菜被界定為川菜複合味中之煳辣味型，因其酸甜特點，又劃為煳辣荔枝味（亦稱小荔枝味），有別於以鍋巴肉片為代表的大荔枝味。要烹製好宮保雞丁這一風味的特色並不是太難，只要能準確感悟烹製、調味和火候三要點，其成菜效果也就八九不離十。按專業廚師的烹製程序是：先將雞脯肉拍鬆，劃上〇．三公分十字花紋，再切成二公分見方的丁塊，入碗放川鹽、紅醬油、太白粉水拌合均勻。另用一碗放川鹽、白糖、醋、紅醬油、料酒、鮮湯及太白粉水兑成滋汁；乾辣椒去籽切成短節，蔥亦切成短節，薑蒜切成指甲片，大火把炒鍋燒熱，下化豬油燒至六成熱，下乾辣椒、花椒快炒至色棕紅，倒入雞丁炒散，加少許料酒，放進蔥薑蒜片炒合出香，烹入味汁翻轉均勻，待收汁亮油，撒入油酥花生籔幾下起鍋裝盤。

此菜之所以劃定為荔枝味，意指成菜之酸甜口感如新鮮荔枝，宜人爽口。俗話說進口酸回口甜，反之則誤。要掌握好這一特點，調味中鹽糖醋的用量比是關鍵，尤其是用鹽適當可使其底味充足，再者，糖醋較難直接中和，只有通過鹽調合，方能使兩者和諧相融，產生出宜人爽口的酸甜味道。若鹽少，則底味不夠，酸味噤口。這便是宮保雞丁調味之關鍵所在。宮保雞丁在川菜中已成為一種風味系列，行業中稱為「宮保菜式」，衍生出有如：宮保腰花、宮保牛蛙、宮保鱔花、宮保蝦仁、宮保鮮貝、宮保銀鱈魚等經典佳肴。

一百三十多年來，宮保雞丁這款以名成菜，以菜揚名的川菜風味名肴，儘管在一九六〇年

●千年都江堰水利工程之離堆與寶瓶口。

代初國家特困時期因物資奇缺而一度從菜單及餐桌上消失，在文革十年動亂中，又被以「破四舊」、「反封資修」為由而強制性改名為「烘爆雞丁」、「辣子雞丁」。改革開放後，依然以其特立獨行的風味魅力和動人傳奇，在中華食府無數雞肉類菜品中獨立雞群，笑傲群雞。它不僅征服了世界之胃，還隨楊利偉遨遊太空，留香環宇。曾為四川「省長」，在位十年的丁寶楨有生之年恐怕怎麼也不會想到，他未能如李冰父子以顯赫政績名垂青史、揚名百世，倒是以一款日常喜吃之風味佳肴而流芳千秋。

宮保無意傳佳肴，百年難斷雞丁案，

為官勤政數十載，不如雞丁美名傳。

夫妻肺片不了情

夫妻肺片情話新說

大凡說到四川美食，當是川菜、火鍋與小吃。川菜，如今是天下川菜，川味天下；火鍋，則是一爐青焰映紅大江南北，一釜辣湯煮樂三江四海。三者之中，當數小吃享譽悠久，名冠天下。

四川小吃，分為席宴點心、傳統小吃、大眾小吃三類。如鳳尾酥、玻絲油糕、冰汁杏淖等常見於筵宴席桌；夫妻肺片、龍抄手、鐘水餃、賴湯圓、小籠蒸牛肉、擔擔麵等則為傳統風味小吃；而酸辣粉、串串香、麻辣燙、缽缽雞、兔腦殼等即為大眾小吃。

人們多說的四川小吃、成都小吃，其實多指傳統風味小吃。這一類小吃風味濃郁、價廉味美、典故軼聞豐富有趣。因為多是民間所創，故而常以姓名、地名、甚而是五官長相特徵冠以其名。如賴湯圓、鐘水餃、麻婆豆腐、痣鬍子龍眼包子、軍屯鍋魁、王胖鴨、耗子洞張鴨子、張老五涼粉、二姐兔丁、跛子肺片等不勝枚舉。但以「夫妻」命名和揚名的，卻惟有「夫妻肺片」。正是這一獨特的名稱及其風味特色，方才誘得人們好奇不已，產生出諸多有趣的故事。

盆盆肉與兩頭望

要說「夫妻肺片」，得先說「肺片」，方得以引出「夫妻」來。四百多年前，明末蜀亂，連綿的戰火將成都毀為廢墟，尤其是城中心的明蜀王宮（今四川科技展覽館）前廣場一帶，房屋焚毀，草木充塞，野獸哀嚎，好幾年人煙絕跡。這個荒涼的空大壩，即老成都人們所稱之「皇城壩」，今之天府廣場。清初戰亂平息後，大清政府採取「湖廣填四川」的移民政策，從湖廣、陝甘、寧夏等地入川的回民便在皇城壩一帶二十多條街巷內安家落戶，不少人還在壩中搭棚擺攤，賣小吃、打鍋魁、宰牛羊，逐漸形成回民聚居區。到清末民初，皇城壩已成為以回民為主體的飲食娛樂及商貿中心。清真飯館、餐館、麵店、甜食店、牛羊肉店、兔肉攤、缽缽雞、盆盆肺片、鵝鴨肉攤、熱蘿蔔、以及名目眾多的各式民間小吃生意紅火熱鬧非常。其中亦有不少逐漸被廣大市民所接受，演變為漢族風味小吃，像麻辣兔丁、小籠蒸牛肉、紅油肺片等。其中的「肺片」，算是最為普遍的平民小吃。

據載始於一九二〇年代的這一街頭小吃，起初多集中於皇城壩附近的三座橋頭售賣。短凳一條擺於橋頭路邊，一頭放一土瓦盆，一頭坐著售賣小販，盆邊則插滿了筷子，紅油肺片的辣麻鮮香很遠就能聞到，路人實難抵禦其誘惑，吃情食欲則聞風而動。這種肺片手掌般大，薄而透明，說為「肺片」，其實是呈膠質狀的牛頭皮。吃到口裡辣麻鮮香、風味濃厚，頭皮軟糯脆爽，很有嚼頭，尤其是吃後那「辣乎兒辣乎兒又辣乎兒，嘴上辣個紅圈圈兒」的感受很是舒爽過癮。加之以片記賬，十分便宜，而大受當時貧民百姓、窮學生的喜愛。人們稱之為「盆盆肉」。

盆盆肺片的名氣很大，甚至吸引了不少衣著光鮮，穿長衫戴禮帽的體面人士。但他們不像窮苦大眾，只要手上有幾文錢，想吃便坦然大方地吃。這些人心裡十分想吃，但又怕被熟人、同事看見，吃這種街邊橋頭的粗俗小食而有辱斯文、丟失臉面。然而食也，性也，加之其風味真是誘惑難擋，食欲難抑，這些體面人士通常以最迅速之動作，飛快從盆中夾起一兩片送進嘴裡，邊嚼邊往路邊兩頭瞅望，看是否有熟人瞄見。這樣生動而有趣的吃相，便被成都百姓們戲稱為「兩頭望」。

盆盆肺片，最初確為牛肺與牛頭皮混合拌製。那時，市面上每到秋冬時節，便有一種用牛肺或豬肺切成片塊與蘿蔔同燉，叫做「湯鍋蘿蔔」或「砂鍋蘿蔔」的時令街邊小吃，以塊計價，吃時蘸辣麻味汁。寒冷之季，吃來是又熱又燙，辣麻鮮美，頭冒汗水，周身發熱，十分舒暢。其後便有小販將牛肺煮熟拌成麻辣肺片，因牛肺綿軟，於是又加進脆爽的牛頭皮，軟脆相間。但牛肺因煮後其色黑乎乎，看似髒兮兮，嚼在口裡又如同咀紙，口感較差，人們大多不願食，隨後便棄之不用，而以牛頭皮為主，輔以其他牛雜碎。這樣改進後，有食客便稱其為「牛肉薈片」，相當於是牛肉大雜燴，人們又叫為「牛肉燴片」。然而，「牛肉薈片」聽起雖雅卻不太上口，且川西壩子不少地區說「薈」、「燴」、「肺」皆是同音，把「薈」、「燴」說成「肺」。再有當時賣這種「牛肉薈（燴）片」的大多就是這樣發音的外鄉人。於是，成都人也就順其自然將「牛肉薈（燴）片」跟著說成「牛肉肺片」了。如此約定成俗而沿用「肺片」之名。

據此可見，這盆盆肉、兩頭望就是「肺片」的前身，是成都人對「涼拌牛雜」的一種叫法。

一九三〇年代左右，這種肺片居然還登上大雅之堂，進入當時堪稱頂級餐館的榮樂園。原來榮樂園的二老闆藍光榮，平日裡愛到處去探尋一些民間風味美食。他也曾好幾次親口感受了盆盆肺片，認為這不失為一款風味小吃，便通過改良製作方式，不用滷水也不帶湯汁，用炒鹽辣椒粉、花椒粉等乾調料拌合，取名為「乾拌肺片」，辣麻乾香、牛肉味濃、佐酒尤佳，頗受歡迎，成為榮樂園特色涼菜。

夫妻情濃肺片香

一九三〇年代中期到四〇年代初，在成都皇城壩一帶的大街小巷，人們常看到一對夫妻沿街叫賣「肺片」。男的端著一大瓷盆，女的則招呼買主。直到賣完方才一道回家。如此，無論颳風下雨，還是烈日暴曬，夫行妻隨、妻唱夫合差不多有十年。這就是後來被世人稱為「夫妻肺片」的主角郭朝華、張田正夫婦。郭朝華，四川中江縣人，一九一四年生，曾在國民黨川軍部隊當過兵，後流落成都謀生。一九三五年，二一歲的郭朝華經熟人撮合與安岳姑娘張田正結為夫妻。他們先是住在皇城壩附近長順上街，結婚後便商量怎麼維持生計。夫妻倆發現皇城壩三座橋的橋頭，有不少賣盆盆肺片的，生意還不錯，又無需什麼本錢和鋪面，於是就打定主意賣肺片。

此後，郭朝華每天一大清早便手提竹籃，到皇城壩清真寺附近的鵝市巷牛羊宰殺房買些牛肉，再從廢棄不要的牛內臟堆裡，精挑細選色澤、質地好的牛心、牛肝、牛肚、牛舌及牛頭皮，象徵性地付幾文錢一併拿回家。妻子則仔細清理搓洗，先用沸水煮去腥膻味，再用尖刀把牛雜裡外剔除乾淨，經反復清洗後，放進加有香料和其他調味料的滷水鍋裡煮滷二、三個小時至牛雜頭皮熟軟。通常牛雜進鍋後，郭朝華便守著滷鍋把握火候、翻動牛雜、打泡去渣。張田正則出去選購調味料。婦道人家大都心細，她買的調味料不僅品質好且都是正路貨，像乾紅辣椒、花椒

●成都今日的「皇城壩」——天府廣場。

必是二金條和漢源的。回到家裡等到牛雜頭皮滷熟了，撈起晾涼，郭朝華用利刀把牛雜按原料的不同性質、形狀，分別開成薄大均勻的片張，張田正則把調味料加工調製好。夫妻二人把牛肉牛雜片及頭皮片裝進一大搪瓷盆裡，淋上調料、澆上滷水，就一前一後上街叫賣去。

轉眼便是十年，他倆的「牛肉肺片」也已小有名氣。皇城壩一帶的大街小巷每日都會留下夫妻倆的身影與肺片的濃香。甚至每當他們在家中滷製牛雜，調配作料時，那香味都會飄到外面街上，路人免不了聞香止步，打聽打聽。於是這「牛肉肺片」就越傳越開。再經不斷鑽研改進，其品質、口感不斷提高。他們製作的「肺片」牛肉紅潤、牛肚白嫩、心舌香軟、頭皮晶亮，加上紅油辣子、花椒粉、複製醬油、芝麻和滷汁，調拌出來更是金紅光亮、油潤多滋、麻辣鮮香、軟糯滑脆，單是聞著那香辣酥麻之味就讓人口水直淌。加之他兩為人質樸和善，每天的「牛肉肺片」很快就賣光。

這期間還有一段插曲，當他們的「牛肉肺片」小有名氣時，郭朝華心想自己的「肺片」比橋頭那些「肺片」味道品質都更好，為了有別於那些低劣肺片，便把「牛肉肺片」改為「牛肉廢片」。他想原本大多就是廢料，經他夫婦二人精心加工便成了美食。這「廢」字比較能說明問題。但用了不久，一些有文化的人說，這麼好吃的東西，用個「廢」字會對食客產生誤導，且十分不雅，還是「肺」字好，肺者，心肺，夫妻肺片雖有心無肺，但卻是很實在，聽起來更順耳。於是又改回為「牛肉肺片」。這「肺」、「廢」之變甚而幾十年後的一九九〇年代末，在成都商報上還引發起不小的關於「夫妻肺片」到底是「廢」還是「肺」的爭論。

一九四六年，郭朝華、張田正夫妻倆搬到離皇城更近的金河街居住。這一帶有兩所中學，兩所小學，人流量很大。他們便在金河邊一棵大柳樹下擺攤不再走街串巷，這樣也方便了不少老主顧。每到中午、下午，尤其是中小學生放學時，那麻辣鮮香、紅豔亮麗的「牛肉肺片」，誘惑得不少學生圍著攤子轉，有零花錢的學生自然是吃了一片又一片，沒錢的學生也寧願聞香味、吞口水。娃兒們見夫妻倆人好、態度謙和、肺片好吃，於是一放學，學生們沖出校門就喊：「吃夫妻肺片囉！」後來更有調皮搗蛋的學生撕下兩張作業本紙，歪歪斜斜地寫下「夫妻肺片」四個字，悄悄貼在他倆的背上。郭朝華、張田正發覺後也就笑笑把字條扯了。可生意一忙乎不留意又被貼上，夫妻倆無可奈何也就聽之任之。有老買主也說：娃兒們喊「夫妻肺片」，你們乾脆就認了，反正是真夫妻不是假夫妻，有啥不好意思的嘛？於是郭朝華、張田正乾脆用一大紅紙寫上「夫妻肺片」貼在攤子前。這一具有獨特情趣和好奇感的名字便很快在市面上口口相傳。後來的美食家們與烹飪學者也沒想到，一個響亮的美食品牌就是這樣生動地，由民間小娃兒們無意喊成。夫妻肺片等於恩愛夫妻加美味肺片，這不僅是一道絕妙的品牌之名，也給世人留下了許多美好地遐想。當然也絕非後來的「Y（歪）英語」翻譯為「丈夫和妻子之肺片」那般恐怖的想像。

執子之手創品牌

自打出「夫妻肺片」這一招牌，幾乎是滿城市民聞風而至，爭相品嘗。一九四六年十月，少城桂花巷一位特別鍾情「夫妻肺片」的一家匾牌店的熊老闆，特意為其製作了一塊高一尺、長兩尺的小牌匾，上面鐫刻了「夫妻肺片」四個字，還特地描了金，贈送夫妻倆。有了這塊金字招牌，夫妻二人用十年來的辛苦積蓄，在人民公園後門的半邊橋街租了間不足三坪（約十平方公尺）的鋪面，掛上金招牌。從此，「夫妻肺片」便從流動到攤點轉為正南其北的坐店經營。

有了店鋪，有了名份，生意更加興隆。除經營「夫妻肺片」外，還兼賣白麵鍋魁、紅燒牛肉麵。其肺片亦改成盤論份售賣。此時，郭朝華、張田正的肺片製作技術已達到爐火純青的境界。其「肺片」的色香味形更為精道。正如郭朝華自我總結：牛雜應是牛肚白嫩，心舌淡紅、牛肉殷紅、頭皮黃亮，開片要薄而均勻、形整規矩，調拌時，先在盤中放些嫩芹菜節子打底，用紅油辣子、花椒粉、芝麻、複製醬油、滷汁等調料拌合，現吃現拌，形成色彩豐富、紅亮豔麗、辣麻多滋、鮮香滋潤的風味特色。

當時，夫妻肺片店還有一個誘人的特點，就是每份肺片盤中的調料汁水較多，大多數食客都要買一兩塊店中的白麵小鍋魁，要麼把鍋魁扯成碎塊蘸調料吃，要不就將鍋魁剖開把肺片夾在鍋魁中吃，那又是一番風味與食趣。再有就是紅燒牛肉麵，不少坐堂而吃的食客，不是來個鍋魁便是一碗牛肉麵，伴著肺片同食。秋冬時節，還把製作肺片的邊角餘料用來燒成湯鍋蘿蔔，這種熱燙香辣的「牛雜碎燒蘿蔔」也大受市民喜愛。

郭朝華、張田正夫婦就這樣紅火風光地經營著已是名冠川內外的「夫妻肺片」。當然，此一時彼一時，郭家已是有錢人家，置了些田地與房產。但有錢了難免人亦因錢而變。此時的郭朝華已被拖下水，養成了嗜賭惡習，且是十賭九輸。但他依仗「肺片」之獨門絕技和「夫妻肺片」的名氣，賭光後賺了錢再賭。如此惡性循環，張田正既難堪也無可奈何。一九五〇年後政府打擊嫖賭，郭朝華不得已方才收了賭心。但此時除「夫妻肺片」店外，其餘家產已是輸得一乾二淨。然而，天下之事有時確令人啼笑皆非。五〇年代初國家實施減租退押重劃家庭成份。郭家雖有名氣但無資無產，故而被劃為小商販。郭朝華還因此而得意自嘲，全靠賭得好，賭光了又成窮光蛋。若依以前所購置之地產房產，不劃成地主亦是奸商。究竟是禍兮福兮，時運詭秘很難說得清楚。

這以後，郭朝華又與妻子專心一意地經營「夫妻肺片」。後在成都市中心安樂寺綜合市場（現紅旗商場）租鋪面開店。一九五六年夫妻肺片店公私合營，夫妻倆以技術和品牌得以繼續參與經營。一九五八年「夫妻肺片」完全併入國營，劃歸成都市飲食公司中心店管理。郭張二人亦由個體業主轉為國營店職工，仍負責肺片的製作，一直工作到一九七五年退休。退下不久，張田正又被重請回店，擔任技術指導至一九九一年七一歲時，方才真正完全地離開了終其一生的「夫妻肺片」。一九九四年二月郭朝華去世，時年八〇歲；二〇〇二年九月張田正亦告別人世，享年八三歲。「夫妻肺片」之夫妻倆就這樣無怨無悔地走完了他們的人生旅途，留給後世和社會一款無可替代，亦無可超越的地方風味美肴；一個享譽世界的「夫妻」品牌。

現在的夫妻肺片，總店在總府街，其三個分店分別在人民北路、北大街和武候祠大街。當然早已不是單一經營夫妻肺片，而是成都風味小吃總匯。

夫妻肺片不了情

一九五七年鄧小平來成都，提出要品嘗一下「夫妻肺片」。這位少小離家的老四川早已耳聞「夫妻肺片」的芳名。聽說是小平同志要品嘗，張田正精挑細選，仔仔細細地調拌好，親自送到金牛賓館。小平吃得非常高興，吃完後對陪同領導說：「這麼好吃的東西，為啥不列為名小吃呢！」於是第二年，「夫妻肺片」被成都市人民政府命名為「成都名小吃」。此後，「夫妻肺片」便在地方政府和飲食公司共同努力下，不斷維護和打造這一地方風味美食品牌，使其成為成都市唯一保留下來並發揚光大的傳統「牛肉肺片」。八〇年代，成都市飲食公司以「夫妻」作為「標誌」，對「夫妻肺片」進行了商標註冊。一九九二年，成都市人民政府再次授予「夫妻肺片」成都名小吃稱號；一九九五年，國家國內貿易部授予「夫妻肺片店」中華老字號品牌；一九

●成都市的傳統市場。(2011)

九七年，中國烹飪協會認定成都「夫妻肺片」為中華名小吃；一九九九年，國家貿易部授予「夫妻肺片」中國名菜稱號。

自一九六二年便隨父母學做夫妻肺片，掌握了其正宗核心技術的大女兒郭瑞秋，其後便成為夫妻肺片的郭氏傳人。她對後來「夫妻肺片」不是其父母原創，而屬成都飲食公司集體所為的說法一直耿耿於懷。當自己打算開店獨自經營夫妻肺片時，卻又被告之「夫妻肺片」已商標註冊，其知識產權歸成都飲食公司所有，它人不得佔用。郭氏後人雖然很想不通，但也無力而為，更不想糾纏於名份之爭。只要人們瞭解夫妻肺片的由來，知道「夫妻」為何人，其肺片仍然流香於世，作為後人，她們也就很感欣慰了。其後郭瑞秋在成都燃燈寺東路開了家「郭氏傳人肺片店」，算是傳承了家業。

二〇〇六年九月，又發生一件有關「夫妻肺片」的怪事。廣東一家經營餐飲廚具的公司，將成都夫妻肺片作為「非物質文化遺產」，向國家文化部提交了申報報告。成都市飲食公司得知此

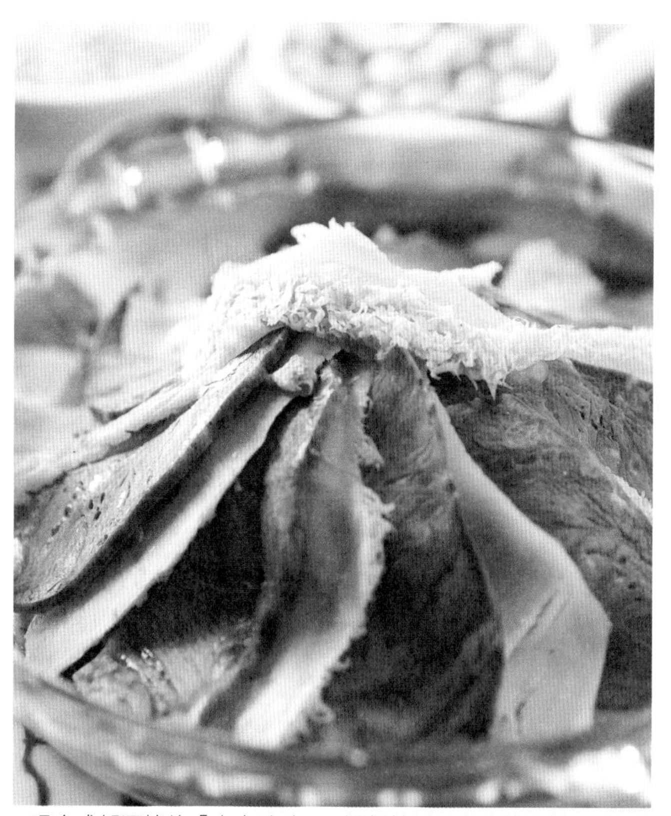

●現今成都酒樓的「夫妻肺片」，擺盤精緻，上桌後現拌現吃。

消息後則表示：「夫妻肺片」已是四川著名商標，外地企業無權進行申報。如果廣東這家企業執意申報，我們將訴諸法律捍衛其權益。此事後來亦也不了了之。

無獨有偶，二〇〇七年一〇月，好萊塢動畫電影《料理鼠王（Ratatouille）》，在成都舉行中國大陸放映媒體看片會。片中居然有一段「夫妻肺片」的烹製介紹。電影主角小老鼠雷米，看到這款中國名菜，其臺詞卻是相當雷人，他問道：「為什麼這道菜的名字這麼難聽？為什麼要叫做夫妻肺片，這會讓人聯想到肺炎、肺結核和肺癌耶！」觀眾對此十分不滿。製片商卻解釋為翻譯或配音所為，目的是添趣搞笑。但大家認為這有誤導食客之嫌，且詆毀「夫妻肺片」的品牌聲譽。結果如何，仍不得而知。

夫妻肺片，七十餘年來在四川人心中的情結，當然讓外國人難以搞懂。儘管現今也有像「雙眼井肺片」、「清真馬肺片」、「跛子肺片」、「皇城肺片」、「紫燕肺片」等有名品牌，但「夫妻肺片」之地位仍不可撼動，且已從風味小吃昇華為高檔筵席佳肴。對天府百姓而言，夫妻肺片是味中有味、味外有緣、味中有情、情在味外。它已成為具有象徵意義的男女風味情肴。大凡情人節、談情說愛、相親訂婚以及夫妻生活中，夫妻肺片已是一款特別的愛情美食。曾有位女士在婚禮上講述戀愛經過，談到與男友的第一次見面，就約在夫妻肺片店。她說，我是成都人，性情如夫妻肺片一樣「麻辣多滋」，提醒對方是否喜歡，是否會品。另有一對夫妻在銀婚紀念的席桌上，不僅特地點了「夫妻肺片」，兩人還情濃味長地朗誦了各自的小詩。女方誦到：肺片店裡把君見，麻辣雙味堪精典，夫妻攜手當如此，我織布來你耕田。其夫則合：夫妻肺片話當年，你我恩愛廿五年，執子之手共偕老，您做飯來我洗碗。這當是夫妻肺片的飲食風情與文化價值所在。夫妻肺片，絕世美味，傳奇佳肴，的確值得一品、值得體驗，不是嗎！

夫妻情緣肺片牽，麻辣味濃六十年
創得美肴饗世人，留得美名天下傳。

七滋八味侃兔丁

紅油兔丁之興與衰

自古以來，兔肉不僅是中國人喜愛的肉食之一，兔本身還被人們視為寓意美好，如象徵溫順善良的「玉兔」；亦被古代君王當做「兔壽千年」的呈祥「瑞獸」。中國人食兔已也有二千多年。早在春秋戰國時代，就有了宮廷菜肴「七醢」之一的「兔醢」。醢為醬的意思，讀音同「海」字，兔醢就是兔肉醬。漢代的市場上則有「兔纖」，即兔肉鬆，以及熬兔肉，臘兔肉。到魏晉南北朝已是「兔肴處處有，為食之上味」。唐宋時期，出現了較高檔精緻的兔肴，「卯羹」、「兔頭羹」。「卯羹」見於唐嗣聖元年（西元六八四年），大臣韋巨源官拜尚書令左僕射，按當時朝中之規矩，新科登第或升遷都要辦「燒尾宴」，即慶賀宴。韋巨源便設「燒尾宴」感謝皇帝器重和諸大臣之支持。而進獻給唐中宗李顯的御席菜單第二十三道珍肴美饌就是「卯羹」。當時在官場中流行的名兔佳肴還有「魚兔醬」、「兔胎羹」、「兔肝醬」等。元朝有「盤兔」、「釀燒兔」。明清時代，兔肉已為大眾美食，知名的就有「炙兔」、「油炒兔」、「醃兔」、「燒兔」、「白糟燉兔」等。

近代，兔肉被公認為「保健肉」、「美容肉」。兔肉蛋白含量高，脂肪、膽固醇含量相對較低。兔肉纖維組織豐富、細膩而疏鬆、肉質細嫩易於消化。兔肉中所含人體必需的氨基酸較齊全，人體最易缺乏的賴氨酸、色氨酸含量也較高。加上兔肉含抗糙皮成份，有利於皮膚新陳代謝，可助肌膚細嫩光潔。無論現代醫學還是傳統中醫都有此論證。民間歷來也把兔肉視作滋補肉食。有「飛禽莫如雞，走獸莫如兔」之說。

然而兔肴在四川似乎歷時不長，大抵是百把來年。雖然川中各地尤其是川西平原盛產家兔，但在百年前的《成都通覽》中卻沒有列出一款兔肉類菜品。僅標有：攤有兔肉，並加有「近兩年盛行，此案從漢川來」之注釋。就傳先生之說，至那時兔肉便在巴蜀之地日漸風行起來，有了各式各樣的兔肴：香滷兔、煙熏兔、醬兔、紅板兔、鹽水兔、纏絲兔、麻辣兔塊、麻辣兔頭；飯館酒樓中亦有花仁兔丁、冰糖兔丁、玫瑰兔丁、魚香兔絲、椒麻兔片等數十款兔肴。近些年火鍋兔、蘸水兔、乾鍋兔等也大行其道。然而，幾十年來在風味紛呈的兔肴中，紅油兔丁卻始終是都市一族不可缺和少的休閒佳肴。

皇城壩——都市美食風情追憶

過去的成都流傳著一句老話，叫做「走州吃州，走縣吃縣」。意思是說，無論走到四川哪一個州縣，你都會吃到三五款地方特色小吃或名肴。我們眼下說到的紅油兔丁就是舊時成都皇城壩的一款回民風味小吃。在現今天府廣場展覽館原址上，過去曾是一片氣勢恢宏的古代宮廷建築，有「小天安門」之稱的——皇城。在毛澤東塑像腳下亦是金河與金水橋。舊時，因連綿戰亂，皇城前面的房屋多被焚毀而成為一片空壩，人們稱之為皇城壩。一九五〇年後，皇城及皇城壩是每年「五．一」勞動節，「十．一」國慶日舉行慶祝大會之地，也是當時號召「解放全人類」、「聲援亞非拉」等大型群眾遊行集會場所。平日裡則是老百姓閒遊閒逛的熱鬧繁華中心。一九六八年，「文化大革命」風起雲湧，「省革委」成立不久，便作出了一個「歷史性」的決定，徹底摧毀老皇城，改建「萬歲展覽館」。於是，原為明朝蜀王宮的皇城就被視為「封建遺物」與「獨立王國」的象徵，幾乎在一夜之間被完全夷為平地。消息傳開，四面八方的市民聞風而動，紛紛趕去目睹這座人們引以為傲的成都標誌性古建築如何被「粉身碎骨」。婉惜、心疼、歎息之聲雲繞城市上空，至今仍餘音裊裊。同時，幾乎在不亞於其拆毀的速度中，一座現代建築「萬歲展覽館」拔地而起。至此，「皇城」沒有了，皇城壩之詞也就從市民生活中漸逝而去，成為永恆的追憶。

自清代湖廣填四川後，皇城一帶包括少城，寬窄巷子便是滿族和回族民眾的聚居之地。到清末民初，皇城壩已成為商業娛樂休閒中心，百戲雜陳無奇不有，聚集了一堆堆雜耍、小賣小吃攤點和流動小販；也彙集了不少浪蕩遊醫、算命測字、兜賣假貨等打胡亂說，唬死人不負責的江湖騙子。皇城壩因此又被市民戲謔為「扯謊壩」。然而，皇城壩最吸引人，最熱鬧的還是各式各樣，名目繁多風味紛揚的民間小吃。那時，皇城壩有條清規：大葷嚴禁入內。「大葷」即指豬肉。因此，一應葷肴小吃多是牛羊兔雞鴨鵝等，像清燉牛肉、紅油肺片、小籠蒸牛肉、牛肉焦餅、麻辣兔塊、紅油兔丁等。

早先入川定居的滿人和回民，在川中吃不上他們喜愛的綿羊肉，本地山羊肉又因膻味重吃不慣。但川西平原盛產家兔，在牛肉供應緊張的時候，兔肉便成為回民的日常肉食之一。回族民眾在兔肉的烹調上也逐漸形成了獨特的風格，像風乾兔、香滷兔、油淋兔等。涼拌兔丁則是回民民間的一款經典風味小吃。皇城壩的回民涼拌兔丁與現在的有所不同，拌時多用鹽而少用醬油，不用郫縣豆瓣只用紅油辣子、花椒粉、豆豉亦成顆粒，加白糖、蔥節，拌好後撒熟芝麻。拌好之兔丁無湯無汁，塊塊乾酥有味，具有麻辣鹹甜、醬香濃醇、鮮嫩清爽的風味口感。之後從皇城壩傳開便成為一款廣受喜愛的民間風味小吃。並演繹出了「紅油兔丁」、「怪味兔丁」、「麻辣兔塊」、「五香兔頭」等名品。像一九四〇、五〇年代盛行市間，手端瓦盆走街串巷和在戲園子、茶鋪、說書場叫賣的麻辣兔塊，就是當時成都頗具代表性，男女老少「吃耍」的閑食。吃法與缽缽雞類似，叫賣者把兔肉砍成整齊均勻的條塊碼在盆中，食者用插在盆邊的竹筷任挑隨選，以塊

天府廣場，老成都人口中的皇城壩，是早期成都市小吃美食的集中地。

計價（五〇年代每塊兩分錢）；盆的另一邊是紅亮誘人、麻辣鮮香的調味汁，食者夾起一塊兔肉味汁中打個滾，重味者多蕩幾下，輕味者則少蘸，送到口裡，一股麻辣香鮮的滋味頓時讓人為之一爽，舒心得很。尤其是小娃兒和婦女，一旦碰上賣麻辣兔塊的那一定是非吃不可。

那時，在成都青羊宮花會上還有一款經典小吃「兔肉夾鍋魁」。兔肉用手撕成條，加蔥絲、豆豉醬、熟油辣椒、花椒粉、白糖、香油、鹽、醬油拌好夾在鍋魁中。吃來是兔肉細嫩、麻辣多滋、鍋魁綿軟、十分可口。趕花會的男女老少大都是一手舉著五色紙做的，在微風中不停飛轉的風車車，一手拿個兔肉夾鍋魁邊吃邊逛，賞花、觀人，極有休閒生活之情趣。可惜「此情可待成追憶」，不知啥時候便悄然絕跡了。

紅油兔丁、麻辣兔塊、五香兔頭、兔肉夾鍋魁等，有如老成都眾多的街頭小吃一般，是一座城市社會生活及人文風情之縮影。那樣的風情現今在成都周邊的一些鄉鎮還可尋得蹤影。如彭縣鬍子兔的麻辣兔塊，溫江、雙流的麻辣兔頭，以及其他一些地方的塊塊兔、纏絲兔、麻辣熏兔、紅板兔、煙熏兔、怪味兔丁、麻辣、五香兔頭等。但近二十年來最有名聲，最紅火的還是「二姐兔丁」和「紅星兔丁」。

二姐兔丁——一個美麗的哀愁

八〇年代初，在成都人民公園旁的半邊橋街有家名不見經傳，不足十平方公尺的涼拌兔丁專賣店。店主及兔丁的創製人叫陳永惠。街房四鄰稱其為陳二姐，此店便叫「二姐兔丁」。陳二姐端莊嫻淑、心靈手巧，她拌的兔肉麻辣多滋、鮮香味美、風味獨特。其店雖小卻是人氣盛旺，上午十點，下午四點後購買者大都排成長龍。二姐兔丁很快就名揚全城。不久其連鎖分店也遍地開花，蓉城四門無所不見。

二姐兔丁用料講究、調拌精道，煮兔、加工、紅油煉製上均十分精細，方法獨到。二姐大多選肥嫩家兔宰殺治淨，用清水加薑蔥、料酒將兔煮約二十來分鐘至熟，再用涼水浸泡，擦乾水份砍去兔頭，將兔肉宰成指拇頭大小的丁塊，獨家推出無頭兔丁。調拌時用豆豉醬、紅油辣子、醬油、川鹽、白糖、味精、花椒粉、香油調成汁，再倒進兔丁，加蔥節拌和均勻，最後撒上油酥花生仁和芝麻。拌好的兔丁色澤醬紅、油亮滋潤、辣麻香醇、風味厚重、兔肉鮮嫩、入口化渣，且無絲毫草腥味，十分可口。既是佐酒佳食，又是閑吃美味，成為二十餘年間蓉城百姓家喻戶曉，人吃人愛的風味小吃。一九八九年獲得「少城名小吃」稱號，一九九〇年十二月被成都市政府命名為「成都名小吃」。到九〇年代後期，「二姐兔丁」的生意火爆非常，家家連鎖店人頭鑽動，成為一道成都風情景觀。

此時，川菜也走出低谷，一躍而起風頭盛旺。陳二姐有了資本積累和品牌知名度，便在當時成都市內規模最大，人氣最旺的鼓樓街家電市場內開起了好幾層樓高，有大廳、有包廂的「二姐飯店」。生意更是日新月異、車水馬龍、門庭喧嘩、客滿為患。倘若陳二姐就一直這樣做下去，其前景堪稱美好而不可估量。然而就在成功得意之際，一股陰影悄然籠罩在二姐身邊。在一幫社會「餐飲策劃專家」的蠱惑下，原本樸實爽直、能幹精明的陳二姐卻在遠離市中心，尚還是一片荒涼、雜亂的武侯大道城郊結合地，傾其所有集資開辦了家堂而皇之的「二姐大酒店」。酒店落成後，在五光十色、豪華氣派、鑼鼓喧天、鞭炮震耳的開張剪綵中，陳二姐似乎也華麗轉身，從一個雞毛店主到飯店老總，再成為大酒店董事長。殊不知這種盲目急進式地跳躍發展，使其管理行銷、人員素質、經營理念等相形見絀，那股潛在的陰影終成黑雲壓城。「二姐大酒店」在一片喧鬧聲後一落千丈、元氣大傷、不久便悄然倒閉。陳二姐及其當家品牌「二姐兔丁」亦自我終結了其不長不短的神話經歷與輝煌前景。此後的二姐隱退江湖，忍辱負重，重新回到起點，十分低調地拌著、賣著「二姐兔丁」。只是其品牌與生意已遠不如往昔了。

其時，在成都原打金街、龍王廟與督院街交叉路口，也有一家兔丁專賣店。二十年來她不事張揚，日復一日、年復一年地賣著兔丁。所謂當局者迷，旁觀者清。她靜觀著差不多與其同時起步的「二姐兔丁」的興與衰，謹慎而穩當地經營著為數不多的兔丁連鎖店。這就是成都涼拌兔丁的又一知名品牌——紅星兔丁。其店主及兔丁創製者依然是一位中年婦女，所拌之兔丁風味別致、香美可口、口碑盛傳。從開業至今也是每天上、下午都得排隊，長盛不衰。或許是有了「二姐兔丁」之前車之鑒，「紅星兔丁」沒有驚世動地之雄心大志，只是執著經營，穩當賺錢罷了。

錦城錦水錦秀天府，
傳奇兔丁風味醉人。

古風鄉味，千古流韻

巴蜀豆花風流情話

每當去到鄉下，看著農家大娘或大嫂推磨豆花時，亦或看到飯館門口那鐵鍋中冒著徐徐熱氣的豆花，甚或在都市中那忽隱忽現，漆成紅與黑的豆花擔子，都會引起一陣心潮湧動浮想連翩，母親推磨豆花的情景便又浮現在腦海。人之歲月真也似石磨一般，不緊不慢地旋轉著，光陰亦如豆漿汁一樣細細地流淌。從少年青絲不識愁滋味，到鬢髮灰朦感歎人生之匆匆，驀然回首，記錄的不只是歲月的變化，更是人生的滄桑。蘇東坡這位老饕客在暢遊華夏山水，盡享世間美味中，不也感悟到：「人間有味是清歡」嗎？而於我，惟有那充滿古風鄉味的豆花，依然是幾十年間常吃常戀，始終不渝的嗜愛。落筆行文，豆花留在人生每一階段的美好和溫馨，一幅幅映入眼簾，盡讓我情不自禁地思念起豆花的滋味來，以至於手中筆尖遲鈍，卻口舌生津，嘴角竟也悄然流涎了……。

在巴蜀大地，恐怕沒有哪一款美食能象豆花一樣，一千多年來經久不衰風味長存；也沒有哪一道美味能如豆花一般深入民間，老少皆喜，娛樂著世世代代的巴蜀兒女。即便是今天，儘管已是世界各地之美食薈萃一城，那躺在黑鐵大鍋中，或紅黑木桶裡的豆花，依然不時顯露在繁華都市的一隅一角，以自然質樸、純真之風味風情，悄然吐露著特有的清香與甘美，挑逗著人們的食情吃趣。

巴蜀豆花風俗

當然，豆花並不為川人所創，據傳漢武帝

時，漢高祖劉邦之孫劉安聚集一夥巫師術士，在淮南八公山用大豆研煉長生不老靈丹妙丸時，無意間用淮河流域的鹽鹵創製了豆腐，其實為未經壓榨成形的豆花，品之甚感味美，遂將其製法傳達民間。三國時期，豆花（豆腐）製作技術傳到了四川瀘州的富順、榮縣一帶。這裡地處川南低丘、氣候溫和濕潤，日照充足，盛產黃豆。同時依傍長江及其支流，又是井鹽主產之地。如此優質水源、上好鹽鹵及黃豆，使富順豆花很快名聞巴蜀並迅速在鄉村中普及，成為巴蜀百姓之特色美饌而世代傳承。

到唐宋，豆花作為市井流行美食，又被稱為「豆腐花」、「腐花」、「豆腐腦」。但是四川的豆腐、豆花、豆腐腦雖同出一宗，卻是性情各異。豆腐，是在點漿成花時經壓榨去水，使之綿紮成形。可切成塊片丁絲，以煎炸燒烤燴煮等烹食；豆花，則是在點鹵凝花後，稍加輕壓保留一定水汁，其質地比豆腐更細嫩，略為綿紮，可用筷子挑食，卻不能如豆腐般隨意加工烹調；豆腐腦，便是在點鹵結花後完全不擠壓保持充分水份，比豆花更細嫩，只能用匙舀而食之。像豆花擔所售，名曰豆花，實為豆腐腦。在中國北方及江南多是豆腐腦，少有豆花其物。如北京豆腐腦、東北蛋花豆腐腦、陝西乾州豆腐腦、天津蝦仔豆腐腦、河北饒陽豆腐腦、湖北什錦豆腐腦等。而居於豆腐與豆腐腦之間，既細嫩又綿紮的豆花，卻是巴蜀之獨特風味美食。

四川豆花歷來以四種方式展現其風味風情。一種是鄉村豆花，即農家用青石小磨推製，或是農家院子裡那帶有近兩公尺長，拳頭般粗的楠木推杆大石磨推製；一種是豆花飯館的大鍋豆花；另有便是走街遊巷的挑擔豆花；再者就是餐館酒樓裡的豆花菜肴。但最具風味魅力的還得是農家石磨豆花。四川鄉村幾乎每戶農家都有石磨，都要推豆花。鄉村人家接客待友一直都保持著這樣的習俗，進門落座，片刻功夫便端上一碗荷包蛋，還特地告訴你，這是老母雞新下的呢！晚間吃飯，必是豆花、臘肉及鮮蔬、泡菜、新米飯。

你定會吃得心潮澎湃，鄉情蕩漾。而農家大娘或大嫂卻笑眯眯地說：「真不好意思，家裡頭拿不出什麼好東西招待你們，只有吃點豆花便飯，不要見笑哈！」可對於長久生活在繁華都市的你我，這頓豆花便飯，這淳樸的鄉情何止讓人熱淚盈眶啊！鄉村人家，總能以其純真和質樸把原本無情之物變為有情之種，增添食趣吃情。

巴蜀豆花風情

在鄉下，最具風味特色的是青豆豆花，以新鮮青豆剝殼、泡入水中輕搓去皮膜、經推磨、濾滓、熬製成豆花。青豆花色綠如翡翠、光潔似碧玉、清香怡情、甘甜可口、配以鄉村特有的新鮮辣醬，即便是山珍海味，瑤池仙肴上桌也會無人搭理。更絕的是，青豆花之豆渣，與麵粉、糯米粉調合，煎成薄薄的青豆煎餅，鄉里人叫青豆粑兒，吃來是酥脆香甜，青鮮可口；咬一塊青豆煎餅細嚼慢咀，呷一口青豆花水徐徐下嚥，你恐怕會要懷疑自己尚在人間否。在有些地方，像西昌邛海的鄉村及鄉鎮街上，還有一種「黑豆花」，是用黑豆磨製的。這黑豆花不僅顏色特別，灰黑灰黑的，吃到嘴裡，口感和味道也有些異樣，天然本味、清醇甘美。黑豆花、青豆花實乃豆花之珍品，倘若農家以此款待，你不是貴客亦當是貴賓。這便是鄉里人家之總統元首級待遇了。

再說挑擔豆花，亦是從鄉鎮遊弋到城市。早於宋代便風行於市。那豆花擔子通常是漆成紅黑色的兩個大圓木桶，古樸厚實、典雅醒目。一隻桶裝火爐與豆花，一隻桶盛清水、餐具，桶蓋上則擺放著各種調料。豆花之風味多是「酸辣豆花」和「糖水豆花」。酸辣豆花有紅油辣子、花椒粉、醬油、醋、味精、大頭菜顆顆、酥黃豆、蔥花等調味料，吃來是麻辣舒爽、鹹酸宜口、滋味豐厚、香鮮悠長，是都市女性，尤其是年輕美媚的佳好閑食。糖水豆花的糖水則為紅糖熬製，那甜而不膩，稀而不薄的糖水澆在豆花上，吃來是香甜滑嫩、娛舌樂胃，甚為老人小孩兒喜食。豆花擔子無論寒暑總是在城市後街裡巷、河邊、茶園、熱鬧市井、旅遊景點不喊唱不聲張，以其特別的木桶和色彩，低調而執著地蕩遊在閑客遊人中，誘惑著一個個吃情男女。

豆花飯館一般有三類，一是鄉鎮豆花便飯館，以豆花為特色，備有小菜，味美家常、經濟實惠。二是中型豆花飯館，仍以豆花為主，兼有燒燉炒拌家常菜。三是大城市中的豆花飯店，雖豆花仍為特色，但其他菜肴更豐富，可承辦宴席。像過去成都的小竹林、吳豆花、清潔食堂、榮盛飯店、市美軒豆花館；重慶的高豆花、白家館、泉外樓、蜀東飯店，以及富順河水豆花，灌縣導江豆花店等，都是很有名的豆花飯店。這類豆花飯館最顯著的特點，便是在店堂門口放置一大爐子，上有大鐵鍋，爐中微火陰紅，鍋裡豆花雪白熱燙。既張顯特色又廣告宣傳。這類只有四川才有的豆花飯館，過去大多只售豆花、小菜、米飯。食客進店，一碗豆花、一碟蘸料、一碟小菜或泡菜，一碗米飯加上一碗豆花水，湯菜飯都齊備，既便宜又好吃，頗受平民百姓青睞。後來，一些豆花館向飯鋪看齊，在經營中也逐漸增加了一些燒菜、炒菜，豆花品種也有所增加，有了渾湯豆花、清湯豆花、酥肉豆花、臊子豆花等品種。現今，大城市中這種豆花飯店幾乎已沒有了，代之而起的是更為堂而皇之的豆花酒樓。近十餘年間，較為有名的是石磨豆花莊、神仙豆花莊、天府豆花莊等。豆花品種及豆花菜肴亦也多達幾十上百，甚而豆花宴、豆花全席。但鄉鎮中的豆花飯館仍依然如故、鄉風依舊。

再說大城市中餐館酒樓的豆花菜肴，雖作為

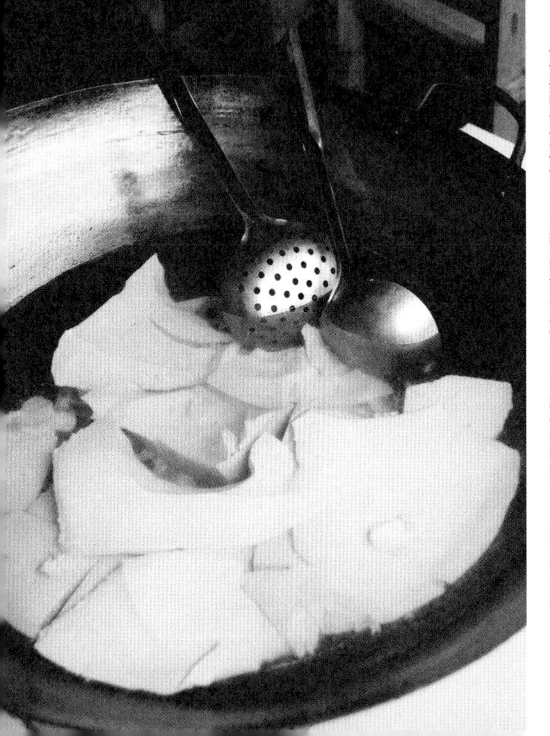

傳統豆花飯莊點製好豆花後，連著大鍋擺放於店門口以招攬客人。

一種風味所配置，但品種也還不少，像豆花鮮魚、豆花肥腸、豆花牛柳、豆花牛蛙、豆花鱔魚、豆花魚片、豆花甲魚；以及別具特色的蓋碗豆花、罈子豆花、蟹黃豆花、蟹肉豆花、金鉤豆花、鮮貝豆花、瑤柱豆花、魷魚豆花。高檔酒樓還有海參豆花、魚翅豆花、鮑魚豆花等。這類葷素結合的豆花在川菜中宿來便有，如一九六〇年代成都著名豆花飯店清潔食堂，便創製有酸辣雞絲豆花、家常臊子豆花、三鮮豆花、金銀豆花、什景豆花、嫩蛋豆花、豆花鯽魚，甚而還在冬天增添燉雞豆花火鍋，三鮮豆花火鍋，什錦豆花火鍋，頗具特色風味。

巴蜀豆花風味

豆花風味，取決於豆花品質及豆花蘸料的特色。鄉里的女人都愛說：豆花是磨出來的。意思雖指做事不要嫌麻煩，但也說明推製豆花確是個需用心的細活兒。尤其是推那特大的石磨，就是男人也得使出大勁才行，而女人則坐在磨邊，一雙被浸泡得白淨粉紅的手把著勺，隨著男人推磨的節奏，不時緩緩地從缸缽裡舀出帶水的黃豆往磨眼兒裡添加。磨沿邊，雪白花花的豆漿流淌出來，順著磨盤又流進盛漿汁的缸或盆裡。鄉里人常講，好品質的豆花要講究：黃豆、水質、鹵汁，且還有選豆、泡豆、磨漿、濾漿、煮漿、點鹵、燜花等七、八道製作工藝，樣樣馬虎不得。然而，最能體現豆花風味地域特色的還是風味各異的味碟了。

巴蜀之地，無論農家還是豆花飯館，對吃豆花的蘸料向來十分講究，也因地因人而異。有重辣喜麻的，給味蕾以強烈刺激，像重慶及川東一帶其味就濃烈豐厚；有重鮮好香的，給味覺以柔美醇和，多滋多味，如成都及川西平原；還有喜食酸辣的，像瀘州及川南一帶吃豆花便好加酸青菜或泡菜鹽水。總體而言麻辣酸甜、鮮香濃淡，自有韻味、各具芳香。

鄉村豆花的調味料大多簡單實惠，所用調料不過四、五種，醬油或鹽、豆瓣醬、油辣子、青花椒、蔥花等。也有用泡菜鹽水加剁碎的乾辣椒、花椒、加蔥花調製的。城市豆花館子則要講究些，像重慶北碚豆花，就要用糍粑辣椒、油酥豆瓣、芝麻醬、花椒油、香油、醬油、桃仁末、火蔥等調製蘸料。成都的豆花飯館，如清潔食堂，多用口蘑豆油、豆豉油、油煵辣椒、芝麻醬、花椒粉、蒜泥、香蔥花等。

在農村或城裡，一些家境較好的人家吃起豆花來，更是一種享受，其蘸料尤為精美，調料按個人口味所好自行調兌。吃豆花也是有規有矩的，桌上總有一盤泡菜、一盆豆花、一缸蘸水、一碗豆漿、一缽窖水，應先吃一塊泡菜開胃，再食蘸了調料的豆花下飯，中途喝豆漿，吃畢喝窖水。若上桌先吃豆花，會因麻辣刺激而傷胃，先喝豆漿亦會因豆香甘甜而損味，最後喝窖水則可爽口清胃。

豆花還有另一特別風味，就是佛家、道家的豆花。在佛、道的日常膳食中豆花雖是齋食佳品，但卻不似民間滋味多樣和複雜，多以鹽或泡菜水、醬油、香油蘸食，簡單質樸、清鮮淡雅、本味自然。

鄉里的豆花，從推磨、熬製、點鹵到調兌蘸料，多為婦女包辦，且傳女不傳男。而在豆花飯鋪、飯館，則有專門的豆花師傅，舊時稱為「豆花匠」，因傳統上為女人的活路，故又被戲稱為「李三娘」。豆花匠是行業中的獨門手藝，單獨操作。每日天亮前便要推磨好豆漿，在鍋裡點成豆花，以備開堂售賣，蘸料亦是早調兌好的，隨豆花一併出堂。

簡易的傳統豆花擔，一般提供酸辣味與甜香味兩種，簡樸卻滋味豐富。

巴蜀豆花風韻

豆花遍及四川，更是一地一味、一縣一味，乃至一鄉一味，特色張揚、風味紛呈。有學者將泡菜、火鍋、豆花稱為「川味三絕」，並非姑妄之言。

富順豆花——一九三〇年代，富順城東門有家豆花飯鋪，店主叫劉錫祿，他博采眾家之長悉心研製，做出的豆花色白似玉，細嫩如脂，綿柔有形，芳香甘醇。豆花蘸料亦是很有風味。有次，一位在河南老家開醬園鋪的老闆到雲南採購調味用的藥材後，聽說四川富順的豆花很有名，想必其調味料定也不凡，便特意繞道來品嘗、考察。不料到了富順城邊，遇到山中土匪將其洗劫一空，他只好忍饑挨餓，走進縣城一家便飯鋪，可吃飽後卻身無分文與值錢之物而無法結帳。店主便將他視為「白吃」，按舊時規矩罰跪在店門口頭頂板凳示眾。這時，劉錫祿碰巧來此，見此人衣衫整潔，面目良善，不像是本地人，一問方知原由，便替其付清帳，並請他到店中品嘗豆花。品吃後，劉誠懇地徵詢其意見，河南客商感其相助，便坦言豆花不錯，但蘸料差味，隨即便把祖傳之醬油製作秘方告訴了「劉豆花」。後來，劉按其法精心調製，果然其醬油色香味十分獨特，便用其與糍粑辣椒及其它調料兌製成豆花蘸料。食客一吃，麻辣多滋，香鮮濃醇，口感超好，於是名聲大振成為富順豆花第一品牌。

一九八五年「劉豆花」將秘而不宣的蘸料配方獻出，創建了富順首家香辣醬生產企業，定名為「美樂牌香辣醬」行銷海內外。現在之富順真是名副其實的豆花城，滿城儘是豆花香，無處不

●豆花飯的經典組合，一碗豆花、一碗飯、一個豆花蘸碟。

重慶嘉陵江邊風情。

飛花。

重慶北碚豆花——一九三〇年代末，北碚有位烹技出眾的女士叫周淑芳，其豆花十分有名，雪白如霜，嫩似羊脂，盛如碗中有如風中荷花搖而不塌，食之過半仍是綿實形整，清香中暗流絲絲甘甜。人們稱之為「北碚豆花」。周淑芳的豆花蘸料也獨顯其絕，她用油辣子、花椒、蒜泥、芝麻醬、小磨香油、精鹽、蔥花精心調製，辣麻香濃、滋味鮮美、味感悠長，十分過癮。當時重慶作為抗戰後方名流彙聚，其間，老舍、梁實秋、梁漱溟、晏陽初、于佑任等都曾為北碚豆花之常客和佳賓。其時，曾主政北碚的盧作孚、盧子英兄弟二人更是首開「豆花宴」款待過馮玉祥、孫科和郭沫若等。

一九五〇年代初，鄧小平和劉伯承就曾過北碚品享豆花。一九五七年朱德來到北碚指名要吃豆花。便由已在「蜀東飯店」的周淑芳親自點製。朱老總吃得非常開心，很是過癮，特意到廚房看望並感謝周淑芳。同年，鄧小平、賀龍、彭真、李井泉等到北碚，在泉外樓餐廳吃豆花，鄧小平還對彭真說：「你們不是四川人，在口味上對你們有所照顧，按四川人的口味，今天的調料還不夠麻辣。」

川南葷豆花——始於敘永縣江門鎮。據傳，這「葷豆花」為一老婦無意烹製而成。農家做飯大多要用陳年泡青菜煮盆湯。一次老婦煮飯，湯快煮好了，她忽然想起中午還吃剩有一碗豆花和幾片臘肉，便順手倒進湯中，又見桌上有幾朵孫子從山上砍柴摘的雞樅菌，也扔進湯裡。吃飯了湯盆一上桌，鮮香撲鼻，誘人垂涎，再把豆花蘸料吃，格外香美，一家人吃得你爭我搶不亦樂乎。以後老婦便按此法做豆花，很快名聞四鄰。因豆花裡有肥瘦臘肉，人們稱之為「葷豆花」。其後，在流傳中逐漸成為川南特色風味小吃。前些年，葷豆花還開到成渝兩市曾風盛一時。尤其冬天吃來更是熱燙暖身、辣麻酸香、鮮美多滋，再加點粉絲、白菜、豌豆尖等燙起，那可是吃口舒爽至極。

涪陵渾江豆花——現隸屬重慶的涪陵，以榨菜聞名天下。在涪陵城烏江邊上有座北岩寺，「渾漿豆花」就是寺廟內的道姑范吉順創製的。渾漿豆花的製作與一般豆花不太一樣，多用青黃豆泡脹，推磨成漿，濾渣後舀出一些生漿留用，其餘入鍋煮熬，用鹽滷、石膏水混合點製，凝固後略壓成形，再用竹刀劃成若干四方塊，然後把舀出的生豆漿均勻地倒進豆花縫隙間，微火煮至生漿與豆花凝結，謂之「渾漿」。其豆花調料用紅辣子、芝麻油、薑汁、蒜泥、上等醬油等調兌。渾江豆花鮮嫩綿紮、清香甘醇，既可熱吃，亦可涼吃。盛夏，遊人前往寺廟之地避暑，吃碗涼豆花清熱去暑，心涼神安，真是一大享樂。

成都譚豆花——最早是位叫譚玉先的挑擔豆花，以酸辣風味為特色。但最為食客稱道的是混有花椒麻香與麻醬醬香的雙麻豆花，以及豆花麵。譚豆花先在安樂寺定攤售賣，而後則在塩市口開起豆花麵店。一九二〇、三〇年代就已成為成都很有名氣的風味小吃。譚豆花麵以酸辣豆花為素麵底料，豆花雪白細嫩、麵條柔滑、辣麻鹹酸、鮮香酥脆、輔料多樣、風味濃郁，單聞其味，已就讓人難擋其誘惑。吃時還在豆花麵上再撒幾顆油酥花生和大頭菜，口感風味特別酣爽，深得人們喜愛。

過去在成都，還有一挑擔售賣的雞絲豆花麵，其木桶中間有一分成兩格的長方形銅鍋，一格熬有棒骨雞湯，旁邊大竹筷插有一隻熬過湯的整雞以顯資格，亦也用作招客；另一格是煮麵條的沸水。另一桶上便是豆花及各種調料。雞絲豆花麵有辣味和鹹鮮，辣味亦是酸辣濃醇，鹹鮮則鮮香清爽，無論紅味白味，均加雞絲。在成都風味小吃中也有一款「醉豆花」，因醪糟與豆花並用，豆花帶有酒香而得此名。醉豆花入口酒香醇濃、香甜美口，冬天熱吃舒暢暖身，夏季冷啖清爽怡情。

豆花，這款巴蜀百姓尤為鍾情，帶有古風鄉味的民間佳肴，不僅是一款天然營養健康的美食，更是一道無可替代的民間風味情肴。一千多年來，它濃縮了一個地域的民風民俗、鄉風鄉情，也濃縮了一個人的成長經歷與生命之旅。當我們於生活中疲於奔忙、身心交瘁、孤獨寂寞、憂慮不安之時，她都會帶給我們那曾經的香甜美味、溫馨和歡樂，心中又迴響起兒時和小夥伴們常在田壩頭、竹林盤中唱起的，那不知傳了多少代的豆花民謠：「清豆花，黃豆花，煮在鍋頭白生生兒，舀到碗頭嫩咚咚兒，筷子夾起閃悠悠兒，吃到嘴裡麻碌碌兒，糍粑辣椒辣呼呼兒，嘴上印個紅圈圈兒，喝碗窖水甜絲絲兒，打個飽嗝香噴噴兒，……。」啊！此時此際、此情彼景，生活的動力和目標在那鄉風美味的回味中顯得又是那麼充實和堅定……。

千年豆花，芳香巴蜀；
古風鄉味，美樂人生。

棒立雞群，味道江湖

棒棒雞之江湖遊記

說起棒棒，不過就是木棍，可各位卻別小看一根木棒，當年趙匡胤就憑手中一根棍棒打出了二百多年的大宋王朝；林沖靠根木棍成為八百萬禁軍教頭；而少林十八棍僧百萬軍中救唐皇，更為歷史傳奇。這裡要擺、要說的則是四川的一根棒，川內省外幾乎無人不曉，那就是川菜名肴，人吃人愛的「棒棒雞」。

用木棒捶打肉食，最早見於北魏賈思勰的名著《齊民要術》，記載有一款用木棒敲打出來的佳饌：白脯，後失傳。然而，棒棒雞在四川卻是世代傳承，無處不有。僅在成都，隨你到市區哪個地方，都有棒棒雞賣，不是這「×記」，就是那「×記」。食話實說，都徒有虛名，與道地的棒棒雞相去甚遠，也跟棒棒毫不沾邊。而正宗的棒棒雞已有百十餘年的歷史，其祖籍乃樂山漢陽（現屬眉山市青神縣）。

樂山以淩雲大佛和美食天堂享譽巴蜀大地。尤以美食三絕：嘉腐、雅魚、漢陽雞著稱於世。嘉腐，指樂山西壩豆腐；雅魚，指三江雅魚和江團；這漢陽雞，便是樂山漢陽壩的雞及風味小吃棒棒雞。

雞出漢陽，名冠天下

樂山，距成都一三〇多公里。漢陽則是樂山、青神、夾江兩縣一市交匯處的一個集鎮。岷江之水流經到此便轉了一個大灣，浪急波湧的江水進到灣中一下就變得溫柔和順、平靜如湖，雖水深莫測，卻是清澈碧綠，河岸上是一大片沙洲，川人習慣上叫壩，當地人稱為漢陽壩。漢陽南依龍泉山，北傍岷江流，與樂山上下相望，是著名的平羌小三峽接壤之地。

漢陽得名於漢代，是經水路從成都到樂山，經宜賓、瀘州匯入長江達重慶，出夔門，通及大江南北之岷江水運的重要口岸和商貿重鎮。漢陽山青水秀、土肥人勤，自古以漢陽絲、漢陽花生、漢陽雞、漢陽橘等土特產享譽各地。一年四時，穿梭來往的商船貨舟必然在此泊靠。每逢集市更是船舟魚貫、商客雲集、遊人如織、小販成堆，甚而是街道擁堵、人頭攢動、熱鬧繁華之盛景令人歎為觀止。世間因此而有「窮青神，富漢陽」之說。

在漢陽鎮呈「井」字形的古樸鎮貌中，千年遺留之樓閣庭榭雕刻著神鳥奇獸，四合民居挑梁飛簷；古老的火神廟香火盛旺，青煙遼繞。鎮外壩上，田園秀麗、碧水悠悠，雞鴨嬉戲、蜂飛蝶舞。尤其是到了夏秋季，沙州上開始收穫稻米花生了，農戶人家便把雞群放養在地裡田間，任其刨食沙土裡殘留的花生、散落在田裡的稻穀，啄食泥土中的蟲子。漢陽雞也就飽食終日無所用心，吃得好長得好，肥美細嫩，雞的品質與肉感獨佔其優，故而成為人們口中的美味佳肴，世人稱之為「漢陽雞」。

樂山也因漢陽雞而出了一整串的美味雞肴，從棒棒雞、白宰雞、怪味雞、箢箢雞、油淋雞到近幾年的缽缽雞、百味雞等，款款香美、個個美口。詩仙李白當年在為慶賀奉召進京做官而舉行的家宴上，就曾有詩云：「白酒新熟山中歸，黃雞啄黍秋正肥，呼童烹雞酌白酒，兒女嬉笑牽人衣。」這情境讓人領會：莫道漢陽無人曉，雞之漢陽由來美的嚮往。

百年名肴，一棒敲定

過去的漢陽壩，鎮上商號、客棧、飯館、茶社、酒肆、櫛次鱗比；小商小販，尤為售賣小吃零食的滿街叫唱，其中之棒棒雞是最受客商、船工、遊人的喜好。賣棒棒雞的多是鎮上的居民人家和周邊農戶。

雖說是街頭零食，但做起來卻是十分地講究。通常是把雞宰殺後除盡雞毛，然後剖腹去內臟，清洗淨，用細麻繩捆纏雞翅、雞腿，使煮透之後的雞肉緊紮；再將雞嘴掰開劃一刀，煮熟後的雞嘴如打鳴般張開，同時在雞腿、雞脯肉厚實之處用竹簽插些許小孔，以利水分和熱度滲透；煮雞時水以淹過雞身為度，放拍破的薑塊、蔥結，水燒熱時下雞，燒沸後打盡浮沫，把火候控制在水開而不沸，微微咕嚕冒泡為宜。煮的過程中還要將雞翻個身，煮好後撈起晾冷，這樣煮出的雞皮色黃亮、不破不裂、皮肉骨相連，就可以拌製了。

拌雞時，小販先用木棒把雞肉敲打捶鬆散，這樣拌時易進味、且入口化渣。再者，煮好的雞且須宰成小塊方才好賣，砍雞下刀就很講究。要依據雞的大小，精確算計每個部位可宰多少塊，骨大的部位要宰得大塊些，骨少或小的宰小塊點，雞脯肉則開成片。如此，為了把雞宰得均勻有形、皮骨肉不垮爛，小販便先用刀斬去雞頭、雞腳，再按部位宰成幾大塊，然後放在菜板上，把刀擱在雞塊上，用那胳膊般粗大、尺把長帶把柄的木棒敲打刀背，一棒下去不偏不依，斬下的雞塊大小、厚薄既均勻又成形；宰成小塊後的雞，皮朝上放入瓦缽中整齊碼好，然後倒進用煮雞的湯、川鹽、醬油、白糖、油辣子、花椒粉、紅油等調兌好的調味汁，撒上熟芝麻。這樣，瓦缽內便是湯汁紅亮、辣麻撲鼻、鮮香撲面，雞塊

雅安榮經的餐館仍舊保留用棒棒斬雞片的刀工與風情。

皮黃肉白、細嫩香美。鉢缸周邊則擺放著雞頭和雞腳，煞有氣勢、十分誘人招客。

雞拌好後，小販手端瓦鉢在河岸邊、船舶間、碼頭上，或走街串巷悠悠揚揚地叫賣起來：「雞——肉，兩分！」「雞——肉……」。食者以塊以個計價，豐儉由己。這種麻辣雞塊，對那些久呆航船寂莫無聊的商客，船工來說真是擋不住的誘惑，是絕好的休閒佐酒的美味。對遊人及當地人尤其是婦女小孩，亦也是價廉味美的閑吃零食。當你用筷子夾上一塊雞肉，在紅亮湯汁中蕩幾下蘸滿味汁，還沒進口，那辣麻鮮香就已撲面直竄，讓你口水亂湧。吃到口中，先是鹹鮮香濃、辣麻多滋，再是雞肉嫩爽、口感悠長，頓時胃口大開、朵頤大快，吃了一塊想二塊，最後不得已放下了筷子都還唏嘘唏嘘依戀不捨。

起初，人們習慣性地稱其為「麻辣雞塊」或「紅油雞塊」，後看到小販用木棒敲刀斬雞十分有情趣，獨具一格，便戲稱為「棒棒雞」。於是這味道香美，好吃有趣的棒棒雞就隨南來北往的客商、船工和遊客而傳揚四方，成了遐爾聞名的漢陽風味名吃。之後，樂山有個周雞肉，叫周桂明。他製作的棒棒雞、白宰雞、椒麻雞、薑醋雞、油燙雞名冠樂山，譽滿四方。郭沫若在其《少年時代》自述中還特別寫道：「嘉定城白宰雞是最有名，最可口的佳肴。」

三〇年代後，隨著公路交通的開發，尤其是成都至樂山公路的開通，成樂水道運輸隨之蕭條，漢陽壩的特殊地理位置及優勢也逐漸失去，變得冷清起來。棒棒雞迫不得已悄然出走異地它鄉，從此不再是「漢陽造」。十多年前筆者去到漢陽拍片采風，當地三、四十歲的人中少有知道當年漢陽棒棒雞的，只是問到一位七十多歲的老太，她方才講得有聲有色、有味有情。說到她兒時在碼頭上玩耍，纏著大人要吃棒棒雞的情景，那滿臉蒼桑的皺紋也快樂得舒展開來，昏花的雙眼透出一股亮亮的光彩……。

棒立雞群，味道江湖

時過境遷，隨著漢陽壩的衰落，棒棒雞亦隨漢陽人、樂山人游走四方、闖蕩南北。巴蜀大地於是就有了相繼名噪江湖的樂山棒棒雞、山城棒棒雞、滎經棒棒雞、成都棒棒雞等。此類棒棒雞應該說皆源自漢陽。至於現今的這記那記的棒棒雞，卻就是雞生蛋蛋生雞了，其風味特色即是與時下之樂山或滎經棒棒雞相比，也只會讓人搖頭感歎。

棒棒雞進入成都大抵是一九二〇年代，後被飯館餐館採用，但不再以塊計價，煮熟後的雞也不用木棒敲刀斬切，而是把雞肉去骨，僅用木棒捶打雞肉使其鬆散，然後手撕成粗絲拌合，作為餐桌涼菜，筵席冷碟，但人們仍稱為棒棒雞絲。其後，以東坡肘子名噪成都的味之腴餐廳，將其當家名菜東坡肘子與棒棒雞絲配套上桌，一濃白、一紅豔、一淡雅、一辣麻，風味鮮明、相映成趣。棒棒雞絲一下名氣大震，到味之腴品享東坡肘子和棒棒雞絲，便成為十分令人愜意的美味

體驗。一九八〇年代後，隨著個體經濟的興起，不少樂山人、滎經人又攜根棒棒再度闖入都市。成都不少大街小巷及菜市場內又可見到棒敲刀背、斬切雞肉的道地棒棒雞，且生意十分紅火。但二〇〇〇年後，或許是競爭激烈，亦或是假冒偽劣甚多，良莠難辨，正難壓邪，棒棒雞再次悄然淡出江湖。

一九二〇年代初，樂山人朱玉發攜根棒棒來到重慶，當然，他不是來參加山城「棒棒軍」的。朱家在樂山是棒棒雞名門世家，祖輩代傳。朱玉發先在重慶小什字、東水門擺夜攤售賣棒棒雞。那時，重慶還沒有這種形式和風味的涼拌雞賣，又因棒棒二字別具風情和好奇感，當然更主要是其麻辣鮮香、雞肉細嫩的特色很投合喜辣嗜麻的重慶人的口味，始一推出食客無不爭相品嘗，朱玉發的棒棒雞很快名揚山城。人們將其稱為「山城棒棒雞」。後來朱家的棒棒雞傳到第四代，朱玉發年僅十一歲的女兒朱天英。朱天英當時白天在捲煙廠幹活，回家後便幫父親殺雞除

● 原屬樂山市的青神縣漢陽霸全景，現在屬於眉山市。

毛，調兌味汁，漸漸地手藝嫺熟，做出的棒棒雞品質和風味更勝一籌，被餐館酒樓請去專拌棒棒雞。一九五一年朱天英又進到重慶蓉城餐廳直到一九八〇年退休，其棒棒雞的製作已達到爐火純青的境界。其後，重慶名餐館小濱樓又聘請她做技術指導。一九九〇年後她祖傳之絕技到了兒子邱志剛及愛徒譚權剛手中。但後來亦有不少重慶人在外地打出「山城棒棒雞」這個旗號，卻是與朱家毫無關係。

在巴蜀，滎經棒棒雞亦也名噪江湖。一九三〇年代，一位姓楊的漢陽人到滎經謀事。那時的滎經其歷史與重要性不遜於雅安，是西南邊陲重鎮、茶馬古道、絲綢之路的重鎮。楊某到了滎經便以賣棒棒雞為生計，很快遠近聞名。其後生意做火了，不斷有樂山一方的人陸續到滎經賣棒棒雞，相當於把漢陽當年棒棒雞盛況演繹到了滎經城。現今滎經棒棒雞依然保持漢陽的傳統和特色，以棒擊刀斬切雞肉，但亦改塊為片，從遊走叫賣改為專賣小店，成為餐館飯館的特色佳肴。亦從滎經傳到蜀中各地，故而不少人把棒棒雞誤認為是滎經始創。

在達縣，也有款棒棒雞，堪稱達州第一名吃。此款棒棒雞與眾不同，有麻辣味、紅油味、白油味、蒜泥味，四種風味特色。然而，這棒棒雞依然來自樂山。一九四〇年代初，國民黨軍隊一六三師駐防達縣，該師副官余曉川，從老家嘉定雇來一位叫代葉安的廚師，在達縣城裡大西街開了家小食店。而該師師長陳蘭亭則尤好地方風味小吃。小店開張，余副官特請陳師長來品嘗，廚師代葉安專門為其做了一道涼拌雞下酒。他把煮好的雞用小木棒輕輕敲打，再手撕成條淋上佐料。陳蘭亭一品吃，驚艷於雞肉細嫩化渣、麻辣鮮香、鹹甜宜口、味道獨特，便連聲稱道。此後余、代二人便專賣這款雞，將小吃店也取名為「嘉定棒棒雞」。一九四五年，余、代隨軍撤離達縣，房主謝照容便和留下的雇工魯裴文繼續經營，後遷到達縣南門口，生意越做越火。達縣棒棒雞的名氣也傳聞四方，成為達州風味名吃。如是，棒棒雞已然是棒立雞群、味道江湖，真是樂山、滎經、重慶、達縣、成都等地五雞高唱、熱鬧巴蜀。

群雞鬧蜀，香漫世間

現在的樂山、漢陽、滎經仍可見到木棒敲斬的棒棒雞。甚而在一些小店還能看到那胳膊粗、帶木柄、陳舊蒼老的木棒，其中段已敲磨成像空竹那樣的細腰。想來這根棒棒也該是祖輩相傳，歲月悠悠了吧。

俗話說，一雞打鳴，眾雞隨唱。樂山漢陽壩的棒棒雞浪跡滎經、雅安、重慶、成都，又再傳向四方，百十餘年，風味依舊，魅力依然。引來川中各地先後生發創新了五花八門、風味紛呈的涼拌雞肴。僅樂山就因漢陽雞而先後創製出了白宰雞、篼篼雞、串味雞、缽缽雞、油淋雞、藤椒雞，百味雞等。尤其是缽缽雞近十年盛行於巴蜀各地，成為青年男女的食尚街邊閑食。

缽缽雞的形式是把煮熟的雞肉、雞心、雞腰、雞肝、雞皮、雞翅尖、雞腳切成小塊或小片，用竹簽穿起，再捆成一大把浸泡在麻辣紅湯味汁中，起始是葷素一角，後來是兩毛，現今則是伍角一串，食者吃完後，數竹簽根數計價，夏天涼吃，冬季熱吃。缽缽雞最是姑娘們中意的零食，更是男女情感粘合劑。尤其是在夏夜，缽缽雞亦是最佳啤酒伴侶、冷啖杯之首選。在街邊巷裡，乃至夜啤酒廣場，其熱鬧吃情盛景已成為一道靚麗多姿的美食風情景觀。

在重慶，繼棒棒雞後，一款叫「口水雞」的亦曾風行一時。口水雞其名雖有些不雅，但出處不凡。樂山沙灣走出之郭沫若在《洪波曲》中有段自述：「少年時代在故鄉四川吃白砍雞，白生生的雞塊，紅殷殷的油辣子辣椒，現在想來還在流口水。」一九八〇年代末，重慶一姓劉的下崗工人自謀生路，好吃善做的他創自了一道涼拌雞，便借郭老這句「還在流口水」而取名「口水雞」，一經推出果然轟動四方，在成渝兩地風行了整個一九九〇年代。

出自四川古藺縣的椒麻雞，也是近十來年在味道江湖上叫得很歡的涼拌雞肴。椒麻雞據說在民國年間古藺一個叫聶墩墩的小夥，在飯館做跑堂時偷學廚藝獨自創製出的。後來成為古藺的一款名特風味小吃。一九九〇年代初流入成都，至今仍是一款風味獨特的美味雞肴。

四川邛崍的缽缽雞更是名聲久遠，自清末民初就是揚名川中的風味名小吃。傳統的缽缽雞是將斬切好的雞片放入一個土碗中，再把碗置入一土缽內，盛雞片的土碗邊有一小孔，當調兌好的味汁倒入土缽裡後，味汁便經碗孔流入雞片中，吃時夾起一片雞肉在味汁中蘸食。後經改進便又直接將雞拌好盛入土缽上桌或打包出堂，食客吃時通常會配上一碗海帶絲奶湯，或來份邛崍另一名小吃奶湯麵。現在大多去邛崍或遊天臺山的人，幾乎沒有不品嘗缽缽雞和奶湯麵的。

成都近郊的崇慶縣（現崇洲市），一款「天主堂雞片」亦是誘得人心動情往。一九三〇年代，有個小攤販在崇慶縣城天主教堂附近擺攤賣涼拌雞片，因風味頗佳、吃口舒爽，人們稱之為「天主堂雞片」。後來，崇慶縣（現崇洲市）另一美味名食「渣渣麵」，將天主堂雞片、雪豆燉蹄花組合成風味三絕套賣；一碗香美柔軟的麵條，一小盤麻辣多滋的雞片，一小碗清鮮淡雅的蹄花，那滋味，那口感，用老四川的話來說便是「花錢不多吃得樂呵，巴適慘了！」如今在去溫江、大邑、邛崍的沿線路邊抬眼可見，香風依然，是自行開車的遊客必享之口福。

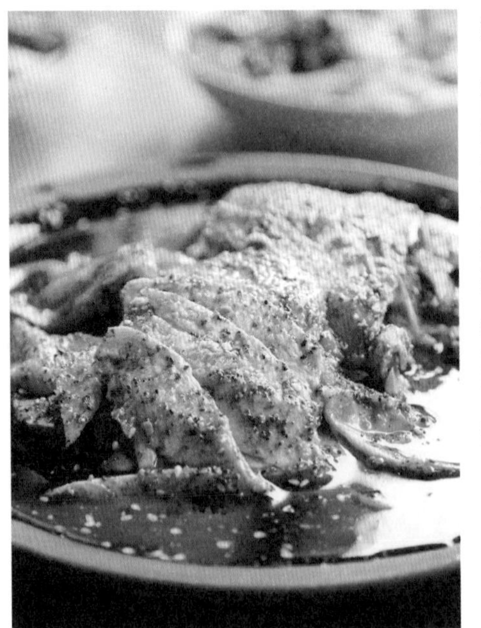

●麻辣鮮香的雅安滎經棒棒雞。

今天的成都已是聯合國授予的亞洲第一個「美食之都」，名吃薈萃、美味竟豔。單就本篇所談之雞，成都簡直就是個偌大的「鬥雞場」，除風味與情趣被食眾奉為最愛的棒棒雞外，全川各地及重慶的名雞佳肴彙聚於此，這雞那雞爭奇鬥味、香漫世間，讓你品之不盡嘗之不及。

百雞竟豔吐芳香，
雞中魁首惟棒棒。

百肉當是白肉香

蒜泥白肉之閒言碎語

民間有句俗話：諸肉還數豬肉美，百肉當是白肉香。這裡所言「白肉」，並非指無滋無味的白肉，而是與百姓生產生活密切相關，從祭祀肉演化而來的白肉佳肴。「白肉」的出現與吃法，在四川至少已有三百多年。至今，巴蜀城鄉無處不在的便飯鋪、炒菜館，甚至中高檔酒樓幾乎都有「蒜泥白肉」、「涼拌白肉」。既然是「蒜泥」，又經「涼拌」，何以又叫「白肉」呢？

巴蜀民間之白肉

如以專家學者們所言，川菜初始於秦漢，成形於唐宋，確立於清末。那麼川菜作為一具有鮮明地方風味特色之大菜系，在某種意義上應該說還有康熙乾隆兩位皇帝老兒的功勞。眾所周知，明末清初之「湖廣填四川」，構成了清代四川總人口的百分之八十左右。這些遷移入川的各地平民百姓和滿清官紳、家眷庶人，帶來了各地物產，風情習俗，其中包括各種烹調技藝和特殊物料，如辣椒，據說就是當時進入四川的。而在各種傳統習俗中，「白肉」就在其間。

史書記述，早先生活在東三省的滿族人，曾有一種傳統大禮叫做「跳神儀」。通常於春秋兩季擇良日敬神祭祖，祭祀後便要吃「跳神肉」。據有關資料記載：「滿州宴客，舊尚手把肉」。手把肉便是執刀自割自食的白肉。而且「清代新年朝賀，每賜廷臣吃肉，其肉不染它味。」一般滿族人家亦是「有大祭祀或喜慶，則設食肉之大會，無論旗漢，相識與否，皆可前往自切自食，食愈多，則主人愈樂，若連聲高呼添肉，則主人必致敬道謝。肉皆白煮，無醬油，甚嫩美。」滿族人也向來視這種肉為「神肉」、「福肉」。宋代時，這一跳神白肉傳到了京城開封，市肆上也有了專賣「白肉」的。清代，滿族人食白肉也逐漸講究起來，用肉、煮肉、加工都有了很多章法，食肉也變化出很多花樣。其品種有煸白肉、砂鍋白肉、木梳白肉、虎皮白肉、白肉涮鍋等。

曾在江淅一帶宦游的四川羅江人李化楠，善收各地飲食之精要，他將「白片肉」的烹煮方法記錄下來帶回四川，後由其子李調元整理於《醒園錄》一書中，向巴蜀百姓作了介紹。晚清時「白片肉」已出現在成都的市肆飯館中，有了諸如「涼拌白肉」、「椿芽白肉」之類的白肉佳肴。

隨滿族人入川的跳神肉亦也被作為供品，廣泛用於各種祭祀習俗。祭祀後的白肉在巴蜀大地又演生出「回鍋三兄弟」，即「回鍋肉」、「連鍋子」和「涼拌白肉」。過去民間，尤其是農村中的涼拌白肉，因鄉村人家少有紅油辣子、醬油類調料，大多用小青辣椒，放在柴火灶中用熱灰炕熟，擦淨後和大蒜、青花椒一起剁茸，加鹽或泡菜鹽水拌合。這種鄉風鄉味極濃的「燒青辣椒拌白肉」鮮辣、微麻、清香、蒜味濃郁、略帶鹹酸，十分可口。鄉村中也還有用自製辣豆瓣醬加蒜泥、花椒剁茸拌成的「豆瓣蒜泥白肉」，色澤紅亮、鹹鮮香辣、蒜味突出，口感別樣。如是若家裡人多肉少，便要添加些時令鮮蔬，如用香椿或折耳根拌的「椿芽拌白肉」、「折耳根拌白肉」。春冬兩季，青翠碧綠的萵筍出來了，以青筍片為輔料，用「毛毛鹽」醃脆斷生，放在白肉碗中墊底，澆上調味料拌吃，民間戲稱為「蜞螞兒白肉」；蜞螞，四川人這麼稱呼田裡的青蛙，而青筍就如其一樣碧綠。其他還有用黃瓜片、綠豆芽等與白肉同拌的。走訪四川民間和鄉村，在農家或鄉村飯館，一盤燒椒白肉、一碗豆花和香辣蘸碟，一碟泡菜、一大碗甑子飯，你定會吃得忘乎所以。有人還把這款鄉味佳肴戲稱為「傷心白肉」，所謂「傷心」，意指吃時那新鮮小青辣椒又香又辣讓你淚水、汗水雙流，看似吃得很

「傷心」。

竹林小餐之白肉

涼拌白肉，作為一款道地的家常風味佳肴從鄉間進入城市，從民家登入店堂，都以其香辣鹹鮮、蒜香濃郁之風味，肥而不膩、瘦而化渣的口感，以及佐酒助餐、滋味悠長的特色，加之經濟實惠而廣受大眾喜愛。過去的成都，穿城九里三分，人口才三十幾萬，但城中到處都是賣白肉的飯鋪飯館，不僅城中心的東大街、春熙路、總府路、華興街、塩市口等繁華地段的紅鍋炒菜館都賣白肉，就是城郊較偏僻的路邊便飯鋪也有白肉賣，有不少還以白肉賣出了名。如春熙路的快活林、果爾佳，新街的經濟日夜飯店、東大街的李鈺興、祠堂街的邱佛子，以及復興街的竹林小餐都是成都過去很有名氣的白肉館子。其中竹林小餐的「蒜泥白肉」因其片工極佳風味獨特而享譽蓉城。

清末民初，竹林小餐開業於福興街，創業人叫王興元。因歷史上魏晉時期，曾出現過一幫叫「竹林七賢」的文人學士，以清雅脫俗的風格，在我國文學史上產生過較大影響。王興元便效仿取名「竹林小餐」，即以清雅簡約的小菜便飯、蒜泥白肉、肉絲罐湯為經營特色。一段時間後生意日漸興隆，但菜品顯得有些少而單調，於是又增添了燒帽結子肥腸、燒筋尾舌及魔芋燒鴨等罐燒菜品。一九四〇年王興元去世，由其妻何氏和兒子王亞雄主理店鋪。一九四五年，隨著生意的

●厚薄均勻且微微透光的白肉。

興旺品牌也漸響。「竹林小餐」便擴展經營增設了不少炒菜、蒸菜，店鋪亦擴為中型飯館。一九五〇年代公私合營後的竹林小餐遷至塩市口，仍以蒜泥白肉、罐湯、燒帽結子肥腸為特色。一九九六年國營「竹林小餐」被國內貿易部認定為「中華老字號」名店，後因城市改造拆遷而歇業。

過去，成都市民大凡說起吃白肉，必定是「竹林白肉」，而且還有個很是有趣的說法：竹林白肉，一人吃不夠；兩人吃不完。其意是指竹林白肉小份一般為七片，能吃者一份吃完尚覺不過癮；兩人去吃，你一片他一片，最後剩一片你推我讓誰都不好意思動筷。

竹林小餐蒜泥白肉真正的過人之處在於其用料、煮肉、片肉及調味四大要素上，具有獨到的功夫和風味特色。當時竹林小餐的白肉師傅蔣海山是行業內公認的頂尖高手。他技藝精湛、做事認真，從白肉選料到煮製的火候、軟硬，從片肉的刀法刀工到調料製作，無不精妙恰如其分。尤其是片白肉的功夫被烹界與食眾讚譽為一絕。

蔣師傅片白肉尤如表演烹技一般，那是表情從容氣定神閒，刀平力穩不快不慢，刀隨手推，肉從刀離，片下的白肉大小一致厚薄相當、平整透明皮肉相連，瘦肉粉白肥肉油潤，一條油光發亮的肉皮，有如銀絲鑲在肥肉邊，熱氣徐徐揮發出股股鮮美的肉香。蔣師傅每片出一片肉，兩個指頭順勢一拈一彈，白肉隨即輕飄飄地蜷在圓盤中，像木材刨花一般，行業內因此把片白肉稱之為「鏟刨花」。

肉片好了，可一片片平鋪，也可成捲筒般擺在盤中，然後就是調味汁。蒜泥白肉看似調味料不多，就三樣，但其製料、調味都很是精道。醬油，過去多用成都太和醬油或窩油，也有用中壩或德陽的口蘑醬油。蔣師傅則要把醬油加紅糖、香料、香菌、味精，重新熬製成拌白肉專用的複製醬油。再就是紅油辣子，須得又紅又辣、辣而不燥、香辣濃厚。蒜泥則須用溫江特產之獨頭香蒜，當天要用，當天才舂成蒜泥，保證蒜味清新濃醇。

放調料需趁白肉熱乎依次澆上醬油、紅油和蒜泥，盤中即呈現出白裡透紅，醬香、辣香、蒜香混為一體的濃滋美味，直撲口鼻。用筷將白肉輕夾、拌裹後送進嘴裡，那滋味、那快意真正是難以言表。

以前，人們在竹林小餐吃飯多是一盤小份白肉，一兩碟小菜，一份罐湯，花錢不多吃得舒服。因此，不但吸引了廣大市民，也誘得不少文人名流前去品享。最有趣的是大學士郭沫若、大畫家徐悲鴻及夫人廖靜文、電影名流張瑞芳、秦怡、金山、白楊七人，時常愛在「竹林小餐」聚會品享蒜泥白肉，故而被圈內人士戲稱為「竹林七賢」。可見當時竹林小餐「蒜泥白肉」之魅力。其時，成都另有一家名餐館少城小餐，亦是「三絕登盤色味香」，「三絕」即指該店的豆花、白肉、小菜。也曾吸引了成都文化界不少名流大快朵頤，揮筆潑墨。

現今，雖成都大小餐館仍不凡蒜泥白肉，但其品質與風味已是相去甚遠。只談這肉一次煮好，放進冰櫃一凍，用時再拿出來放在切片機中兩三分鐘就大片大片的出來，然後用熱湯一燙，淋上調料就出堂。雖是片張薄大、皮肉相連，但其質感口感、鮮美香濃之味盡失。更遺憾地是作為烹飪技藝之一絕的片肉之刀技卻是斷了代。值得欣慰的是在傳統「白肉」的基礎上有了創新與發展。像泡菜白肉卷、晾杆白肉、三絲白肉卷以及用韭菜葉、青蒜苗、小青辣椒去籽攪拌成泥，調入香油、醬油、白醋、花椒、紅油拌合的「翡翠白肉」等。然而，現今在四川最具名氣和特色的還當是宜賓李庄白肉。

宜賓李庄之白肉

在萬里長江第一城的宜賓，有座萬里長江第一鎮，這就是李庄。李庄之名冠中華，並不僅因其是長江航道上的重要水碼頭，更在於它的悠久的歷史文化，尤為是在抗日戰爭期間那段特別的榮光。抗戰時期，為避戰亂及日本侵略軍的燒殺搶掠，國民政府將中央研究院、中央博物院、同濟大學、金陵大學文史研究所等的所著名文化學術機構與學府整體遷到李庄，一大批故宮博物館的重要歷史文物也轉移到這裡。同時，一批全國知名專家學者如李濟、陶孟和、傅斯年、梁思成、林徽因、童第周等也都匯集李庄，繼續從事研究和教學，一待便是五、六年，使得李庄成為大後方主要的文化中心。

李庄之歷史可追溯到南北朝，至今該鎮尚保留著明清時期的古鎮原貌和建築格局。鎮中的九宮十八廟、古街老巷、青石板路、四合民居無不古風濃郁，漾溢出思古之幽情。李庄地勢平坦、物產豐饒、居民殷實、民風純樸。對普通遊人而言，賞千年古鎮之風情、品地方特色之美食，也足以悠哉樂哉。那滿鎮招搖的「李庄白肉」、「李庄白肉第一刀」的招牌旗號，使你很難不心動情往。尤其是聽店家向你講解他們已倒背如流的「白肉」傳說，你若是初來乍到者，聽起來還滿覺得神乎其神，真的還是多有趣味的。

李庄白肉恐怕與李庄一樣悠久，聽其傳說就有點像夜晚聽鬼故事一般。歷史上的李庄人屬僰族，據傳古老的僰族人勤勞勇敢，尤好食生肉。大凡捕到魚、獵到禽畜，皆剝皮將肉劃成片蘸鹽和醬食之。商朝時期，僰人曾助周武王推翻了商紂王。在戰爭中，僰族士兵將美女妖姬蘇妲己身首分割，把其大腿及臀部之肉劃片蘸醬而食。傳說中的蘇妲己是狐狸精的化身，為藏住其腳爪而用長長的白布裹纏。秦漢以後，僰族便承襲先人食蘇妲己肉之方法，將煮熟的豬肉，用大刀從上至下將肉片成一公尺多長，十幾公分寬的白肉片，抹上鹽、蒜泥等調味料分而食之。人們把片下的長片豬肉喻為蘇妲己之裹腳布，將白肉片戲稱為「蒜泥裹腳布白肉」。這一叫法一直沿用到抗戰時期，一次偶然的情景下方被重新定了名。

一九三〇、四〇年代，在李庄慧光寺旁邊有家溫姓老闆開的「留芳」飯館，「李庄蒜泥裹腳白肉」便是其當家招牌菜。一天，居留李庄的中央研究院社會科學研究所所長陶孟和博士一行慕名去「留芳」，一邊品「白肉」，一邊聽老闆講

「白肉鬼故事」。吃後，陶先生認為白肉風味甚佳，只是名字太難聽。老闆立即請先生賜名。陶博士說，此菜最大之特點是肉大片而勻稱，薄而透明，可見片肉之刀工不凡，乾脆叫「李庄刀工蒜泥白肉」為好。此後，這一雅名便迅速傳開被慕名而來的食客簡稱為「李庄白肉」。

李庄白肉經一代代廚師的不斷改進，在選料、煮製、刀工、調味上得以完善，使其更加有滋有味口感酥爽，成為天下聞名的地方風味佳肴。如今在李庄，可見到一位被當地人稱為「李庄白肉第一刀」的廚師何衛東，人稱「何三白肉」。其刀法尤為精湛，四方聞名。據說他每年要片五百多公斤白肉，旅遊旺季每天得片二十五公斤以上。二〇〇七年十月，首屆中國（四川）古鎮文化旅遊節期間，李庄鎮還特別舉辦了「李庄白肉第一刀」大賽。

李庄白肉調味亦也別具特色，以大蒜、乾七星椒、乾花椒、加鹽舂成泥，叫「蒜泥糍粑辣椒」；然後加入醬油、麻油、白糖、味精調製成紅亮、香辣、蒜香、鹹鮮、回甜的蘸汁。食者可將白肉蘸汁裹味而食，入口是香辣微麻、蒜香濃郁、鹹鮮回甜、清爽滋潤、肥而不膩、風味悠長。另還有一種風味，即是用川南特產的新鮮小青辣椒加大蒜、青花椒和鹽舂成泥，製成「鮮辣糍粑辣椒」；然後輔以醬油、紅油、白糖、麻油調合，吃來是青鮮可口頗有鄉村風味特色。

在李庄，那滿鎮遍街的白肉餐館、飯鋪，真讓人目不遐接。一路徜過，家家都是滿臉堆笑殷勤招呼，讓人無所適從。但大多人還是去店

●位於宜賓李庄古鎮的同濟大學理學院舊址。

堂比較大氣較有名聲的餐館，像前文提到的「留芳」。現在的「留芳」今非昔比，寬敞亮堂、風格古樸、五顏六色的雨傘裝飾是乎也在顯示其與時俱進的時尚風貌。它以其悠久和與陶博士的那段交情而名聲遠播。然而吸引人們蜂擁而去的，恐怕更多的還是那個頭高挑、身材妙曼、豐滿白淨的當家女老闆，鵝蛋臉上那雙丹鳳大眼真倒也是水靈喜人和氣可親，活脫脫一個飄亮動人的「白肉西施」。讓南來北往的遊客品佳肴、觀美人、既美口又養眼，口福眼福一併盡享。

諸肉還數豬肉美，
百肉當是白肉香。

佛山金頂，雪藏仙肴

魔芋、雪魔芋及名肴鑒賞

國人自古以來最愛說的一句話，就是「民以食為天，悠悠萬事，惟此為大。」但在我們這個以飲食文化博大精深，源遠流長而著稱於世，以吃在中國而享譽全球的國度，人們並非是地球上的什麼東西都吃，什麼都敢吃。對於日常飲食生活中人們吃什麼不吃什麼，喜吃什麼忌吃什麼這一現像，大多人也沒去做深入細緻的思想，而以「眾口難調」、「適口者珍」，或宗教信仰類一言以蔽之。近二十年來，人類社會也在大力研究並推崇「天然食品」、「健康食品」、「環保食品」，把目光及食趣投向了一些新的食料和過去被忽略或摒棄、不喜歡吃的東西上，重新發現了其食用價值。像中國之豆腐、竹筍、竹蓀、松茸、魔芋等就是時下世界風行的食尚美食。

幾千年來中華民族之先人，向來就把飲食吃喝與養生健體合二為一，在追求美食美味的同時更注重益體健身。固然於大眾百姓，依孔老夫子在《論語》中之說是：「一簞食、一瓢飲，在陋巷之中，人不堪其憂。」而皇家貴胄、達官豪富、文人名士則追求的是「食不厭精，膾不厭細」以及所謂「八不食」。然而，如《黃帝內經》所示：「飲食之於體應是：五穀為養，五果為助，五畜為益，五菜為充。五味合而食之，以補精益氣。」如此，「醫食同源」之說，便成了中華飲食傳統與文化之經典。魔芋、雪魔芋便是其經典之一。

在古時《三元延壽書》上有則趣話，某富翁患了癆病，遍尋名醫良藥，仍不見好轉。一天，該富翁神情虛疲，饑餓卻又厭食，便在院外轉悠散心，偶見附近一農家菜園中長有魔芋便求而食之，甚感其味非同尋常、美不可言，於是便每日以此為食。吃了一段時日漸覺神清氣爽，其痨病竟不治而愈了。富翁大喜這可真是奇事，魔芋竟有這般神功妙效，於是便吩咐家人大種魔芋。那麼，這魔芋究竟為何物？是否有如此神奇的食用功效呢？

百草園中話魔芋

魔芋，學名蒟蒻，是一種多年生草本植物，掌狀圓葉，花為紫褐，根下有球形塊莖。華夏民族之先人神農嘗遍百草，最早確定並開發了魔芋的藥用及食用價值。《神農本草經》首次將蒟蒻列為藥材，其後歷朝各代的典籍中，均有魔芋入藥及荒年充饑的記載。西晉左思之《蜀都賦》記有：「其園則有蒟蒻茱萸，瓜疇芋區。」明代李時珍之《本草綱目》更有祥實記述，並系統說明了魔芋的生態環境，栽種方法及食用加工。在此類典籍著述中大多介紹的是四川之魔芋。可見魔芋在蜀中自古有之，且是我國最先製作與食用、藥用的地區。

魔芋，又有叫磨芋、蘑芋、麻芋子，名字叫法頗多。較早，古人把魔芋用苦酒醃食，是一種辛香味食品。魔芋其食用部分是地下之塊莖，呈扁球形，與芋母相似，有褐色斑點及根須，形色醜陋似若怪物，看似嚇人。可想當初第一個嘗吃此物之人，其勇氣與不怕犧牲之精神，遠高於世界上第一個麻起膽子吃番茄和螃蟹之勇士。魔芋塊莖富含澱粉，加工後體積飛漲，生蒟蒻其味澀麻有毒，加工後鮮而香美，食用後會漲腹，可減少饑餓感。在四川，多用其塊莖切片，曬乾磨製成粉，再配米粉加石灰水（或堿水）攪煮而成膠汁狀。魔芋也因攪煮時其形態、色澤、特質產生變異，冷卻後變為紫褐，呈半透明膠狀形若豆腐，且滑膩柔嫩，川人而稱之為「鬼豆腐」、「黑豆腐」。如此，一「魔」一「鬼」，同出一轍，故為魔芋。

魔芋遍佈世界各地，有約二六〇多個品種，在我國有三十餘種，其中八、九個品種為獨有。中國魔芋產區大多分佈在雲、貴、川、陝、湖北、廣東、廣西。四川盆地周邊山區都盛產魔芋，平原壩上的農家也在池塘、水堰邊、田坎坡頭多有栽種。其中最珍貴且稀罕的是白魔芋，主產於金沙江河谷地帶。

魔芋既是菜蔬，又是藥物。傳統中醫認為，魔芋味辛性溫，具有化痰散積，行瘀消腫的療效；對痰嗽、積滯、閉經、跌打損傷、痛腫有一定療效。現代醫學驗證，魔芋是目前所發現的，惟一能大量提供菊甘露聚糖的經濟作物。此糖分能促進腸胃蠕動，使人體內有毒物質迅速排出體外。不僅如此，魔芋還是一種低熱量、高纖維食品，有降血糖、血脂、膽固醇、減輕胰島負擔、化解糖尿病症狀的功效；食用後既能保持飽腹感減輕饑餓感，又能排毒、降減體重。因此被推崇為健美瘦身，養顏美容之理想食品，國際上則稱為「魔力保健食品」、「神奇美食」、「健康食品」。

在歐美、日本、韓國、新加坡等地，魔芋食品已成一種時髦的健體養生美食。像在日本、韓國的普通雜貨店都有加工製成的魔芋粉賣，且每袋還配有一小袋石膏，方便家庭主婦自製成魔芋豆腐，十分方便實用。魔芋還被製作成了魔芋掛麵、速食麵、麵包、餅乾、魔芋飲料、果凍等各式各樣的方便食品。

佛山金頂藏仙饌

峨眉山，是中國舉世聞名的佛教名山，位於樂山地區峨眉市境內，距成都一六〇公里。峨眉山以雄秀、奇幽聞名於世，峨眉主峰海拔三〇九九公尺，因其大殿金壁輝煌，藍天之下金光閃爍，人稱金頂。登臨金頂可觀金殿銀殿、四十八公尺世界最高之金佛、四面十方之普賢菩薩金象；賞日出、雲海、佛光、聖燈之「峨眉金頂四奇」。不僅如此，在這雄偉瑰麗的仙山上，還特產一種吸引了無數善男信女的佛饌美肴，人稱仙食的——雪魔芋。相傳善男信女燒香拜佛，品吃了雪魔芋，非旦諸病不纏，且百年歸天必成正果。然而，美食歸美食，傳說歸傳說，雪魔芋之神奇美妙倒是令人情有所癡。

峨眉山頂地勢高、氣候冷，不適宜於糧食、蔬菜生長。山上僧眾的日常生活之需全依賴人力從山下揹運，生活十分清苦。然而，峨眉山的山腰因氣候溫和、土地濕潤肥沃而長有大量魔芋，山上的僧廚便將魔芋塊莖切片曬乾、磨成粉，加上米粉、石灰水熬製成黑豆腐。一九二〇年代初，金頂華藏寺之睿智方丈，每年大雪降臨前便要吩咐僧廚多做些黑豆腐，以備香客春節期間朝山拜佛之飲食需求。

一年臨冬，僧廚們經幾個晝夜的辛勞，將加工好的魔芋豆腐裝滿木匣子、缸盆、石缽貯藏在地窯裡。一天，地窯中傳出一陣翻盆搗缽的聲響，伙房的小沙彌跑去一看，只見七、八隻山猴各自抱著幾塊黑豆腐飛快地向寺外雪地跑去。三天后一個上午，金頂豔陽當空藍天白雲，一個難得的好天氣，睿智方丈情趣油生，舉步出殿賞雪觀景，無意間發現伙房後的雪坡上有幾塊被大雪凍成冰塊的黑豆腐，他以為是沙彌粗心掉落，便拾起來交給隨行的小和尚送到伙房，責令將其烹做好送到大殿上。

伙房沙彌將冰凍的黑豆腐用熱水化開

遠眺峨嵋山金頂，位於照片中左上角，山形呈尖角處。

後，竟發現原先細嫩光滑的黑豆腐變成了蜂窩爛棉絮一般。小沙彌不知如何是好，扳下一小塊嘗嘗，也無什麼異味，便試著烹製，竟發現這變了樣貌的黑豆腐，不僅易烹、易煮、易入味，且是香美細嫩、綿軟化渣。沙彌不禁大喜，隨即將這冰凍魔芋豆腐烹製成色香味形各異的三盤美肴送進大殿，請方丈品嘗。睿智一見這黑豆腐形態特別、香鮮四溢、口感甚美，心想，這定當是天賜仙食。立即傳來寺內眾僧，同品小沙彌靈性大發烹製的三款仿「葷肴」的素菜：「魔芋夾沙肉」、「魔芋鹹燒白」和「魔芋紅燒肉」。僧眾們品後讚不絕口，方丈十分高興，沉思片刻，便為其取了個雅致而暗藏玄妙的名字——雪魔芋，且即興賦詩一句：「瓊花冰針琢千孔，峨眉瑞雪孕仙食」。雪魔芋就此應運而生。

其後，每年秋冬時節峨眉山之眾僧們便要熬製大量黑豆腐，裝在木匣中雪藏冰凍成雪魔芋，且經風吹日曬乾燥後更易於儲存。同時，僧廚們不僅精烹巧做雪魔芋美饌招待香客遊人，且把雪魔芋作為禮品贈送異地它鄉或遠道而來的佛友僧朋，雪魔芋一下便名揚四方，成為佛山金頂之名特產。其後，峨眉山金頂的雪魔芋加工，由簡陋作坊改造成加工廠。一九五七年及六三年，賀龍元帥對峨眉山雪魔芋情有獨鐘，兩次上山瞭解雪魔芋加工生產情況，間接促成雪魔芋的產業化。雪魔芋後經醫學界鑒定：「雪魔芋加工於高山雪地，清新潔淨無污染，常年食用具有防癌治癌的功效。」因此「金頂牌」雪魔芋日漸名氣遠揚，成為暢銷歐、美、日本、韓國、新加坡之健康美食。

二〇〇五年，隨著市場經濟的蓬勃發展，峨眉山腳下又創建了一個集現代化生產加工、旅遊觀光、博覽休閒為一體的雪魔芋生態園。該園不但青山傍依、溪流環繞、風亭疊翠、鳥語花香，其魔芋及雪魔芋之歷史文化，食療保健等介紹和系列產品，像魔芋掛麵、速食麵、魔芋精粉、麵包、餅乾以及雪魔芋系列旅遊禮品，琳琅滿堂美不勝收。

天賜珍肴饗人間

魔芋及雪魔芋確可堪稱物美價廉之天賜珍肴。其製品可隨心所欲烹做許多菜肴，既適於小館小店烹製出味美可口的家常菜或涮燙火鍋，亦可烹製成高檔佳肴登大雅之堂。

魔芋在川菜烹飪中，尤其是民間大多沿襲四川農村的做法，用泡青菜、泡紅辣椒、泡子薑和郫縣豆瓣燒製，其味酸辣多滋，口感細嫩柔滑，開胃下飯，家常味濃。鄉村中還有一道想來便口水長流的道地鄉土美肴——酸菜魔芋麵疙瘩，其飯、菜、湯三合一美不可言。川菜傳統名菜中也有魔芋肉片、魔芋鮮魚、魔芋雞糕、乾煸魔芋、酸菜魔芋、水煮魔芋、冰汁魔芋等色香味形各自精采的風味菜式。

再就雪魔芋而言，雪魔芋燒雞翅、雪魔芋燒鴨便是川菜地方風味濃郁，特色獨具的筵宴大菜之一。一九八三年，四川廚師在人民大會堂向川籍中央領導彙報表演中，一款雪魔芋燒雞翅受到鄧小平及中央其他領導的好評。小平還問其菜名，聽後便笑著說：「啊！想起來了，峨眉山的雪魔芋，好吃好吃。」

雪魔芋燒雞翅作為筵席大菜，成菜形色大氣、味美爽口、雞翅細嫩滑爽、魔芋香美多滋。由於雪魔芋呈蜂窩狀，能似海綿一樣吸收菜肴滋汁，入口稍一咀嚼便鮮汁四溢滿口生香。在烹製中，精選肥嫩雞翅二十個，去尖除根，呈V字形狀，入鍋沸水煮幾分鐘撈起，雪魔芋可用四、五百克溫水泡軟，洗淨擠掉水份，切成手指條或菱形塊，連同小袋茶葉放入開水鍋中稍煮，撈起擠乾水份。炒鍋置旺火上燒熱，下化豬油、薑塊（拍破）、蔥結、雞翅、料酒，炒出香味，再下醬油、川鹽、雞湯、胡椒粉調勻，倒入雪魔芋，湯要稍寬，燒開後，打淨浮沫，改小火輕燒，待雞翅肉軟將離骨時，揀去薑、蔥，加雞精，勾上薄芡，淋少許香油，即起鍋入盤。

雪魔芋燒雞翅系鹹鮮味，餐館或家庭燒製，無論燒雞燒鴨，風味也可隨喜好而變，如加郫縣豆瓣燒成鹹鮮微辣，加泡辣椒、酸青菜燒成鹹鮮酸辣，亦可燒成魚香味等不拘一格。烹製雪魔芋菜肴，要充分利用其有如海綿吸味之特點，在調味上厚薄濃淡應相宜，方能品享這款珍肴之美味風韻。

一千多年來，魔芋及雪魔芋不僅仍是川人喜食樂品之美食，且因其具有特別的食療養生價值，更成為世界各地民眾崇尚的天然健康美食。

佛山金頂雪魔芋，天賜珍肴饗人間。

●峨嵋佛山金頂的雪魔芋乾貨。

大話開水煮白菜

開水白菜與川菜之湯

「菜」不可貌相，「湯」亦不可斗量。

「開水白菜」——初聽其名甚覺尋常不足為道。但此菜卻是川菜筵席菜中的一款高檔佳肴。尤其是二〇〇〇年後，以「川菜正宗」享譽省內外的成都飄香川菜酒樓之「開水白菜」，從成千上萬道傳統或新派川菜菜品中脫穎而出，被食客大眾炒得沸沸揚揚、廣為傳頌。這讓不少人疑惑不解，不就是「開水」加白菜嘛，家家都有人人可做，當真就只有飄香的開水白菜才飄香嗦？其實客官只看其表不曉其理。早在一九二〇年代前，「開水白菜」便由當時著名餐館姑姑筵創始人黃敬臨創出，後傳於姑姑筵的主廚——川菜大師羅國榮，此後便以開水白菜、竹蓀肝膏湯、雞皮冬筍湯三款高級湯菜而名冠巴蜀。當時中華書法大師謝無量把這三款名湯大菜喻為「三希堂法帖」中的《伯遠帖》、《快雨時晴帖》和《中秋帖》。一九五三年，羅國榮奉命進京，其三款名湯佳肴也就成了北京飯店的國宴大菜。

開水白菜，僅看其名，似乎不太符合菜肴命名原則，然而品嘗其中之韻味，細細思量，又頗感這菜名取得真個是妙不可言，言之難表。妙就妙在這「開水」二字，難表也盡在「開水」之韻味中。眾所周知，開水即燒開後的白水，無色無味，謂之白開水。過去，再窮的人家也不會只是開水煮菜，即便煮清水菜，也配有醬油或豆瓣、辣椒粉碟子蘸食。然而眼下所說的這款開水白菜，實則是此開水非彼開水，還是川菜的一款經典席宴湯菜。此菜湯為主、菜為輔，其湯，清澈淡雅、似水如鏡，看似清湯寡水、入口卻香鮮異常，故戲稱為「開水」。

川味開水，美味盎然

常有一些外來客，耳聞川菜皆辣麻，來到成都後，因懼辣畏麻，大多挑選些不辣不麻或似辣非麻的菜。這開水類、水煮類的菜自然引人注目。水煮就不說了，只是這開水白菜一上桌，卻又讓人眼鏡大跌、眉頭緊鎖。一盅清水幾匹白菜心，連顆油珠子都見不到，既無看相又無吃頭，更談不上佐酒助餐。還有不知陰晴的食客點了此菜，一看如腳開溜。再看菜價居然貴得讓人想拔此這般，退又不好退，只好食管哽塞，把幾片白菜心吃了，剩下的湯都懶得喝，心中暗呼上當受騙，今天萬千不幸遭「開水」燙卷了（援用川話「燒卷了」，被騙慘了的意思）。

然而，如此體驗，並非開水白菜之過。在川菜中，類似這樣的肴饌亦有不少。像「水煮牛肉」並非就是白水清煮；「河水豆花」，也非河水煮豆花；「白汁魚肚」，亦不是無鹽無味……。四川風味小吃裡還有款「炒米糖開水」，是過去走街串巷的一款風味夜宵，因用鮮開水將炒米花糖沖泡而成故叫此名。最為有意思的是川東巴渝人家，大凡有親朋好友或客人到訪，主人家總少不了要送上一句話：「稀客哈！吃碗開水再走噻。」外鄉人一聽會心生困惑，吃啥開水？而當地人一聽，便禁不住會口舌生津，再急再忙都要把這碗「開水」吃了才走。原來川東人家的這碗「開水」，乃是一道傳統民間風味小吃，叫「涪陵油醪糟」。它是將化豬油下鍋燒熱，下醪糟、黑芝麻粉、核桃仁、油酥花生仁、瓜仁，剁茸的橘餅、蜜棗、桂花炒香，然後加清水燒開舀入碗中。你只有吃了方知巴渝人家這碗「開水」之美妙。更盛情的還打入兩個蛋，那簡直安逸得會讓人思念一輩子，才感悟到川味美食中稱之為「開水」的卯竅和幽默。

開水白菜，美口養生

開水白菜作為一款高級席宴湯菜，其「開水」則是川菜烹飪中之特製高級清湯。製湯是烹飪中一項重要廚技，川菜烹飪中的湯不僅調製嚴謹，且分得較細，以用於各式不同風格和性味的菜式。

開水白菜，則是先把白菜心用沸水氽斷生（或蒸），放入涼開水中漂一會兒撈起，順條擺進湯碗；然後鍋燒熱，摻進製好備用的特製清湯，放少許鹽、胡椒粉，沸騰後打去浮沫，舀起緩緩倒入盛有菜心的湯碗中。此時之開水白菜，湯醇色雅、如溪似泉；湯中之白菜心嫩黃碧綠，有沉魚落雁之態，閉月羞花之形；慢嘗細品、鮮美柔嫩、芬芳沁心。尤其在席間辣麻鹹甜酸各式濃味菜肴後，心膩腸肥之際，一款開水白菜入席，亦如柳暗花明讓人一陣欣喜，一匙入口齒舌俱芬，白菜下肚酒解膩消啊。

開水白菜既然是款高級湯菜，何以選用如此大眾化之白菜，而非別的高檔鮮蔬？這便又是傳統食養中講的「性味之和」。民間也有言：「百菜還是白菜美」、「蘿蔔白菜保平安」。尤為是四川的火鍋，真還是少了白菜難燙鍋。通常葷菜燙吃得差不多了，必定是要燙食白菜來清油膩，洗口舌。而湯料中也因有了白菜的佐味，增添了些許甘甜與芬芳。特別是女士美眉們，則要靠白菜來刮油解膩、去燥降火，以免長「火鍋痘痘」影響回頭率。

白菜，古時叫菘。南北朝時代，有位叫周顒的名士曾任成都縣令，對蔬食頗有研究。一日，南齊．文惠太子問他：「菜食何味為勝？」顒答曰：「春初早韭，秋末晚菘。」周顒把白菜列為群蔬之冠的美食推薦給帝王之家，還被慎重地載入國史之中。蔬中閨秀的白菜，白嫩水靈、素雅潔淨、豐腴盈美、白綠相襯；其味清甜芳香、鮮嫩脆爽，富含蛋白質、礦物質、維生素等。其中白菜蘊含的豐富纖維質，被現代營養學家稱為「第七營養素」。如此營養豐富且口感甚佳的白菜，配上同樣營養豐富的高級清湯，「開水白菜」

作為一款席宴高級湯菜，也便是實至名歸、理所應當。

●看似無奇，品嘗後驚奇連連的開水白菜。

唱戲靠腔，製味在湯

菜之神韻在於味，味之玄妙在於湯。俗話說：「唱戲的腔，廚師的湯」。名師大廚調製的湯「濃厚而不油膩，清鮮而不淡薄」，功夫之深非同尋常。老一輩名師大廚十分注重湯的作用，因此常能巧用湯而烹製出奇風妙味的各式菜肴。抗戰時期，成渝兩地餐飲興盛，全國各地烹飪高手彙集。當時在重慶舉行過一次吊湯的技藝大賽，一位川菜高廚過關斬將，耗費了三天時間吊熬出一鍋清澈見底、鮮香無比的特製清湯而奪冠，由此可見吊湯並非易事。川菜中的筵宴大菜，除開水白菜，還有如雞豆花、竹蓀肝膏湯、竹蓀鴿蛋湯、一品官燕、如意鮑魚、鳳尾魚翅、蝴蝶海參等，無一不是灌以特製高湯而盡顯其風味神韻。

不過，在現今的大多餐館酒樓中，除了品牌餐飲、高檔酒樓大多仍按傳統工藝吊湯、製湯烹製此菜外，很多餐館酒樓及廚師多不願吊湯。有些則留一鍋煮生葷料的頭湯，或以各種增鮮劑、增香劑、濃縮雞汁、濃湯膏等加開水調兌。像「開水白菜」便真就是白開水加濃縮雞汁、濃湯膏調成。當然，在烹調中用這些人工合成調味料作為補充，適量取用也未嘗不可。但若拋棄傳統湯料吊製，完全依賴現成調味料勾兌，則是棄本丟根全無烹藝可言，更難以體現川菜真味與精髓，且還有矇騙消費者之嫌。

川菜中有不少高檔菜式或鮮香風味的菜肴，尤其是燕鮑翅參類，非好湯不可。決非雞精、濃縮雞汁、濃湯膏、一滴香等所能替代的。也難怪食界和行業中對不善製湯而完全依靠各種調味料的廚師，貶為「雞精廚師」，或冠以某調味品企業名稱的「××廚師」。很多廚師或許不太瞭解，雞精、濃縮雞汁及湯膏類調輔料，主要由谷氨酸鈉、呈味核苷酸二納、食用鹽、雞肉粉、雞骨粉、香精等為基本原料，加上防腐、乾燥劑加工製成的複合調味料。雞精的鮮味雖比味精重且豐滿、香味濃郁，但卻遠不如從禽畜原料中經吊熬所獲得的自然鮮香，更何況吊熬出來的湯還富含多種天然營養成分。特別是天然有機食品已成當今食眾的共同追求，努力恢復並推崇傳統吊湯製湯為主，調味料作補充添加為輔，方才是廚藝之正道。

在川菜中，味是菜之魂，湯則味之靈。自古行業中便有「無菜不用湯，無湯難成菜」之說。蒸燒炒燉拌無一能離湯可成菜者。即便是乾燒類的菜式也需湯燒至收汁。如乾燒魚翅，就須高級湯汁反復煨製，反復煨燉，使湯的鮮香浸入魚翅，溶為一體，方可達到柔軟香糯，汁稠味濃的效果。一九三〇年代，川菜名店姑姑筵的創始人，曾為清宮御膳房主事的黃晉臨，就非常強調做菜要提煉出菜質的本味，即「有味使之出，無味使之入」，反對濫用佐料香料，更反對用味精。像姑姑筵當年的「竹蓀肝膏湯」和「雞皮冬筍」，其味大都清鮮淡雅，重在品湯。即便是一道「黃臘丁湯」，也以煨燒的原湯與泡菜出味，鮮美自然。現今川廚中，有「鮑魚太子」之美譽的川菜大師蘇繼江，其烹燒的鮑魚之所以堪稱極品，其決竅有三，一是製湯，二是煨燒，三是用火，其中之良苦用心和晝夜辛勞，是常人所不能領會到的。

烹道自然，上善妙湯

烹飪，以湯為本，調和五味。如此，川菜用湯十分嚴謹，用湯上的差錯與失誤均會直接影響成菜的風味特色。湯菜，以湯為主、湯是主料；燒菜，以湯為汁，湯是配料；炒菜，以湯兑汁，湯是調料；而冷菜味汁，同樣用湯調兑，使其自鮮香可口。因此，川菜對湯分得很細，足見其用心，用功之精道。作烹調原料用的湯就分有：頭湯（二鍋原湯）、二湯（毛湯）、肉湯、骨湯、雞湯、鴨湯、魚湯、牛肉湯、羊肉湯、奶湯、清湯、口蘑湯、紅湯、老湯（特製紅湯）等；其中常用於中高檔菜式的則是頭湯、清湯和奶湯。山東魯菜擅長製湯，其清湯、奶湯始終居中華前列。川廚吸收山東製湯之法加以改進，其製清湯、奶湯的技藝亦為中華烹飪所公認。

頭湯，又叫原湯，泛指以多種禽畜生料入鍋煮的頭一道湯。常以豬肉、豬排、豬骨、豬蹄、豬肘及雞、鴨等原料混煮的湯。因是第一道湯，有色白而濃，香鮮味美的特點。多用於中檔湯菜和燒、燴類菜式的湯汁。一九四〇年代，駐成都川軍中有位師長人稱陳將軍，是個頗有聲名的美食家，以好喝「頭道湯」出名。每天一大早、他便從塩市口散步到布後街榮樂園餐館，由側門進去吃早飯。榮樂園上下人員當然都很熟悉他，一邊請座一邊按他的老規矩，一碗米飯、一盤泡蘿蔔或泡仔薑，一大碗熱騰香鮮撒了蔥花的「頭道湯」。吃畢算帳，飯菜總共兩角錢，湯免費。有朋友問起何以如此節儉，陳將軍總是神秘地微笑道：「那是頭道湯啊！原汁原味，最有營養」。此事在成都流為美談。

再說清湯。是以老母雞、老母鴨、豬排骨、火腿棒骨入鍋加清水燒開打去浮沫，再用旺火熬煮約一小時後，把所有物料撈起沖洗乾淨，原湯過濾後燒開，用剁茸的豬瘦肉（紅茸子）掃湯，

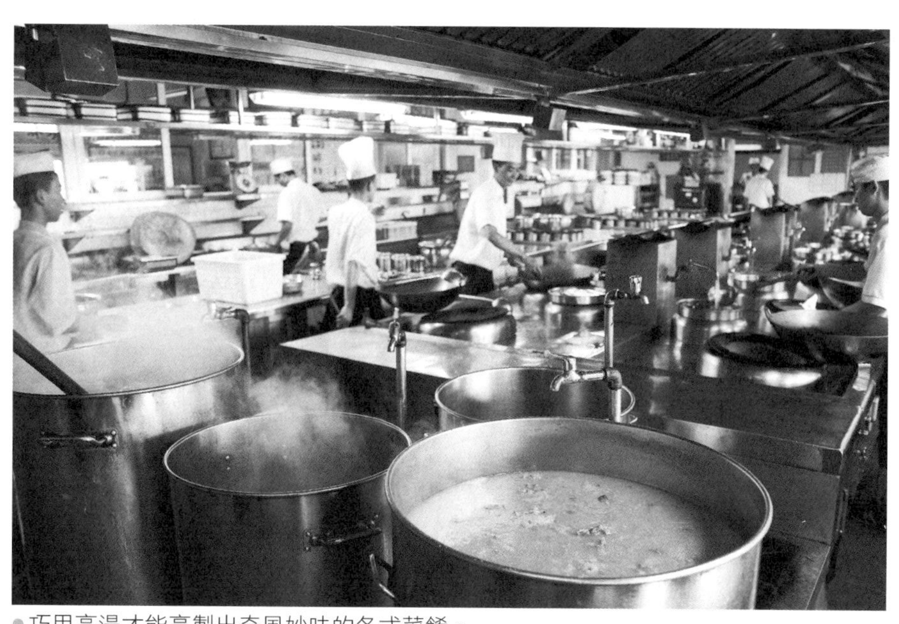

●巧用高湯才能烹製出奇風妙味的各式菜餚。

再放入撈出的原料，改小火慢熬一小時後撈出原料，再用剁茸的雞脯肉（白茸子）掃湯。並把兩次掃湯的紅白肉茸壓成肉餅，用紗布包起投入湯鍋，以炆火煨起備用。吊製清湯，是無雞不鮮，無鴨不香。

清湯製作技術要求較高，且須十分用心。其成本也較高，故叫特製清湯。成湯清澈見底、香鮮味美，多用於筵席高檔菜式。過去多是老師傅親自「吊湯」，製好後通常盛於一個大盆中，上面放兩根蔥葉。懂得的都知道這是吊製好的清湯。某餐館就曾鬧過這樣的笑話，一新來的學徒手腳勤快且麻利，收工後清掃廚房，見案頭一大盆清水飄著兩個蔥葉子，以為是洗菜水就抬起一倒了之。第二天大師傅一問清湯呢？知道被新來的小毛頭給倒了，可是氣得吹鬍子瞪眼的，一整天都沒緩過氣來。

奶湯，則成湯如奶似乳。通常用老母雞、老母鴨、豬蹄、豬肚、豬肘熬製。熬製奶湯，是無肚不白，無肘不濃，製作時，把洗淨的生料放入適量的清水鍋中，旺火燒沸打去浮沫，用蓋子蓋嚴熬煮至湯白而濃時撈出物料，湯經過濾後晾起備用，根據菜式需要舀入鍋中燒開吃味。奶湯製作講究，成本也較高，故又常稱為「特製」或「高級」奶湯。成湯濃白如乳、味醇厚鮮香，多用於高檔奶湯菜或奶湯作調味料的菜品，像奶湯鮑魚、白汁魚唇、干貝菜心、白汁蘆筍等。如今餐館酒樓中不少廚師卻用雞汁、濃湯寶、牛奶或乳酪或煉乳等來兌製奶湯。

在傳統菜式中，湯菜大致分為三類：湯菜、半湯菜和帶芡汁的湯菜。湯菜以湯為主，湯菜並重，用深碗大缽盛裝豐滿大氣。如奶湯魚翅、奶湯海參、清湯燕窩等；半湯菜，以菜量為重，適當用湯，多用於席宴之工藝菜，像菠餃魚肚、蝴蝶海參等；芡湯菜，是在湯汁中加入芡汁，增加湯汁濃稠度，使湯附於菜，菜湯一體，成菜後多舀食，如白油青元，蝦羹湯等。

湯，味醇厚、滋味豐、營養高、易吸收。四季靚湯，老少皆宜、婦孺尤喜，是美食養生的天然佳品。烹調用湯，當取之自然，烹之自然且使其食之自然，這方才是烹調為廚之道。

采天地方物，調上善妙湯；
怡自然之味，潤世人身心。

耗子洞裡鴨肴香

成都耗子洞張鴨子傳奇

成都平原，又稱川西壩子，受都江堰之恩澤而水美土肥、四季豐碩。人們生活富足而悠閒，連豬牛羊、鴨鵝雞也都在田間地頭、溝渠河塘閒庭信步，怡然自得地享受著不知饑饉的閒適生活。

川西壩子歷來盛養鴨子，每到春天成鴨便率領著幼鴨，成群集隊數百上千，在頭戴草帽、手握長竹竿的「鴨司令」指揮下，或在公路上旁若無人搖搖擺擺地散步，暢享春日的溫暖；或是在河壩、水塘密密麻麻一大片，一下爭先恐後地扇動翅膀撲騰下水，從容悠遊、捕食魚蝦；或一下蜂湧上岸，啄食沙蟲昆蟲、清理羽毛；遊痛快了、吃飽喝足了，便與「鴨司令」一起躺臥在河灘上曬太陽、沐春光。那光景，真像是知足長樂的神仙，分外逍遙。這生動的場景，與河壩岸邊田地裡黃燦燦的菜花、青翠碧綠的麥苗、粉紅嬌豔的桃花、白嫩水秀的李花天然組合，形成一幅讓人為之生情的天府田園風情圖畫。

成都平原的鴨子多在河壩、池塘、溝渠、稻田中放養，以昆蟲、魚蝦、穀物為食，秋季成熟上市。因天然習性加上自然生長而肉質細美，自來就是川人口中美食、桌上佳肴。百多年前流行於成都市井坊間的各式鴨肴就有：甜皮鴨、板鴨、燒鴨、烤鴨、滷鴨、油燙鴨、醬鴨、桶鴨、糟鴨、鹽水鴨等數十個品種。而餐館酒樓的菜譜中，各式鴨肴美食亦達五十餘款，現今更是超越百款。

在四川各地城鎮，尤為在成都大街小巷，從早到晚，空氣中無不飄悠著鴨肴的香味。推車叫賣的、臨時擺攤的、開專賣店的以及其他一些綜合醃滷店，遍及街頭巷裡隨處可買、舉手可得。各式鴨肴及鴨的小零件，像鴨翅、鴨腳、鴨脖、鴨舌、鴨胆（音義同肫）乾向來就是成都男人的下酒好菜，美女好吃嘴裡的休閒佳食。在眾多鴨肴中更有不少風味獨道、特色獨具的名品。如早年在成都西御街，一九七〇年代中期遷至少城半邊橋街的王胖鴨，其掛爐烤鴨已有百餘年歷史，是當時成都唯一的清真鴨店。創始人王福興人肥體胖、精明能幹，其軟燒鴨子選料講究、配料繁多、製作精細、具有色澤紅亮、鴨皮酥香、肉質細嫩、鮮香滋潤的風味特色，深得食眾喜愛，人們贈以「王胖鴨」之趣稱。成都青石橋的張烤鴨也是成都有名的燒鴨子，其燒鴨至今依然堅持傳統方法烹製，風味如故、興隆依然。青石橋還有以「填鴨」出名的溫鴨子、以及榮華寺的莊鴨子、郫縣唐昌板鴨、彭州九尺板鴨、邛崍油燙鴨等。然而最具聲望的還要數久負盛名、享譽國內外的成都耗子洞張鴨子。

耗子洞與張鴨子

耗子洞，此處非指耗子（老鼠）居住出沒的洞，而是成都人對狹窄深長小巷的慣稱。過去成都市內有兩處地方被叫為「耗子洞」，一處是東門椒子街的一條小巷，巷口小、巷子長；另一處是市中心提督街和暑襪街交口處的一條小巷，巷內有茶鋪、客棧、酒館，也因巷子深、巷口小、人來人往進進出出猶如耗子穿梭，成都人生性幽默，戲謔為「耗子洞」。張鴨子便是於一九二〇年代末在這巷子裡開鴨作坊，在巷口擺燒鴨醃滷攤開始了謀生和創立家業。

一九二八年，年僅十四歲的張國梁因生活所迫而輟學，同父親張月亭在耗子洞口經營自家的燒鴨醃滷生意。由於張家父子的鴨子品質優、味道好、風味別樣、吃口爽美而很快口碑四傳，不少買主常在其鴨子還未出堂就到巷裡院內的作坊去買。這小巷進出的人手裡都拿著荷葉包裹的燒鴨或滷鴨，喜笑顏開、熱鬧穿梭，加上店名十分風趣，「耗子洞張鴨子」就這樣叫傳開來。一九三一年底，張氏父子將燒鴨攤遷到耗子洞對面「江東浴室」門口，仍是在門邊擺攤，門洞裡面放兩張方桌和一張條桌賣酒，算是正式開了店，並取名「福祿軒」，但人們依然叫為「耗子洞張鴨子」。

然而開店後的第二年張月亭便病故，十八歲的張國梁帶著兩個弟弟張俊超和張俊才及一家老少硬把生意苦撐下來。其後歷經八年抗戰和幾年解放戰爭，雖時世艱難，耗子洞張鴨子的名氣和品牌卻是家喻戶曉、名揚省內外。一九五〇年代初張國梁二弟病逝，三弟又改行學木匠。耗子洞張鴨子的生意和品牌傳承的重擔便由張國梁獨自擔負。一九五六年，耗子洞張鴨子成為「公私合營」企業，其後又轉為國營店，張國梁夫妻作為普通員工也一直在店裡工作。

張鴨子國營後，其人員設備及經營品種都有較大的調整和擴展，成都製鴨名師傅廖榮卿、盧紹清、李桂榮等也齊聚一堂，加工製作各式鴨子仍由張國梁負責。經營品種多以燒鴨、煙熏鴨、樟茶鴨、油燙鴨、板鴨、桶鴨及燒鵝、熏兔、燒雞為主要品牌，以樟茶鴨最為有名，附帶滷鴨、雞，滷鵝小品等。這期間，耗子洞張鴨子還培養出了一大批青年製鴨技師，其後大都成為企業技術和經營管理骨幹。其中張國梁的大徒弟陳信良，一九八一年奉派去美國紐約榮樂園川菜館工作。他用耗子洞張鴨子的傳統工藝製出的「張烤鴨」受到美國食家的高度讚賞和熱棒。一九八四年陳信良回國後擔任了「耗子洞張鴨子」二分店經理。此時，「張鴨子」已發展為有四個分店、兩個加工廠的連鎖企業。一九八一年六十八歲的張國梁退休後又被請回店擔任技術指導，直到一九八八年七十五歲方才完全離開與他父輩二人創立的「耗子洞張鴨子」這塊名冠天下的美食品牌。一九九一年獲商業部「金鼎獎」，一九九五

位於柳江古鎮的傳統鴨子店。

年國家貿易部授予「福祿軒老張鴨子店」中華老字號的稱號，耗子洞張鴨子再次煥發青春和美味魅力。

張鴨子與樟茶鴨

耗子洞張鴨子不僅鴨香味美、品質優良，經營方式也頗有特色。春季多以賣燒鵝為主。夏秋鴨子正當膘肥體健、肉質鮮嫩時節，則大量供應燒鴨、熏鴨、滷鴨等。冬天則以年節市場需求為重，售賣或加工醃臘品、醃桶鴨、板鴨、元寶雞、鹽水雞、纏絲兔、臘豬頭、臘肉及各種風味香腸。在張鴨子整年銷售的各式鴨、鵝、雞、兔品種中，知名度最高最廣，深受省內外喜食的還是其獲得專利的樟茶鴨。

自創店以來的幾十年間，儘管時世變遷、歷經艱辛，耗子洞張鴨子卻是始終堅持以不變應萬變。這「不變」，就是遵其祖訓：「不怕無人買，只怕貨不真，不怕無人請，只怕藝不精。」堅持傳統工藝、精挑貨源、嚴格進貨、加工精細、製作講究。像在進貨這一環節上，凡不夠標準的瘦鴨、老鴨一律淘汰，寧可出高價也必選品質優良的鴨子。由於貨源不穩定，常有短缺稀少的情況，難免有些瘦小鴨鵝，張鴨子則挑出來再飼養至達標後才用。鴨鵝加工就更為嚴謹，宰殺後不能見一根鴨毛，通常是在鴨翅下開個小孔，取出內臟洗淨鴨體，再把川鹽、生薑、蔥節、郫縣豆瓣、豆豉、芽菜、花椒、胡椒、白糖及滷汁裝入鴨、鵝腹內，用青杠木燃燒後的炭火烘烤，這是燒鴨、燒鵝的加工。煙熏鴨、煙熏鵝則要用川鹽、少量火硝醃漬，然後出坯成形，再以穀草煙熏上色，其後加薑片、蔥結、胡椒、花椒、香料、白糖、白酒滷製。

而樟茶鴨的加工就更為精細，其加工方法也十分獨特，要經過醃製碼味、煙熏上色、滷製入味、提鮮增香、然後再上籠蒸酥軟，最後下油鍋炸至皮脆肉香。這五個環節中最具創意，也是樟茶鴨風味特色關鍵之所在，便是薰製時須以鋸木屑、香樟樹葉、花茶碎末的陰火燒出的濃煙，把鴨體表面熏成紅黃色，讓香樟和花茶的芳香浸入鴨體，如此而謂之「樟茶鴨」。

前些年，有些川菜烹飪書刊和文章將樟茶鴨說為「漳茶鴨」，說是一九二〇、三〇年代川菜名館姑姑筵創始人黃敬臨在清宮當御廚時學到的，用福建漳州茶葉來薰製鴨子。回四川後因漳州茶葉進貨難而改用樟樹葉和花茶末，此說或許有其道理。但耗子洞之樟茶鴨卻有別於其他類似的鴨肴，其用香樟樹葉和花茶薰製鴨子而產出奇

●用個兒不大的麻鴨所燻製的樟茶鴨，雖不如填鴨油脂豐富，卻是肉嫩皮香別有風味。

妙的鴨肉香味，應是張家自己的風格特色。四川各地均有香樟樹，川人亦嗜喝花茶，因地制宜、就地取材，十分自然方便。依此，樟茶鴨應是川人玩味之藝術的展現，是一菜一格、百菜百味的川菜奉獻給世人的一款美食美味傑作。

樟茶鴨與食之韻

近百年來，樟茶鴨名揚華夏、享譽海外，既流香尋常百姓家，成為川人佐酒佳品、吃香喝辣的休閒美食；亦味醉高堂雅客、香美四方賓朋。樟茶鴨形態完美、色澤紅豔，輔以荷葉餅、蔥醬碟而成為頭菜之後的筵席大菜。其鴨皮酥脆、肉香美、肥而不悶人、綿而不頂牙、細嫩化渣；風味是七滋八味、香鮮甘美、醇濃綿長；荷葉餅潔白素雅、綿軟柔綿，令人感官、口感格外舒爽。

品食樟茶鴨講究現炸現上、熱嘗熱品，方能充分感受到其雅香醇味。若美酒一杯悠悠吮之、徐徐啖之，那是鴨美酒香、味濃酒醇、口舌溢香、和腸娛胃。一九三〇年代，一代川菜名師黃紹清就以樟茶鴨香醉十里洋場而名噪上海灘。二十年後，黃紹清之高徒原北京飯店川菜名廚范俊康，一九五四年隨同周恩來總理赴瑞士日內參加世界和平大會。事後周恩來宴請瑞士各界名流，著名電影表演藝術家、幽默大師卓別林等品吃了樟茶鴨後讚不絕口，感歎為「終生難忘的美味」，並請求周恩來一定要送他一隻帶回去與家人分享。席間卓別林還特意會見了范俊康，幽默地說：「我將來要到北京專門向你學習製作樟茶鴨。」引來賓主開懷大笑。

一九五〇年代末至六〇年代初，川菜名師孔道生、陳志剛先後被派赴捷克首都布拉格「中國飯店」，向捷克廚師傳授川菜烹飪技術，其中樟茶鴨倍受捷克政要和社會名流讚賞。一九七九年，川菜名師獻藝香港，樟茶鴨成為轟動香江的金牌名菜。一九八三年一一月，首次全國名廚烹飪技術表演，川菜名師曾其昌以樟茶鴨等川菜名肴榮獲全國優秀廚師稱號。

小小一隻麻鴨，看不起眼、無足輕重，但經

川人一雙妙手和烹調絕技，便成為舉世無雙的人間佳肴，無論是色香味形，還是吃情食趣都不由人拍案稱奇、鼓掌道絕。而這款生於耗子洞、味外有味的名鴨之有趣歷史，以及川西壩子的風情風俗，更讓食者餘味悠長。

耗子洞裡生名肴，
樟茶美鴨醉人間。

人間有味是清歡

雞豆花風味賞析

在我們的生活中，有許多看似微不足道的東西，卻出乎意外地展示出卓越的生命力。一滴露珠蘊流著滔滔江水，一片嫩葉孕育著浩瀚森林；粗茶淡飯亦能健體養身，家常小菜也可百代芳香。譬如向來被視為鄉土民肴的豆花，差不多近兩千年來，其倩影是無處不在，其風味感動了一代代名流庶人。非但如此，後世之人更從豆花之純樸、素潔，清雅中感悟出了更深更高的神韻妙味，鑒其色香味形質，創製出了豆花不用豆，吃雞不見雞之「雞豆花」來。

西元二〇〇九年十一月十七日晚，「雞豆花」堂而皇之地登上人民大會堂金色大廳之國宴席，成為決定二十一世紀世界之走向的中美關係新開端之最終見證。這一受到全世界廣泛關注的盛宴，以其「翠汁雞豆花、中式牛排、烤紅星石斑魚、清炒茭白蘆筍」、一道點心及水果霜淇淋之「四菜一湯」款待奧巴馬總統，宣示了中美兩國新「蜜月期」的到來。

其實，雞豆花早在一九八〇年於美國紐約就已展露過其風姿風韻。當時，川菜著名大師曾國華受命親率十名高廚，前往紐約聯合國大廈對面，任中國在美國的第一家川菜酒樓「榮樂園」主廚。開業盛宴上，經曾大師悉心研究首推之席宴菜單中就有雞豆花。美國及聯合國政要品吃後，便對川菜一往情深。紐約媒體更是不吝讚美之詞廣泛報導。只是那時奧巴馬還小尚不諳時事，不知道中美之間這一美食情緣。

素雅最怡情，妙味展神韻

豆花，雖始於安徽淮南，行於長江南北，卻盛於巴山蜀水。中華各地，唯四川豆花、豆腐最是普及且名聞天下。川中廚師慕豆花之芳名，喜其細嫩柔綿之質，尚其潔白清新之色，敬其素雅怡情之性，潛心體察豆花成饌原理，巧施妙法於雞肉，將動物蛋白烹製成「豆花」，美其名曰「雞豆花」。此是科研成果，還是偶然之作，始於誰人之手，因無文字史料記載而難以確證。若以《成都通覽》所記，至少也有一百好幾十年、甚至更遠。倘以民間之傳聞，那雞豆花便當是千年名肴了。且追尋起來，這雞豆花還與四川佛家、道家有著千絲萬縷之淵緣。

歷史上，四川的佛廟道觀向有忌食葷腥的教規，因而在佛家道家的齋食中多以素代葷，即以「吃肉似肉」，「吃雞似雞」的意念，烹製膳食。如以冬瓜、蘿蔔等烹製而成的「鹹燒白」、「夾沙肉」，以豆腐乾、豆腐皮製作的「紅油雞片」、「涼拌雞絲」，以其他蔬菜瓜果烹製的「回鍋肉」、「魚香肉絲」、「宮保雞丁」等素菜葷吃的美味佳肴。像新都寶光寺、成都文殊院、昭覺寺及青城山道觀的素葷菜便非常有名。其以素托葷的菜品達百款以上，道道神奇、以假亂真，別說看不出來，就是吃到口中也難辨真偽。這不能不說是佛道兩家對中華烹飪的一大貢獻。中國烹飪將此歸類為「寺院素菜」，佛家之僧廚則稱為「香積廚」。其後素菜發展到了宮廷，成為我國歷朝宮廷的主供素食而形成「宮廷素菜」。當然民間也有素菜館，亦是素料葷做、以素代葷。

四川廚師向來對寺廟、道觀「以素代葷」之烹技十分敬重，受其烹調理念的啟法，逆向思維返其道而行之，研製出了「吃魚不見魚」、「吃肉不見肉」、「吃雞不見雞」的烹飪妙法。「雞豆花」便是流芳百世的絕代名肴。它以豆花不用豆，吃雞不見雞，不似雞肉恰似雞肉，勝似雞肉之神韻讓食者迷惑難解、不可思議，更使眾多中外名流、美食大家驚呼神奇、感歎不已。觀之，一個古樸典雅的清花瓷碗，一團潔白如雪、細嫩如脂的豆花，浸躺在清如明鏡的湯水中，碧綠菜心飄浮，火腿肉末點綴，真似略施粉黛、濃妝淡抹的清純少女，雖不風姿綽約，卻也風情萬種，亦有如出水之芙蓉，玉體冰肌吹彈可破，此乃川菜名肴——翠汁雞豆花。嘗之，鮮醇淡雅、香美幽幽，是無味勝有味，清歡媲濃豔啊。

無巧不成書，七十多年前，雞豆花與中國歷史上另兩位大名人也有段有趣的食緣。在抗日戰爭艱苦奮戰時期，一九三七年底國民政府自南京遷都重慶。一九四一年間，一次蔣中正攜夫人宋美齡，在總參謀長何應欽的陪同下到合川視察，參觀了宋代戰場遺址釣魚城。中午時分，早已調集名師大廚準備了盛宴的合川縣長，恭請蔣宋赴宴。蔣介石一聽說吃席宴心中便大為不悅，隨即對何應欽說，正值抗戰艱難時期，不能前方吃緊，後方緊吃。下令至即日起，後方一應官員政要不得鋪張奢侈。然後轉而對合川縣長說：安排粗茶淡飯，給我們一人來碗豆花、一個辣醬碟、一盤泡菜、一碗米飯就行了。合川縣長不敢二話立即應諾照辦。不多一會兒，豆花、辣醬、泡菜、米飯一併上桌，蔣介石一邊吃豆花一邊說：「這很好嘛，豆花雖是素食，吃起來比雞肉還鮮香，粗茶淡飯有什麼不好啊。」宋美齡吃著也對蔣說：「達令（darling 親愛的），都說奉化溪口（蔣的家鄉）的豆花比安徽阜陽的還好，我看今天這合川豆花比溪口豆花還要鮮嫩香美，雖是豆花卻有雞肉的香鮮味，確實很好吃，再嘗一碗怎樣？」見蔣、宋二人吃得很是開心，何應欽也是讚不絕口：「總司令、夫人，此番釣魚城之行，沒想到還能吃上這樣的豆花佳肴，真乃天賜口福也！」

返回重慶後，雖然重慶當時也有很出名的豆花，但蔣介石、宋美齡仍不時說起合川的豆花。有次宋美齡與何應欽又提起，何方才食話實說：「總司令、夫人，實不相瞞，這合川豆花，可真是此豆花非彼豆花也！」蔣宋二人不解，何又道：「這豆花不是黃豆所做，乃是用鮮雞脯肉烹製而成，叫「雞豆花」，乃川菜名肴。據合川縣長講，這款佳肴乃是武則天從四川帶進皇宮的御膳之一。是將鮮雞脯肉搗成細茸，加雞蛋清、豆粉調製成雞漿，再用特製高湯沖製煨熬而成。這種雞肉豆花，不僅具有傳統民間豆花的特質，更有獨特的雞肉香鮮，且美口益身、養顏健體。」蔣、宋二人聽得神乎其神、恍然大悟、連聲稱妙，使向來崇尚清淡養生的蔣、宋對川菜有了深刻的印像。

不僅如此，一九五九年，周恩來親自批准在北京原恭親王府建立四川飯店。毛澤東、朱德、鄧小平及幾位老帥均對「雞豆花」情有獨鐘。在宴請外國元首、名人名流的筵席中，雞豆花均是不可缺少的一款精緻湯菜。直到如今，雞豆花都名列國宴菜點，不斷向國內外來賓展露中華烹飪之風采、中華美食之神韻。

豆花不用豆、吃雞不見雞

如今，華夏大地已是「川菜天下」，但世人多認為川菜皆辣麻。事實上，兩百多年來，在川菜成千上萬的菜品中，川菜所展現的最大特色卻是「以味見長」、「百菜百味」。麻辣是川菜的鮮明風味特色，但也僅是川菜「以味見長」之風味之一，且大多集中在家常菜品中。就川菜數十個複合味型而言，麻或辣之味型也不過十餘款，尤其是席宴菜，麻辣風味僅作點綴，其餘均是鹹鮮、酸甜、香甜、醬香、糟香、麻醬、五香、煙香、薑汁、蒜香等風味味型和菜肴。如：雞豆花、開水白菜、竹蓀肝膏湯、清蒸江團、砂鍋雅魚、白果燉雞、雪魔芋燒雞翅、醬燒海參、樟茶鴨、海味什景等不勝枚舉。

雞豆花，作為清鮮醇濃、婉約綺麗之席宴湯菜，其色香味形質之佳好與乎，取絕於烹製工藝是否精道。雞豆花乍一看，色白質嫩，真如豆花，入口一嘗、細品慢咽，卻又似雞非雞，其味遠勝豆花。

烹製雞豆花不像一般豆花的製作，不是在任何地方、任何一家飯館都能吃到。即使是在中高檔酒樓，一般廚師也不會或不敢貿然烹製這款菜肴，只有中高級廚師能有把握做好。因為烹製雞豆花不僅十分精細、講究，更要心平氣和，浮燥不得。其中之關鍵在於製雞茸、調雞漿、沖豆花之三大環節。先說製茸吧，須用淨雞脯肉，最好是老母雞胸脯肉，其鮮味足、筋力好，用刀背捶茸使其大量的肌肉纖維鬆散碎裂，仔細剔去筋絡，反復剁細形成肉泥。過去老師傅多將雞脯肉放在一塊剮下的鮮豬肉皮上捶剁，以免沾染混雜菜墩上的木屑渣或被其他異味侵染。若製茸功夫不到家，便會影響到「豆花」的細嫩之質。

●吃雞不見雞的雞豆花。

第二個環節是兌漿。重在把握好雞茸、蛋清、太白粉水及清湯之用量比例。通常一五〇克雞茸，需雞蛋清四個、太白粉水二十五克、冷鮮湯（肉骨高湯或雞高湯）二五〇克。先用少許冷湯將雞茸解散，加入太白粉水和攪成泡漿狀的蛋清，然後下適量川鹽、白胡椒粉、味精或雞精，再加進冷湯用力攪合，調兌成濃稠的稀糊狀，這就叫雞茸漿。若蛋清、太白粉水、冷鮮湯比例不當，沖製「豆花」時就會成坨而不成花，或成「豆花羹」、「豆花湯餅」，並且色澤偏暗而不顯潔白柔嫩。現在的餐館酒樓多用攪拌機將製茸與兌漿合二為一、一次成漿，這也未嘗不可。但有兩點須注意，一是攪拌機使用前得清洗乾淨，不能有其他物料渣子和異味，二是仍須把握好蛋清、太白粉水及冷湯的使用比例，這兩點直接關係到雞豆花成菜的品質與風味。

其後便是沖製「豆花」。沖製時火力要大、鍋內清湯要寬，倒入雞肉漿時應穩而緩，邊倒邊攪動鍋內之湯使其不停地旋轉，倒進鍋中的雞肉漿，其蛋白質因受高熱而快速凝結，加之豆粉、蛋清亦因受熱便產生粘性，從而粘合成一體凝結成「豆花」。初始形成的雞豆花雖細嫩但不綿紮、易散，仍需改用小火煨熬十來分鐘，使雞肉中的氨基酸能得以充分溶解，其味更加鮮美。若沖入時雞漿不能很快凝結而渾湯，這是火候不足之原因。所以沖製雞豆花時火候是關鍵。

雞豆花沖製好，便可將青翠碧綠的新鮮菜心用刀修理齊整，再用沸湯燙斷生，然後將雞豆花沿鍋邊小心舀起盛於碗或盅內，再灌入鮮湯，放入菜心漂浮其上，雞豆花上面撒些許剁細的熟火腿肉末，這道元首級的精緻大菜「翠汁雞豆花」便大功告成，可盡登大雅之堂。當然無論是專業廚師、還是烹調愛好者、甚而是美食粉絲，都可嘗試一下，即便第一、二次烹製出來是「雞豆花羹」或「雞豆花餅」，那也還是美味佳肴一款。一但你嘗試成功，那成就感可是絲毫不亞於給長城貼上了磁磚啊！

川菜中，除了雞豆花還有魚豆花，換句話說就是「吃豆不見豆，吃魚不見魚」。其做法與雞豆花一樣。魚豆花通常選用無刺或無細刺、肉質細嫩的魚，像烏魚其肉質細嫩，易於製茸、兌漿、沖花。同時，魚豆花在烹製時其調味比雞豆花要隨意些，不必非得用特製清湯，一般的肉骨湯、或泡青菜切成絲製湯都很好，還可調製味碟蘸食。當然，雞豆花所取之特色便是：素雅怡情、鮮香可人、神韻妙味、美口養生，自然不可與其他佐料相串，否則其風味雅韻盡失。

巧技奪天工，妙手製真味；
翠汁雞豆花，品者無不醉。

莫道是水煮，我辣我招搖

水煮牛肉風味檔案解析

水煮牛肉這道菜，不知讓多少不瞭解川菜而又畏懼辣麻的外省人、外國人上當，弄出不少趣事笑話來。進川菜館想品嘗久負盛名的川菜，看遍菜單東挑西選，不是點開水白菜、就是水煮牛肉。心想一是「開水」，一是「水煮」，肯定與辣麻不沾邊。誰知菜一上桌便傻了眼，開水白菜是清湯寡水飄著幾片白菜心，價格卻高得讓人心跳過速。水煮牛肉更可怕，紅豔似火、辣麻刺鼻，聞一下就面紅耳赤、大汗直冒，搞得是吃不敢吃、退不好退，十分尷尬。

為何「水煮」竟然會是這般辣麻味重，如此濃烈刺激的風味怎麼會稱為「水煮」？這是大多外鄉人心中難解的疑惑。諸位客官，要想完全弄清川菜「水煮」的概念，還得先瞭解「水煮」之源，自貢鹽府菜及川菜自內幫菜的故事。

鹽幫淵源揭秘

自貢，位於四川盆地南部沱江支流的釜溪河畔，自古以來，以鹽鹵而聞名於世。據地質考察，一．八五億年前四川盆地是一片內陸海，歷經若干千萬年的地質變遷和海浸海退，產生了鹽鹵和岩鹽。到西元前二五六年李冰任蜀郡太守，做了兩件改寫了四川歷史的大事，一是修建都江堰，在先人的基礎上造就了天府之國；二是在自貢開鑿了世界上最早的鹽井。其後，自貢便成為中國第一大井鹽產地，亦因此叫「鹽都」或「鹽城」。自貢之名源於自流井和貢井兩大井鹽產區的名稱合二為一，稱為自貢。所謂「貢井」，即指此地所產之井鹽因品質上乘、味道鮮美、而進貢給皇家宮廷享用，故而稱此為「貢井」。

自貢在東漢章帝時期（西元七六～八八年）已開始規模性井鹽生產。西元一八三五年左右，在自貢大墳堡地區開鑿出深度達一〇〇一．四二公尺的燊海井，則是世界上第一口超過一千公尺的深井。自貢因鹽成市、因鹵而興，加之水陸交通方便，鹽便成為四川對外商貿的重要資源。到清代自貢鹽業已達鼎盛，並發展為較大的工商業城市，人口多、流動強，生活消費量大，糧食和肉基本自給自足。過去鹽井全靠牛力提鹵，一個大井要用牛數十頭，小井也需數頭，且每年大約都要採購和宰殺一萬頭牛，因此牛肉價格十分便宜，常為豬肉的四分之一左右。於是牛肉自然成為市民百姓家的主要肉食。發展到機器提鹵後，牛逐漸退出歷史，牛肉也逐漸減少，豬雞鴨兔及河鮮才成了自貢人民日常生活的主要肉食品。

自貢特殊的環境及中國各地鹽商與客商的匯集，促使自貢的飲食業十分興旺發達，尤以牛肉菜肴最享盛譽。其中最具典型代表的便是「水煮牛肉」、「清湯牛肉」、「乾煸牛肉絲」、「火邊子牛肉」以及風味小吃擔擔麵。火邊子牛肉在清末已名揚中華各地。製作方法與風味都特色獨具，既是佐酒美肴，又為饋贈佳品，前清鹽商都用來贈送外省及京城各級高官要員。現今自貢火邊子牛肉有的仍採用傳統工藝、密封包裝，行銷世界各地。

鹽府河幫解讀

長期駐守自貢的鹽官及鹽商，不僅在自貢修建各地會館，安居落戶，還帶來了各地廚師，常是你請他邀筵宴成風。更有不少富商巨賈腰纏萬貫，一擲千金，過著奢侈豪華的生活，尤對飲食筵宴格外講究，崇尚「精、新、奇」。鹽官鹽商們在吃喝上的攀比獵奇日行日盛，也因此創製出了不少古今少見的「名肴」。當時自流井鹽商巨頭李瓊甫公館宴請菜單就有奇肴怪饌「泡岩蛙」、「血泡鵝掌」、「豬血泡」等，而另一款

● 右圖：自貢燊海井的傳統煮鹽作坊。

● 下圖：水煮牛肉對關鍵程序，以熱油將刀口辣椒與花椒的香氣與麻辣味完全激出。

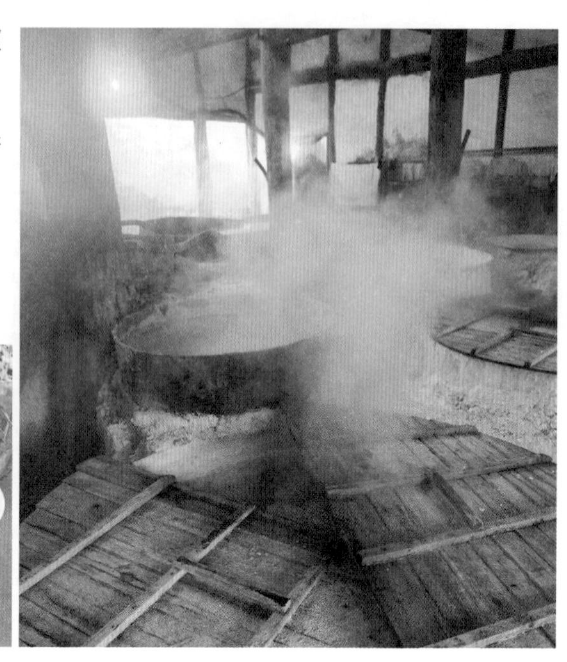

「退鰍魚」，酷似江團，其品魚場面和氣勢毫不遜色於宮廷華宴。正是這樣，經過長期與自貢本土的風味菜相融匯，從而逐步形成了一種稱之為「鹽商菜」或「鹽府菜」的風味特色。自貢的民間飲食、地方小吃也得到極大的發展。如此，便形成以鹽商菜（鹽幫菜）為主的官商筵宴菜，如清湯牛肉；地方傳統風味菜，如水煮牛肉；以及民間小食，如火邊子牛肉、擔擔麵等為主體的自貢菜的風味特色。

其後，在川菜「五幫」，成都幫、重慶幫、大河幫（川南）、小河幫（川北）菜中，自貢菜則是自成一體的自內幫（內江、富順、資中、資陽、簡陽）風味流派。自貢菜有別於成都幫之婉約精緻、風味多樣；也別於重慶幫之粗獷豪放、味濃味厚；既不像大河幫以魚鮮為重點；亦別與小河幫之風味中庸，在烹調及風味上體現出香、辣、鮮，味道強烈、好走極端的特點，尤為突出鮮辣、香辣。其經典菜肴如：掌盤牛肉、罈子美蛙、血泡肉、香嘴肉、鮮椒兔等。

不少人曾誤以為自貢產鹽，就臆測自貢菜鹽重味大，其實在民間這是一種調侃。自貢產鹽，不僅其菜式與鹽有直接關係，川菜之所以能一菜一格，百菜百味，也與川鹽密不可分。川鹽就是井鹽，富含多種礦物質、氨基酸、微量元素及其它化學物質。在食物和菜肴烹飪過程中，經加熱高溫溶解，其有效成分與川菜其他調味料產生分解、中和、融匯而起到定味增香、提鮮殺菌及去除異味的作用。

所謂自貢菜「鹽重」，應為「重鹽」，亦指自貢菜因其擅長巧用高品質的井鹽來調味，不同的烹飪方式、不同的菜式，蒸炒燒燉拌均用不同品質的鹽調味，使其菜式尤顯鮮香醇厚、香美多滋。如水煮牛肉，雖是麻辣，卻是香辣香麻、辣而不燥、麻而舒涼，滋味豐厚、香鮮醇濃。自貢菜亦以小煎小炒見長。所謂小煎小炒是猛火短炒、不換鍋、不換油、臨時兌汁、一鍋成菜。其經典菜品如「小煎兔」、「小煎雞」。

自貢菜在風味及調味上亦善用辣麻，展現了辣中求香、麻中求酥的風味特性。像自貢代表菜之一的小米椒兔，以自貢本地鮮紅小米椒和鮮嫩仔薑炒製，吃來先是小米椒的清香鮮辣，再是嫩仔薑的辛香，後是兔肉的細嫩肉香，層次分明、口感豐富。川南一帶的人品吃這款菜還十分講究，先夾一顆兔肉丁、再是一顆小米辣椒、一片仔薑入嘴同嚼，方能品出和感受這道菜的美味風韻，另一款代表菜小煎雞亦與此相似。

自貢菜的特色經長期的與鹽府菜及成都、重慶菜的交融，兼收並蓄而形成巧用井鹽，善用泡菜、辣麻重香、滋味豐厚，口感舒爽的風味特色，獨顯自內幫菜之風格。

因勢而成佳肴

在日常生活中，淋雨受寒要喝薑湯，燥火要多吃苦瓜、綠豆湯用以清熱……，中醫稱為醫食同源。看來美食則不僅止於色香味，感受一款菜品的風味特色，亦可判斷和瞭解這個地區人文風情與風俗，水煮牛肉亦是如此。

水煮牛肉大約起源於千多年前北宋慶歷年間，四川自貢地區榮縣、富順採鹵製鹽的鹽工生活。自貢從東漢就已有規模的產鹽，其數萬頭牛每日勞作，場景十分壯觀。而每年從採場上換下的體弱老牛也多達萬頭，若遇上瘟疫那更是成批的牛被淘汰。如此，當時的自貢可說是街短牛屎多。而被丟棄的病牛或牛雜，通常就成了那些衣不敞體、食不裹腹、勞作繁重、生活艱難的鹽工們的主食。由於採鹵製鹽是重力苦活，需要耐力、熱能。牛肉營養耐餓，加之起早摸黑的艱苦勞作，鹽工們需要較重的口味刺激。於是他們通常燒一大鍋清水，以鹽、乾辣椒、花椒熬味，把牛肉牛雜煮熟，或手撕或切片佐酒助飯。牛肉纖維多、營養好、能有效補充體能，大辣大麻的味道則可生熱禦寒，再說既省錢又實際。鹽工們就把這種他們賴以生存的牛肉稱為「水煮牛肉」。這一因應刻苦環境而生的鹽工民肴在後來為市井中的飯館所採用，在烹調上作了很大的改進完善，但因菜肴中的牛肉片不是用油炒製，而是在沸水中燙熟，故仍沿用「水煮牛肉」這一叫法。

而水煮牛肉成為真正意義上的地方名肴，則是在進了大雅之堂，經一代代專業廚師的改良，方才充分展現出這款由鹽工苦力們所創造的，具有特殊社會和文化背景的美食內函。雖仍叫之為「水煮牛肉」，但在烹調和風味上已與過去的水煮概念大相徑庭。作為一款地方風情風味濃郁的川菜名肴，水煮牛肉風味多滋、麻辣鮮香、特色鮮明；牛肉滑嫩香美、輔料青鮮脆爽、吃口層次豐厚、味感留香悠長。

按傳統風格烹調，水煮牛肉需精選牛柳或上等牛肉橫筋切片、加川鹽、料酒、太白粉水拌勻，蒜苗、芹菜切成段，青筍尖切成片。炒鍋置火上下混合油（化豬油、熟菜油混合而成）燒熱，放乾辣椒，花椒炸至色棕紅起鍋，在案板上剁為粗末待用；鍋內另下混合油燒熱，下蒜苗、芹菜、青筍尖炒斷生起鍋放入碗內墊底；再下混合油燒熱，下郫縣豆瓣熗炒、加薑蒜米炒香後摻進肉湯，燒沸即打去料渣，加川鹽、醬油，把牛肉抖散下鍋，用筷子將肉片撥散，待牛肉伸展開來熟透、且湯汁濃稠，便起鍋盛於碗內菜上，再把鍘細的辣椒、花椒撒在面上，鍋內下混合油燒熱後將其淋在辣椒上，這道水煮牛肉就成了。成菜後的水煮牛肉應是色澤紅豔、香辣四溢、湯汁濃醇、牛肉滑嫩、蔬菜脆爽，形成水煮牛肉辣麻鮮香脆嫩爽的整體風味特色和口感效果。

水煮牛肉是川菜一款麻辣味濃厚的典型代表菜品。也可用於豬肉，稱為水煮肉片。甚而還成為一種風味與烹調特色，而演繹出水煮系列佳肴，像水煮腰片、水煮腦花、水煮鴨腸、水煮毛肚、水煮黃喉、水煮泥鰍、水煮黃臘丁、水煮燒白、水煮魚片、水煮雞片、水煮鱔魚、水煮牛蛙、水煮肥腸、水煮螃蟹、水煮琵琶蝦等風味美肴。當然，不同質感的食材在「水煮」中要達到水煮的風味特色和口感要求，在烹製中則有不同的處理需要。像豬腰、腦花等質脆柔嫩的食料，需要先進行焯水處理，不能生料直接「水煮」，這樣口感才會脆爽；一些綿韌食材如肥腸、牛筋類需事先加工至熟軟再入鍋「水煮」，魚片、雞片、泥鰍、黃臘丁、牛蛙等可直接「水煮」；燒白扣肉類可直接放在炒製好的蔬菜上，澆水煮滋汁，撒上刀口辣椒、花椒，淋上熱油即可。

水煮風味菜肴雖為川人所鍾愛，但對大多數的外鄉人，尤其是不善食麻辣味者，仍是一款十分可怕的美味，然而一經品嘗，感受到它的辣麻豪爽、鮮香脆嫩、風味多滋的魅力後必會上癮，那臉紅筋脹，大汗淋漓後的酣暢舒爽的感受，是其他辣麻菜肴難以比擬的。

莫道是水煮，辣麻鮮香爽；
我辣我招搖，你品你酣暢。

仙風道味白果雞

青城道家美味四絕

「拜水都江堰，問道青城山」，這句堪稱絕妙的城市形像廣告語，精闢地道出都江堰悠久厚重的歷史風貌，自然景觀與人文風情。兩千年前，蜀郡守李冰父子攔江築堤，一條岷江、兩座大壩，恩澤川西千萬生靈。而伏龍治水融合「道法自然」，以「平常道」、「非常道」，使天府沃土永世平安。有如聯合國世界遺產專家萊斯．莫洛伊博士考察都江堰、青城山后所盛讚：「人與自然和諧相處的構想，在這裡得到了完美的展現」，「青城山是東方最美妙的地方之一」。二〇〇一年十一月，聯合國世界遺產委員會將青城山及都江堰例入《世界文化遺產名錄》，這座蜚聲中外的道教名山，中國道教發祥地便成為人類共同的寶貴財富。

西距成都七十公里的青城山，背靠岷山雪嶺，俯瞰川西平原。青城山古稱赤城山，相傳軒轅黃帝遊歷五嶽後，封青城山為「五嶽丈人」，故而又叫「丈人山」。青城山方圓一百多公里，最高峰高達海拔一八〇〇公尺，因為群峰環繞，狀若城廓，山中林木繁茂，四季長青而得「青城」之名。

青城山素有「洞天福地」、「人間仙境」、「神仙都會」之美譽。山中奇峰疊嶂、幽谷深潭、丹梯千級、曲徑通幽；山野溝壑則茂林修竹、歲寒不凋，薄雲輕霧、卷抒纏綿，清溪碧水、鳥語花香。唐代詩人杜甫一首「自為青城客，不唾青城池，為愛丈人山，丹梯迎幽意」之佳作，更使其贏得「青城天下幽」之美譽。

● 青城天下幽——青城山山門。

道法自然，天人合一

青城山分為前山和後山，前山為道，後山乃佛。前山與都江堰水利工程相交融，景色秀麗、道觀恢宏、古跡悠然、仙風飄渺。後山則風光自然、生態原始、佛家寺廟、若隱若現、神秘綺麗有如世外桃源。隨前山道教興盛之後而占後山崛起的佛教，曾一度與道教並駕齊驅，形成道家齋醮唱和，佛家梵唄抑揚的格局，賦予了青城山宗教文化的神奇絢麗與神秘色彩。唐開元時，玄宗皇帝聞青城山道佛之爭，敕書：「觀還道家，寺依山外舊所」。於是乎在近兩千年中，青城山一直以道教聖地而聞名於世。

東漢順帝時期，張道陵在大邑鶴鳴山創立了「五斗米道」，通過宣傳老子「道德經」及為人治病，得到民眾信仰而道徒日多。其後他率徒聚眾在青城山修煉，又改為「天師道」，自己被信徒尊崇為張天師，修煉之處命為「天師洞」。至此，青城山道觀日漸興盛。晉代，青城道觀宮殿初具規模；隋唐，青城道觀進入鼎盛；歷宋、元、明、清長盛而不衰。使青城山成為瑤林瓊樹、甘露芝草之人間仙境，號稱「第五洞天」。

兩千餘年來，青城道教之易學、醫藥養生、武術健身、道教建築、道教音樂、道家膳食及詩詞書畫等，已成為中國傳統文化寶庫中的一份重要遺產。著名英國學者李約瑟在《中國科學技術史》巨著中如是闡述：「東亞的化學、礦物學、植物學、動物學和藥物學，都發源於道教」，道教醫藥和保健養生「在現代醫學保健領域佔有獨特的地位」。一九七七年，青城道士張孔山所譜和演奏的道教音樂，古琴名曲《流水》被美國錄入鍍金唱片，由「旅行者二號」太空船帶入太空，響徹環宇傳遞人類資訊。

如果說，大自然給青城山提供了獨特優越的生態環境，那麼，道教的興盛和發展則為青城山注入了深沉的文化底蘊。古往今來，無數的達官貴人、政治精英、文人墨客都對青城山推崇備至。古代常璩、唐明皇、李白、杜甫、陸遊等；近代的于佑任、葉聖陶、沈鈞儒、黃炎培、張大千、馮玉祥、蔣介石、張治中、徐悲鴻等；以及朱德、周恩來、鄧小平、陳毅、老舍、趙樸初等無不前來青城山，或遊歷、或隱居，或著書、或立說，或授徒、或教義。千百年來，自然山水陶冶了人們之性情，道教文化啟迪了人們的智慧。

一九四二年，國畫大師張大千舉家寓居青城山上清宮達兩年。他尋幽探勝、舞墨弄彩，其青城風光畫作達千餘幅，並留下一些詩作，自命為「青城客」。一九六〇年代，在遠隔重洋的巴西聖保羅，張大千畫出巨幅傑作《青城山全圖》，供自己及家人臥游，以解鄉情鄉愁。他晚年不甚感歎：「今能畫而不能歸矣。」對青城山充滿深深的眷戀情懷。

道在養生，美味天成

青城山夏無酷暑，冬無嚴寒，雨水豐、濕度大，使其山中林木蔥籠、花果茂盛、植物繁多、藥材豐富。在追求純樸、崇尚歸真的道家眼中，這樣的自然生態環境，無疑是上天賦予的一處洞天福地。故而青城道觀宮殿大多掩映在綠蔭叢林之中，虛無飄渺，意境幽雅，令人神思忽悠，心曠而神怡。青城山因其獨特地理及生態環境，盛產各種有益人身之野生植物，自古便有「異花芝草，食之可長生」之說。如此，崇尚養生，道在養生的青城道家膳食，則以其很強的地域環境和生態特性，追求「美味天成」。即取材自然，烹調自然，味美自然，飲食自然。青城美味四絕中的白果燉雞便是其經典之作。

白果，因其形如杏、色銀白、雅稱銀杏。白果之樹，是當今存活在世的三大史前古生植物之一，享有植物活化石之稱。青城山中百年以上的白果樹比比皆是，尤以天師洞那株白果樹為最。相傳，張天師進駐青城山后，一日，盤坐洞中潛心悟道，然而山下青水秀田、竹林茅舍、緲緲炊煙、雞鳴犬吠使其難以心安神定。他便親自在殿前種下這株銀杏。樹一種下旋即飛長十丈，有如一道綠色屏障鎖住山之精靈，檔住人間煙火，張天師方得以修成大道。此後，這顆白果樹便成為一大奇觀異景，歷經一八○○多年依然粗大挺拔、枝繁葉茂、鬱鬱蔥蔥、遮天蔽日，令人肅然起敬。它不僅是青城山和道家的「鎮山之寶」，亦被民間視為「白果大仙」，許多善男信女不遠千里來到此樹下，掛上紅布條朝拜祈福。

銀杏樹葉春夏翠綠、秋冬金黃、素雅高潔而不受凡塵污染。她沐日月之光華，吸天地之靈氣，故其果實豐碩、肉厚心細，因其無毒而成「有滋補之益，無損生之害」的養生聖果。傳統中醫驗證，白果味甘，補肺益腎，可治哮喘、咳嗽、遺精、尿頻等症，與雞同燉燒，食之可滋陰壯陽、益壽延年。

源於千年道法的白果燉雞，本是青城道長范長生宴請文昌帝君張亞子的頭菜，流傳至今，成為「青城美味四絕」之首。白果燉雞師傳弟承代有其人，秘方授受異香不絕。青城道家燉雞通常於夜間烹製，道長用山野仔母雞一隻清理洗淨，白果剝殼除皮去心，輔以薑塊、蔥結、白酒，高檔之品還加黨參、沙參、紅參和枸杞放入砂鍋中，摻入山溪清泉之水，以青杠炭火燒沸，打去湯沫，再用數層草紙或牛皮紙密封罐口，用鋸木屑或谷糠皮壓住明火，把砂鍋置於其間以陰火通夜煨燉。次日，無論何時食用，托罐上桌用竹筷戳破封口皮紙，剎時一股白氣沖騰、鮮香四溢，令人不勝驚喜；吹開金黃油汁，只見湯色清亮、果香肉美，精神為之一振，吃情食欲橫生。品勺熱湯口舌漫香，順流而下盪氣迴腸，仙風道味滋潤五臟，頗覺從頭到腳神清氣爽。

一九四〇年代初抗戰期間，著名的馮玉祥將軍問道青城山，夜宿天師洞。當他轉遊至大殿後院，似覺一股奇香襲人，聞香尋蹤推門進一大屋，昏暗之間不見鍋灶食物卻是熱氣繚繞、鮮香彌漫，屋中央一大堆谷糠皮屑青煙徐徐，幾十個小砂鍋立於其間，罐中發出輕微咕嚕聲響。馮玉祥將軍滿臉狐疑正欲發問，早已立在一旁的道長撫須微笑，輕言細語如數家珍般祥盡道之：「將軍，此乃青城美味一絕，道家名肴白果燉雞。吾道代傳千年有餘，乃養生佳品。白果取自天師所

●位於都江堰離堆公園內的張松銀杏，據傳是後漢張松所植，樹齡已有 1700 多年。

植之樹，雞乃山野肥嫩母雞。燉此肴，一不用明火，以碎木屑或穀糠燃燒之陰火煨之且終年不熄；二是取山頂順竹筒流下之山泉活水燉之；三是燉時不加鹽，用幾片涪陵榨菜取其鹹鮮之味晝夜煨熬，如此自然而生美味天成，品其原汁，享其本味。當然，若用上品，又得加參杞，則花費另計。」馮將軍一聽開懷大笑：「妙哉，妙哉！參杞就不必了，就這現成的先品兩罐如何」。於是馮玉祥將軍一罐、隨從人員一罐，道長還端出兩碟青城泡菜、兩瓶洞天乳酒，青城美味四絕之三項來款待這位名冠華夏，深受崇敬的愛國名將。馮將軍先舀一匙湯慢吮入口，再嘗雞肉白果，拍桌一呼：「果然名不虛傳，實為天賜仙肴！」

千古佳肴，美味四絕

青城山美味四絕，作為代表著濃郁人文特色和生態文化風情的歷史名肴，便是其「道在養生，道法自然」之經典。白果燉雞、青城泡菜、洞天乳酒與洞天貢茶亦是其烹道自然，自然天成之傑作。除上文已述之白果燉雞外，青城泡菜，則以山野之蔬果以及道家栽種的時蔬為原料，用泉水、川鹽、花椒、醪糟汁等配製醃泡。具有鮮嫩脆爽、鹹辣酸甜、清香可口的特點。洞天乳酒，採用青城野生優質獼猴桃榨汁，配醪糟汁、冰糖與曲酒等，以道家秘方和獨特工藝釀製，香濃如乳、清醇甘甜、酒味香美、濃而不烈、甜而不膩，具有果味、酸味、香味、甜味、酒味、五味齊溢妙不可言，實為仙山洞天之佳釀。洞天貢茶，則素以茶質優良、茶色清澈、茶香濃醇、茶味純雅而著稱，其「紫背龍芽」和「白背龍芽」在宋代就被列為皇家貢品。青城「美味四絕」真切地展示了人與自然，自然而然的和諧精神。

青城山還有一傳聞於世的美食名品——中國名宴「長生宴」。

漢晉時期，「善天文，有術數，民奉之如神」的青城道教首領范長生，在青城山下建范氏莊園，修煉長生久視之術。他採山之精、水之靈，摘山珍野味、奇花異草，精烹細調，食其本味本色，而得享天年壽齊彭祖。之後，藥王孫思邈客居青城，又將川芎、山藥等，做成藥膳以滋補元氣。安史之亂，唐明皇避居蜀中，駐紮在長生宮，使道家膳食得以進一步發展和豐富。范氏莊園便是現今青城山腳下的鶴翔山莊。該山莊上善堂餐廳依據《青城道家食譜》等文獻研製並推出這一道家滋補上品——長生宴，傳承並弘揚了青城道家養生之道，備受國內外遊客讚譽。

二〇〇八年五月十二日下午二：四八分，青城山西北的映秀、汶川突發八．〇級特大地震，都江堰市因距震央較近成為地震重災區。青城山二王廟的道觀宮殿再次遭受到嚴重損壞。次年五月大地震周年祭時，大部份道觀建築、文物古跡已基本修復。青城山在這突如其來的山崩地裂中重新挺立、風光依然、美景美食香美如故。

二〇一〇年，青城山已全面恢復了往昔之旅遊盛況。加之青城山為兩年一屆的中國道教文化節之永久舉辦地，遊客更是接踵而至，拜水都江堰，問道青城山，尋味道家肴。倘若品得白果燉雞，配上一碟青城泡菜，小酌一瓶洞天乳酒，酒足飯飽之後，再細賞一碗青城貢茶，那你的感受就不僅是臨仙境、賞仙食，而是在錚淙飄渺的古琴韻裡，妙曼輕盈的道樂聲中，感悟道家娛性、娛情、娛味之真締，淨化心靈、陶治性情；在幽谷道觀神秘之中，在煙雲霧氣飄忽之間，你定會遐思邈邈，飄飄而然……。

在現今都江堰市內的飯館酒樓都有白果燉雞，當然其風味品質遠不如青城山中之真品。有經驗的食客大多到山裡的道家食堂，或山下的鶴翔山莊品嘗。當然，也只有在山林清泉、道觀神殿的仙景中，方能體驗和感受到青城「美味四絕」的神韻。

千年聖果釀佳肴，
仙風道味醉乾坤。

話滋味

川味河鮮　肴不醉人人自醉
話及鴛鴦菜式　不得其醬，不
「趣話與砂鍋雅魚　滋身怡情
情　巴蜀泡菜之民間風情
鍋肉之前世今生　回鍋肉／
腐傳奇新說　百年難斷雞丁
妻肺片情話新說　七滋八味
流韻　巴蜀豆花風流情話
肉當是白肉香　蒜泥白肉之
芋及名肴鑒賞　大話開水煮
成都耗子洞張鴨子傳奇
煮，我辣我招搖　水煮牛肉
味四絕　神韻妙味話魚香
椒與椒麻風味　窈窕竹蓀，
佛肴　天府芙蓉錦繡舒　芙

老饕亂點鴛鴦譜
青衣羌國品三雅
菜風味品賞　紅肥綠瘦
席　巴蜀田席之古風新
麻辣，麻婆不麻陳麻
今是非　夫妻肺片不了
之興與衰　古風鄉味，
湖　棒棒雞之江湖遊記
頂，雪藏仙肴魔芋，
川菜之湯　耗子洞裡鴨
雞豆花風味賞析　莫道
風道味白果雞　青城道
你沒商量，香麻到永
名肴賞析　西壩豆腐，
江草堂鄉鰱魚　軟燒仔

神韻妙味話魚香

魚香風味探秘

在世界烹飪中，中國菜之味所含的豐富味覺元素當為世界之最。而川菜則是集中華烹調味覺藝術之大成者。這就是「吃在中國，味在四川」之公理。自清末近代川菜菜系及風味特色的形成，到抗日戰爭時期的海納百川與成熟，再至一九八〇年代後川菜新的多元化發展，川菜莫不是「以味見長」，並以「百菜百味」征服了世界之胃。而其中尤以魚香風味最令中外食家大感奇妙神秘，卻又困惑不解。君不見，葷也魚、素也魚、熱也魚是冷也魚，就是吃魚不見魚，人人呼稀奇。更有美食大家感歎：此味只應天上有，何時下凡到四川。是的，魚香味就猶如山窪盆地中飛出的五彩鳳凰，讓食者歡娛、烹者好奇。不少人還翻經查典、尋古訪今，意欲探出箇中奧妙。

話說中國古代聖人、哲人尤善用數字來歸納概括天文地理，人間萬像。單說數中一個「五」字，便是高深莫測，暗藏玄妙。不信且看，說天，有五象；談地，則五行；論世，為五大；言人，重五德；觀戲，賞五角；聽樂，辨五音。而說到飲食，則恐怕是民以食為天之故，黃帝這個祖先就闡述得更為透徹。他說：飲食五味，補精益氣；人體精血，生於五味；五味入胃，五臟和諧。各位，你看這「五」是了得還是不了得。莫嫌此番閒話多餘，讀者有心，當該悟出這番「五」之話語中已是顯露出魚香風味奧妙之端倪。所謂「五味」，便是「鹹、酸、甘、辛、苦」，為華夏菜系所通用。然而，至清末以後，巴蜀之地則又自立門戶，獨創了另一個「五味」：「辣、麻、鹹、甜、酸」，從而形成川菜獨特的風味特色。有了這五味，川人是大展神功，五味調合，百味橫生，弄出一道道令世人眼花繚亂，品享不盡的風味佳肴來，魚香風味便是其中最為精彩者。

魚香風味辨蹤

魚香味生於巴蜀，出於天府，這已無須考證。至於究竟誕於何時何地，江津也好、自貢也罷，川西也好、川東也罷都無關要緊。只是魚香味既非出於宮廷官府，也非始於堂館名廚，而是源於鄉野市井，百姓人家。乃是「尚滋味，好辛香」，好吃、好玩味的川民百姓玩出來的。談歷史，魚香味遠沒回鍋肉流長；論年歲，也比陳麻婆要小；說資歷更比丁宮保淺，但卻以其獨特的妙味神韻成為絕代佳味。確切而言，魚香味是川人沿習民間烹魚之法，而創作之味覺藝術的經典傑作。

四川，江河縱橫、堰塘棋布、水草肥美、河鮮豐盛。川人善烹河鮮已有數千年之歷史。唐宋時代就已為杜甫、李白、蘇東坡、陸游等所盛讚。清初辣椒入川，落地生根開花結實，川人便一嘗鍾情。此後，辣椒便與川人結下不解之緣，成為居家過日子的必備食料，還和花椒、薑、蔥、蒜一道成為川菜風味特色及烹飪調味之「五味上將」。打這以後，川人就好用泡紅辣椒、泡薑、蔥蒜來烹製河鮮。尤其是擇水而居的打漁人家更多以此習俗燒魚，有的還喜歡加些泡酸菜增加其滋味。此種烹魚之法一直沿用至今。在現今宜賓、樂山、自貢、內江、雅安、瀘州等江邊城市，江岸邊一字排開的水上船餐廳之河鮮魚火鍋，仍是此種烹法和風味。如此烹出的河鮮，無泥腥水銹之味，肉質細嫩鮮美，滋味豐厚濃醇，口感很是舒爽。吃了魚肉再用所餘湯汁燒豆腐、血旺、魔芋、米涼粉、粉絲、粉皮及各種時蔬，依然魚香濃郁，味美可口。鑒於此，民間便借這烹魚之術來炒燒素菜，使其吃來多滋多味更能助餐。這樣，在百姓人家的餐桌上逐漸就有了魚香茄子、魚香油菜苔、魚香厚皮菜、魚香青豆、魚香豆腐、魚香血旺等魚香風味家常菜。其後，飯館飯鋪也採用此一做法，便就有了魚香肉絲、魚香碎滑肉、魚香肝片、魚香腰花等魚香風味葷菜。但其後的魚香風味涼拌菜倒是與魚香熱菜大相徑庭，那又是源於城鄉生活中的另一食俗。

過去，大抵是三十年前，在鄉間和城鎮，每到夏日暑熱難當，老老少少大都心煩口燥，食欲不振、吃情低迷。百姓家總要熬一大鍋綠豆稀飯、荷葉稀飯、冬寒菜、漏蘆花（又名菜芙蓉，是野菜也是草藥）或漏蘆根稀飯等。然後把家裡存放的乾胡豆或乾豌豆用熱水發脹後炒熟炒香，趁熱倒進用涼開水加鹽、醬油、醋、糖、薑米、蒜米、蔥花及泡紅辣椒茸、生菜油兌成的滋汁缸缽中，蓋上蓋，有時為不跑氣，還要用一濕帕子捂起來。這樣把胡豆或豌豆燜軟入味。吃時揭開蓋，一股鹹辣酸甜帶有魚香的氣味滿屋亂竄，讓人精神頓爽、食欲蠕動。端起一大碗碧波蕩漾、清香溫涼的稀飯喝上一大口，再揀幾顆胡豆慢嚼細咽，真是七滋八味、吃情盎然。若再來點小酒，那愜意絕不亞於吃滷豬耳、牛肉乾或紅油兔丁。這小家子日子的情趣如今想來都還讓人感懷。百姓家把這叫做「激胡豆」、「激豌豆」。有的喜歡加些藿香碎葉，又叫做「藿香激胡豆」。

知名烹飪專家胡廉泉老師說，用於涼拌菜的魚香風味是從「碗裡激出來的」，此論斷十分

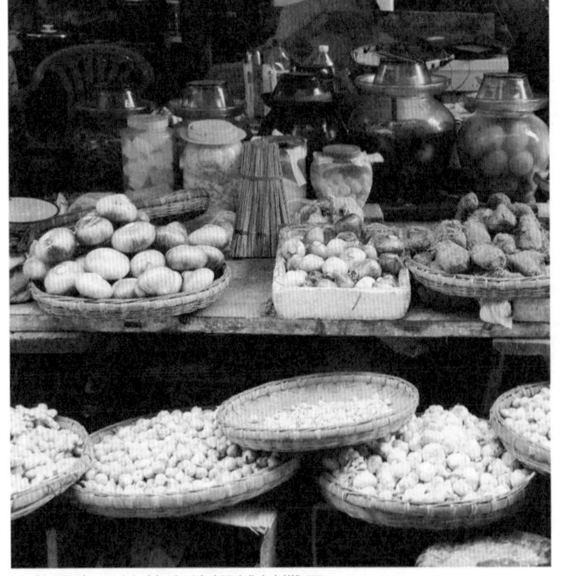
●市場中碼放整齊的調輔料攤子。

精闢。別看民間百姓，雖沒多少文化，但一個「激」字倒是用得如此之妙。它不僅鮮活生動，更富有生活情趣與幽默。「激」之含義，乃是把滾燙的胡豆倒入冷涼的味汁中，冷熱相撞熱氣沖騰，滋滋聲響四起，迅即蓋上蓋讓其冷熱交融，便激發出了魚香之味。由此想來，這「激」出來的倒還不單是魚香味之芳香，還有蜀地民眾聰慧儉樸，好吃好玩味的民風食俗，這也正是魚香味的風味魅力所在。

魚香味作為一個獨立的風味味型，其時並不見長。清末宣統元年，傅崇矩《成都通覽》所羅列之成都市井及飯館一三八二款各式菜品中均無魚香味肴饌。掐指一算魚香味見諸於世大概也就幾十年光景。當然之前它也存在，只不過是流傳於家戶人家，尚未成為一個獨立風味而招搖過市。如今，魚香味已成川菜複合味型中最具個性和風味色彩，也是受眾面最廣的一款經典味型。其所涉及之食材也幾乎是天上飛的、地下跑的、水裡遊的、土頭長的、海中生的無所不有，一概魚而香之。像魚香八塊雞、魚香鴨方、魚香江團、魚香鱔卷、魚香兔糕、魚香烘蛋、魚香蛋餃等，魚香菜品在川菜中早已逾百款。

魚香風味揭秘

魚香味鹹辣酸甜、辛香濃郁的風味口感，以及吃魚不見魚的妙味神韻讓天下食客為之折服。同時也在世間引發了魚香風味揭秘的研討與爭議。其間一些無稽之談則閒話少說。單就一核心議論：「泡魚辣椒是魚香味成因的關鍵」之說來辨析一二。

泡魚辣椒，在四川泡菜中確為一大奇事。但此法實難見諸於民間。泡菜是川人尚生活，好勤儉的一大傑作。但從古至今，鄉野人家、城鎮居民少有人家，會在泡紅辣椒罈子裡放進幾尾鮮活鯽魚。泡魚辣子出於過去的泡菜作坊。其中之典故已無從考證，只始見於新繁泡菜名家「何泡菜」之手。其鮮活鯽魚從養、清魚腸到入泡椒罈不僅費日長，其工藝亦十分複雜講究，家戶人家是難以做到的。如此，民間沒有泡魚辣椒，這魚香之味又從何而來？再者，現今餐館酒樓從市場購回之批量泡紅椒那有魚香味？大多就是一般速成泡紅椒，這魚香味又是怎麼烹調出來的呢？如是，「泡魚辣椒是魚香味成因之關鍵」的說法，未免有點玄乎，拿成都話說來就是說得太糾起了。當然，用資格泡魚辣子烹調出的魚香味更醇濃這是可信的。

筆者曾與一位大廚做過幾次實驗，一是用資格泡魚辣椒，魚香味濃郁；二是用普通泡紅辣椒魚香味芬芳；三是不用泡紅辣子而用鮮辣豆瓣，魚香風味依然；四是去掉薑蔥蒜，其味不倫不類，近似荔枝；五是調味中不用醋，魚香難成。由此驗證，用泡魚辣子、泡紅辣椒、豆瓣均可烹調出濃郁的魚香味。同時還說明，魚香味是鹹辣酸甜加薑蔥蒜之辛香，諸味相互滲透融和而生成的。諸味各料缺一不可，且無主輔之分。眾料齊發、各溢其味、和諧融匯，方能生發魚香。

要烹出道地正宗的魚香味，除調味各料質優味正外，無論熱魚香還是涼魚香，都還需講個烹道。行業中常有老師傅講，味道在於烹道，烹道則在心道，心到則手神，手神則味妙。不少老師傅年少事廚就學炒魚香肉絲，而今年逾花甲已為「大爺」，要他炒魚香肉絲也不敢拍心口擔保就十拿九穩。這也是為什麼自餐飲行業實施廚師定級考評以來，魚香肉絲就是技術考核之必考課目的原由。魚香肉絲是急火短炒、臨時兌汁、不過油、不換鍋、一鍋成菜，從生料下鍋到成菜裝盤不足分鐘。魚香肝片、魚香腰花更是以秒計，沒有鍋灶上嫻熟的基本功、精堪的廚藝、豐富的經驗，尤其是對火侯把握，則很難達到成菜的風味特色標準。這就是「烹道」和「心道」。

現在市面上很多餐館酒樓的魚香菜肴不是偏酸就是偏甜，要不就是芡汁糊成一團。烹製魚香味，比如魚香肉絲，有幾個要領須切實把握好。一是泡紅辣椒應選用鮮嫩如初、質地脆健者，去籽剁茸；若用豆瓣更要宰細剁茸，薑、蒜剁為細米、蔥為小花，薑蔥蒜的芳香才易充分揮發溢出。二是兌汁調味，鹽、糖、醋、醬油的用量比例很重要，鹽作底味既要給夠，又需考慮到泡椒或豆瓣所含的鹽分。三是烹炒時用油適量，要能收汁亮油，又使成菜裝盤後無過多明油溢出，只能是油亮一線。這樣不僅味汁，且薑、蒜米、辣椒茸、蔥花都能粘附在主料上，吃來才有辛香濃郁的口感。四是用火不宜太猛，油燒熱，把碼芡製味的肉絲下鍋快速炒散籽，即下薑蒜米蔥花、椒茸熵香出味，下滋汁炒合，收汁亮油立馬起鍋裝盤。

通常以成都為代表的川西流派，炒魚香肉絲要輔以青筍絲、木耳絲以增加菜肴的風味與口感。而以重慶為代表的川東流派，則重用泡椒和薑蔥蒜，使成菜魚香風味濃厚。但現今有些餐館廚師不講規矩，想當然亂加配料，青辣椒絲、竹筍絲、土豆絲、粉條節子等。而燒菜類魚香味菜式，薑蒜米及蔥花最好分兩次投入，熵炒時下三分之一，燒的中途再下剩餘的部份。這樣成菜魚香風味較濃郁，達到鹹甜酸辣四味齊揚，薑蔥蒜辛香醇濃的口感效果。

涼菜魚香味與熱菜不同，涼菜魚香調料不下鍋、不用芡，直接勾兑調和，更具原汁原味的效果，使涼菜魚香味尤顯清醇鮮香。但仍需把泡紅辣椒剁細剁茸，薑米製成細末、蒜剁成泥、蔥亦小花。兑味汁要先放鹽、糖，再放醋、醬油使其溶解後下泡椒茸、薑米、蒜泥、蔥花調和均勻。涼菜要現吃現拌，最後淋點香油。若拌放時間長了則清鮮味淡化、芳香揮發、菜的質感也不好，讓食者的感官和口感留下失望之遺撼。如今，魚香味已廣泛用於涼菜、炒菜、滑溜菜、炸菜、旱蒸、乾燒、燜燴以及作味碟和麵點小吃，成為川菜複合味中應用最為廣泛的一款風味味型。

魚香魅力掠影

一九八〇年代後，川菜迎來了歷史上全新的發展機遇。魚香味更是天高任鳥飛，海闊由魚躍，以它獨特的風味魅力及包容性、適應性使其風味所及，不僅包含鮮蔬瓜果、禽畜山珍，還廣攬水產、海鮮。在川廚的精烹妙調中，一款款風味獨道、口感美妙的魚香風味佳肴，像海鮮類的魚香大蝦、魚香鮮貝、魚香海螺、魚香魷魚、魚香海帶、魚香三文魚、魚香生蠔等爭香鬥味、秀奇競豔，香四海、飄五州，盡顯美味風流。魚香味辛香宜口、風味可人，味味齊溢且互不壓抑，使其味中有味、味味悠長。正是以這般魚香風韻魅力，方使魚香之味得以「鯉魚躍龍門」飄洋出海，成為備受世人喜愛的一款世界名肴。

一九八〇年，川菜名師曾國華、劉建成率十名高廚遠赴美國紐約「榮樂園」川菜館主持開業慶典盛宴。精心推出魚香八塊雞、魚香茄條等川菜傳統經典菜品而一炮走紅，轟動紐約。魚香八塊雞和魚香茄條被《紐約時報》評論為：「不可思議、無可比擬的神奇美味」。其後，美國一家社團機構專門組織了一場由法國菜、德國菜、俄國菜、印度菜、日本菜及中國菜的名廚同堂竟技羊肉烹飪的表演。曾國華大師的一款魚香羊肉絲技驚群英，香醉滿堂，獲得高度讚賞。媒體盛讚：「川味正宗，名不虛傳」。曾老師不僅獲獎金一萬美元，組織方還特邀其在五星紅旗下合影留念。

一九八三年，川菜名店竟成園在美國新澤西州開業，名廚陳廷新攜十名大廚主政，再次推出魚香八塊雞和魚香茄子，被美國食界和傳媒讚譽為：「色澤光亮，香味四溢，味道雋永，讓你味蕾留香三日不絕」。

以鯉魚躍龍門之姿揚名的「魚香肉絲」。

二〇〇四年十一月，川菜名師肖見明、喻波、蘭桂均受邀參加美國「世界之味美食節」並作傳統川菜烹技表演。肖見明的一款魚香排骨，一次用料三十公斤，成菜後分裝於六個比一壯漢腰圍還大的圓盤中。魚香排骨的色香味形讓全場相品嘗。其濃郁的芳香、豐富的滋味、吃魚不見六〇〇餘位世界烹壇高手驚訝不已，排成長龍爭魚的奇妙口感及風味，使這些世界頂級大廚們口服心服、感歎不已。

即使在當今人們崇尚輕油少鹽，喜好清鮮本味的飲食風尚中，魚香味依然令天下食眾鍾情。向來被視為是酒之伴侶、飯之佳偶。佐酒，其味濃而不烈、七滋八味，品來是肴香味豐、酒醇興濃。尤為是魚香涼菜，慢嘗細品，真就是酒不醉人人自醉。下飯，此菜是葷素兼備、鹹辣酸甜、齒舌生香、和腸娛胃，老少皆喜。

魚香味，亦也似五聲之樂，抑揚婉轉、餘音裊裊、不絕如縷。又更是五味調和，妙味神韻、口舌留香、三日不絕。這款蘊含著巴山蜀水民俗風情的人間美味，無疑將永世飄香。

好味民間，好菜家常；
民風家味，千年流芳。

麻你沒商量、香麻到永遠

花椒與椒麻風味

在川菜傳統的二十四個複合味中，「麻辣」最為個性張揚。而這「麻」則更是特色鮮明、風味特異。其中之「椒麻」以麻香鹹鮮、醇濃味長、味感獨特、口感奇妙而成為川菜獨有的一種特色味型。這一風味的始作俑者便是四川花椒。

英國時尚雜誌主編費麥斯勒二〇〇七年曾在英國《倫敦時光》撰文評論川菜風味，他說：「四川出產的花椒有一種獨特且令人上癮的迷人效果。」「它帶有一種樹木的芳香和使人唇舌麻木的神奇功效。」二〇〇五年，美國紐約《亞洲華爾街日報》主編之一的約翰．克里奇在成都品吃了麻辣風味的川菜，他在其後的報導文章中寫到：「川菜令人嘴唇發麻地證明著——四川，不愧是千味之鄉。」然而，這位美國食家理應知道，美國政府自一九六八年就立法禁止四川花椒在美國銷售，懷疑這一特殊的植物，即花椒樹，可能患有某種疾病，並對其他植物有傳染性。直到二〇〇〇年平反後方才解除對四川花椒的禁令。

這數十年間，特別是近十餘年，地球村各地的飲食男女蜂擁成都，一看熊貓，二嘗川菜。不少食客尤其是女士，吃到辣尚還可忍受，可一旦吃了麻，那唇舌瞬間便失去知覺的感受卻讓她們驚慌害怕，甚而驚呼：「我的嘴和舌頭怎麼啦？」「我中毒了嗎？」有的甚至吵著要去看醫生。然而有趣的是，第二次不害怕了，第三次品嘗後便上了癮。臨別成都除了大包小袋的狂買

「二金條」辣椒、辣椒粉和郫縣豆瓣，竟然還忘不了採購花椒，且懂得要正宗漢源大紅袍花椒，其挑選和砍價的認真勁兒十分雷人。

至於咱中華各地的食客，雖說從地域風味習慣上大體是南甜北鹹、西辣東酸，但眾多食者，特別是姑娘女士，一說起川菜、火鍋便是畏辣懼麻。然而一經品吃，幾乎沒有不上癮的。家鄉之菜已覺無味，吃起麻辣來甚至比川妹子還兇險，變成了十足的「辣姐麻妹」，全因川菜中「麻」的奇妙魔力。

花椒乃奇果，此物最多情

花椒之麻，不僅麻遍巴山蜀水，且巴蜀子民已被麻了兩千多年。麻到了生活的方方面面。即便是在人們的日常交往中，「麻」也成了川人常掛在嘴邊的口頭語。如「麻你（我）」為哄騙、朦人之意；「麻廣廣」，則是說欺人不懂；「喝麻了」，指酒喝得不省人事；「二麻二麻」，便是喝得似醉非醉；「麻麻雜雜」即是稀裡糊塗，尤指男女間關係曖昧；「麻起膽子」，意為勉強或故作膽大；「麻打果子」，即指意圖蒙混、順手牽羊；成都人還把夜幕初降稱為「麻麻黑」，把臉上有雀斑或黑痣的人叫為「麻子」，川中名菜「麻婆豆腐」就是這樣叫起的。還有些歇後語，像「漢源花椒作陪葬——麻死人」，「人堆堆頭撒花椒——麻倒一大片」，「麻子打呵欠——全體總動員」等。這類川味方言十分生動形象、幽默有趣，而且還自我調侃，把且川人說的普通話稱為「椒鹽普通話」，意為似普非普之川普。而這所有之「麻」，皆源自於花椒、出自於花椒。

花椒始見於《詩經》，談到花椒的詩主要有兩首。一首為《唐風．椒聊》，詩說：「椒聊之實，蕃衍盈升。彼其之子，碩大無朋。」詩中所言「椒聊」即花椒，並把花椒繁茂眾多，結子盈升得用手來捧合，香氣襲人的情景描述得十分地生動。古人亦因花椒多子，而常用以比喻女人。花椒中有可結子成房的，一房花椒亦稱

「椒房」。故而在漢代，便將皇后妃子的寢室稱為「椒房」，意為如花椒般為皇帝多生多育、多子多福。其後，還用花椒和泥土塗抹房室，取其溫和芳香、除惡氣異味。到晉代，達官顯貴更是用「塗屋以椒」來炫耀其富有。

《詩經》中另一首《陳風．東門之枌》中的「視爾如荍，貽我握椒」，則是一首以花椒為信物的情詩。以贈花椒來表述愛慕之情衷。古代女子多取自然芳香之花果草木來浸洗或佩帶於身。

●位於四川眉山市洪雅的中國藤椒文化博物館展示各種花椒的相關歷史文化。

花椒芬芳獨特、幽香宜人、除異味、驅蟲蚊，故而婦女大都隨身佩帶一小荷包花椒，或置於床枕。《史記．禮書》說：「椒蘭芬茝，所以養鼻也」，《淮南子》則道：「申椒杜茝，美人之所懷服也。」可見在古代花椒實為一種名貴香料，只是到漢唐時期，因為有了其他外來香料，花椒便在粉黛中逐漸消散，最終是遠了嬪妃，卻近了庖廚。

古人還取花椒之妙味異香用以煎茶、泡酒祭祀神祖。東漢時期，人們便承襲先秦以椒酒祭神祭祖之風俗，演進為「正月之旦，進酒降神畢，全家無大小，次坐先祖之前，子孫各上椒酒於家長。」古人視椒茶、椒酒為可使人身輕耐衰，延年益壽之佳飲。

花椒還具有特殊的藥用功效。李時珍明確指出：「其味辛而麻」，其記載入藥的有蜀椒、秦椒、曼椒、地椒等，而以蜀椒藥性最佳。近代中醫學研究也證實，花椒除異味、惡腥，解毒驅蟲、止痛癢、消食健胃、散寒除濕等功效外，還能增強免疫力、促使血管擴張、起到降血壓、解血脂、抑製冠心病、腦血栓的作用。

花椒於飲食更是十分廣泛和普遍，除「椒茶」、「椒酒」，早在東漢人們便用花椒炙肉去腥防腐。北魏《齊民要術》中有用花椒來烤鴨、燒魚、烤肉的記載。唐代，中國南北烹飪已普遍使用花椒。此時的四川也出現了椒鹽味之燒烤。到宋代及以後，華夏各地更時興選用四川花椒作為調味料。

蜀椒濃無敵，香麻美可求

花椒主產於四川、陝西、山西、河南、河北、雲南、貴州等地。以四川花椒和陝西花椒最為有名。自古，前者稱為蜀椒，後者為秦椒，尤以蜀椒為上上品。歐美學者大都稱花椒為川椒，花椒之英文名即是「Sichuan Pepper」。我國歷代的醫食、特產等文獻都以蜀椒、巴椒、川椒作主要記述。李善注《文選‧左思：蜀都賦》即稱：「岷山特多藥草，其椒尤好，異於天下。」杜甫從成都至夔州，隨處都有歌詠花椒的詩句，象「竹皮寒舊以，椒實雨新紅。」則言成都產之花椒。「桃蹊李徑年雖古，梔子紅椒豔複殊。」說的又是奉節花椒。蘇東坡從陽平到斜谷去要，一路上見到不少販運花椒和茶葉的商賈，於是寫下：「門前商賈貢椒舛，山后咫尺連巴蜀。」唐代孫思邈在《千金食治》中也對蜀椒作了記述。李時珍更對川椒作了詳實的描寫：「蜀椒肉厚皮皺、其子光黑、如人之瞳人，故謂之椒目。他椒子雖光黑，亦不似之。」

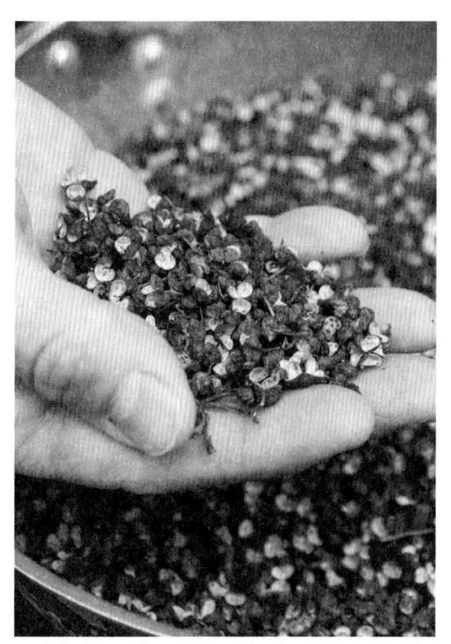

● 成都市五塊石海椒市場裡質量俱佳的大紅袍花椒。

四川之花椒，以漢源和茂汶出產為最佳，其色香味形獨具一格。《廣群芳譜》引《四川志》：「各州縣俱出花椒，惟茂州出者最佳，其殼一開一合者最妙。」而鮮為人知，產於西藏東部的藏椒，以及四川甘孜、阿壩、九寨、黃龍的花椒，其品質完全不次於漢源花椒。

位於雅安境內的漢源，古稱黎州，故其花椒亦稱為「黎椒」。雅安地區是典型的丘陵地帶，氣候炎熱、多雨而潮濕，很適宜花椒樹生長。花椒成長快、結果豐、栽培管理也較簡便，一顆花椒樹的壽命約二十～三十年。每年七～十月是花椒成熟採摘的時節。像漢源大紅袍椒，三伏天至立秋前後全部變紅，果皮上的油囊凸起發亮，籽變油黑即可採收。若花椒收得過早，色澤淡、香氣弱、椒味也差；採收過遲椒果則開裂而容易落椒，影響品質。採摘花椒還需在晴天早上待露水乾了後採摘。這樣的花椒乾製後色澤豔、香氣濃、麻味足，最為香醇。

到夏天，在花椒產地，滿山遍野一片蔥綠，成片成林的花椒樹上開滿黃燦燦的小花，十里香風沁人心扉；那滿坡遍溝蔥籠的椒樹上一串串、一簇簇鮮紅豔麗的花椒果，盡情地吐露出令人暈醉的幽香。夏天的花椒葉綠、花黃、皮紅、膜白、子黑，綠黃紅白黑五色相映，那姿色是格外動人。

漢源花椒中尤以清溪「子母」紅袍椒為貴。自唐代元和年間就被列為皇家貢品沿襲其後歷代歷朝。「子母椒」當地百姓俗稱「娃娃椒」。因其椒每一大子都帶有小子故有其稱。子母椒的果實油重粒大、色澤紅潤、芳香濃醇、舒麻繞口，隨便抓幾顆清溪娃娃椒放在手心搓揉幾下，過一會，聞手背滿是香氣，當地人又叫為「隔手香」。除清溪「子母椒」外，大多進入市場的都是品質較好的「正路椒」，成都人稱為「南路椒」、「紅袍椒」。

過去，成都街上還常見漢源花椒用絲線穿成串叫賣。清代《成都竹枝詞》有詩言：「黎風雅雨好花椒，到得成都製作高。穿插成珠香串串，平安如意費心勞。」而另一詩集《南廣雜詠》則把盛產時的叫賣風情描繪得相當生動，其詩曰：「紫茄白菜碧瓜條，一把連都入市挑。瞥見珊瑚紅一掛，擔頭新帶辣花椒。」讓人有如置身新紅花椒紮成一把把掛在菜擔子上沿著市街叫賣的情景中。

兩千多年來，在四川人的居家生活中，花椒是必不可少的。人們習慣在家中掛一竹簍花椒除惡氣異味；用花椒籽入藥來驅解寒濕；口含一粒花椒可止牙痛除口臭；米罈米缸、衣櫃箱包，甚而家中書畫藏品等都要撒幾粒花椒以防腐防蟲蛀。過去夏秋之夜還燃起椒葉驅趕蚊蠅。然而，川人對花椒的鍾愛更多的是在一日三餐中。

據史料記載，先秦時期四川人就善用喜食花椒，成為川食烹調的主要調味料之一。西漢楊雄《蜀都賦》已提到椒籬、薑梔、臣蒜等調料。其後東晉人常璩在《華陽國志》中把川人的食性概括為：「尚滋味、好辛香」，其辛香所指便主要是川食中的薑、蔥、蒜、花椒以及帶辣味的蕹菜和食茱萸等芳香辛辣之物。至於辣椒則是千百年以後的事了。

花椒作為烹製川菜的主要調味料之一，無論蒸、燒、燉、拌、煎、炸、炒、溜及醃滷、燒烤等均離之不得。它不僅用來減除一應禽畜水產的膻腥味，更廣泛地深入到各種川食之中。涼拌菜，撒點花椒粉；吃麵條，放點花椒油；用椒鹽製作鍋魁、花卷、燒餅別是一番風味口感；川菜名菜像麻婆豆腐、夫妻肺片、水煮牛肉、紅油兔丁、小籠蒸牛肉、毛血旺及眾多的江湖菜式會把你麻得神魂顛倒；火鍋、麻辣燙、串串香更是誰吃誰上癮。川人喜麻好辣還有養生方面的因素，一來四川盆地悶熱潮濕，麻辣之芳香不僅可調味，還能使汗腺暢通、散寒除濕、開胃健脾；四川姑娘女士則因好辛香、嗜麻辣而保持體態婀娜、小巧玲瓏，以至時而耍起脾氣來，都也是麻麻辣辣的咯。

花椒之麻於川人是一種神韻，一種很是舒服的享受。四川人家除了常備乾花椒還愛把花椒炕乾，放在石碓窩中舂成細粉，即花椒粉，撒在製好的菜上，或用作調料蘸水。別小看這麻辣蘸水，它非但是十分地講究，更是川人吃煮的、燉的，像豆花、連鍋湯、燉蹄膀甚至白水菜，千萬少不得的蘸水調料。通常是用溫江醬油加剁細的油酥郫縣豆瓣、紅油辣子、花椒粉、香油等調合，又稠又粘、又濃又香，光是看到或聞到這調料，那口水稍不留神就滴到心口上，肚子也咕嚕咕嚕直叫，那還有啥子斯文可言矣。

辣為川菜魂，麻乃川味靈

自來，普天下皆以「麻辣」作為川菜之特色。然而食話實說，「辣」不該當是川菜之「特」，應只為川菜之「色」。首先，辣椒是舶來之物，故川人稱其為海椒。辣椒普遍成為川人飲食生活之一部分，最多也不過三百年。再說地球上喜辣嗜辣者甚多，有的更比川人好辣。像辣椒原產地的南美諸國，還有歐洲、非洲不少國家，以及印度、東南亞大多國家也都食辣好辣。又如內地的湘贛鄂黔滇等都是嗜辣一族。但要把辣椒玩得五彩繽紛，把辣味吃得花樣百出，讓辣椒辣得香、辣得酥、辣得爽、辣得鮮、辣得韻味深長，辣出各式不同的風味，吃出許多名堂來，這種食性與本事確非川人莫屬。且沒有辣椒也就沒有近代川菜風味特色的形成。故而應該說，辣為川菜魂，麻乃川味靈。

因此，道地川菜真正的特色應當是「麻」。花椒乃本地特產，源遠流長。雖不為四川獨有，但嗜好花椒巴蜀卻是唯一。川人玩「麻」亦如玩辣一般，把花椒之「麻」與「香」玩得出神入化，足以讓食者一經品食，便會舒適纏綿、神情悠然，有如吸毒上癮，難以抵禦。在專業廚師和城鄉家庭中，川人玩味花椒的心得與水準，真可說達到了至臻完美的境地。僅在川菜二十四個傳統複合味中，至少有三分之一可見花椒的芳影。家常味、麻辣味、怪味、煳辣味、煙香味、五香味、陳皮味，甚而鹹鮮味，以及醃滷風味都少不了花椒，更不用說顯而易見的椒鹽味和椒麻味。

川人把花椒入肴分為：香麻、椒麻、椒鹽、麻辣、熗麻及鮮麻等風味。

花椒在家常味中應用較廣，燒炒拌蒸的菜肴或多或少都需放入乾花椒、花椒粉或花椒油、花椒水，如粉蒸肉、乾煸鱔絲。

麻辣味中，川人把花椒與辣椒巧烹妙調，將其麻香與辣香演繹得淋漓盡致，像麻婆豆腐、夫妻肺片。

怪味，因多用於涼拌菜，故常以花椒粉、花椒油起到添味增香的作用，如怪味兔丁，怪味花生等。

辣味，則用乾花椒粒與乾辣椒節子配伍，經下鍋熗炒而產生奇妙的熗辣、熗麻之香味，如煳辣雞丁、宮保雞丁等。

煙香味，花椒主要用於煙薰食品先期的碼味、醃漬，與薑、蔥、川鹽、料酒一道起去腥膻、除異味的作用，像樟茶鴨子、煙薰排骨。

五香味，花椒一是除腥增香，一是調味，尤其是製滷水，花椒便為主要調味料。

陳皮味，花椒作用於定麻增香，多用於冷菜炸收菜肴，如陳皮牛肉，陳皮兔丁。

鹹鮮味也用花椒，一是碼味，醃製用，如鹽水鴨子、鹽水雞；二是需要焯、汆、燉、煮、蒸的也要下花椒，與薑、蔥、料酒共用。

至於椒鹽味，恐當是花椒風味的祖宗，已現世一千多年。椒鹽，顧名思義則是花椒粉與細鹽炒製，多用於煎炸乾收、燒烤等菜式，亦以味碟

成菜清新淡雅的椒麻風味菜品。

形式蘸食，像椒鹽八寶雞、椒鹽蹄膀、椒鹽肉糕、椒鹽里脊、椒鹽魚卷、椒鹽酥蝦、椒鹽鵝腸，椒鹽茄餅、藕餅等。椒鹽味也普遍用於各式小吃，像椒鹽鍋魁、椒鹽花卷、椒鹽鍋巴等。

此外，花椒還是四川泡菜、火鍋必不可少的主要調味料。自一九九〇年代末，成都巴國布衣旗下之川江號子火鍋首推「絕代雙椒」風味火鍋而風行天下後，花椒，特別是青花椒的運用可說是登峰造極。常令食者望而生畏不麻而慄。

椒麻風韻濃，堪為神來味

椒麻味，風韻年華一兩百年，可堪稱神來之味。當初，也不知是哪位老爺子、老媽子腦殼那麼「爛」，居然想得出用蔥葉子和生花椒鍘細剁茸來調味。如此奇思妙想竟也成就了其在中華烹飪和飲食中之獨一無二的風味味型。椒麻味在川菜中，從家常小菜到筵宴大菜都無所不有，像椒麻海參、椒麻鮑魚、椒麻北極貝、椒麻魚肚、椒麻雞片、椒麻腰片、椒麻兔花、椒麻肚子、椒麻鴨掌、椒麻鴨片、椒麻鳳爪、椒麻耳絲、椒麻桃仁等，說乾口水了都還不勝枚舉。

椒麻風味以麻、香、鹹、鮮風味醇濃、韻味悠長為特色。其麻香亦與其他花椒菜式不同，因採用生花椒而獨樹一格。椒麻之麻，麻得纏綿委婉、舌尖微顫；椒麻之香，香得似暈非醉、周身舒坦。像其代表菜「椒麻雞片」，選用白皮仔公雞，入湯鍋加薑、蔥、料酒煮熟撈起，放入涼開水中漂涼，取出後搌開水分，取雞脯和雞腿肉切片裝擺入盤；生花椒（鮮花椒）去籽、鮮蔥葉、川鹽混合鍘細剁茸盛入碗內，加醬油、冷雞湯、芝麻油、調成椒麻汁淋在雞片上吃時拌和。此菜雞肉鮮嫩化渣、麻香濃郁、鹹鮮醇厚，入口細嚼，唇舌酥麻滿口幽香，實為佐酒助餐之絕品。尤其是酒足飯飽後，倘倒吸一口冷風，那酥麻幽涼之氣直沁肺腑，盪氣迴腸；更有甚者來個飽嗝，那回流之麻香恐怕會繞口三日不絕。

以此法還可製作鴨掌、鴨腸、鳳爪、毛肚等。像鴨掌、雞腳需先醃漬去腥、煮熟、去掉筋骨，再放入碗中加薑、蔥、料酒、鮮湯入籠蒸約三十分鐘，取出涼冷即可拌製。有的喜歡在椒麻味中添加紅油，這一吃法行業內叫為「椒麻搭紅」。但如此椒麻味之特有味感就產生了變化，有些帶麻辣味了。

椒麻味多用於涼菜，熱菜過去所見不多。一九九〇年代末，成都飄香酒樓總廚，川菜大師肖見明創製了一款「碧綠椒麻桂魚」曾風靡食界，成為川菜名菜。其後餐飲酒樓亦爭相效法，相繼出現了椒麻鯽魚、椒麻魚頭、椒麻魚片、椒麻腰片等熱菜。除了椒麻、椒鹽這樣以花椒為主要調味料，以香麻為特色的味型菜式，還有單獨的花椒菜式，如：花椒雞丁、花椒帶魚、花椒鱔段、椒香魚排、椒香美蛙等。史正良大師的一款「椒香蚌仔」，形色素雅、美觀大氣，看似鹹鮮清淡，實則幽香暗浮、麻味其間。

採用刀口乾花椒調製而成的椒麻味，一般來說麻味都十分濃烈，因此烹調中亦可改用鮮花椒，不僅麻味變得溫柔還帶有舒麻的幽香。若是用鮮花椒茸與鮮青辣椒細末調和，加入適量川鹽、海鮮醬、美極鮮、白糖等調製，則成海鮮椒麻味汁，可用來烹調海鮮類涼菜和熱菜。花椒中還派生出一種新菜肴：花椒葉、花椒芽。葉即嫩葉、芽為新芽，青鮮爽口、麻香幽幽、是一種很受市場青睞的綠色新蔬。像花椒芽炒牛肉、花椒芽雞絲卷、軟炸花椒葉等。

花椒肴饌，主要應突出其「酥麻幽香」、麻而不烈、香而不澀的滋味，這就需要把握不同花椒及成品的性味特質。像色澤黑紅油潤的花椒，麻味濃烈悠長；顏色青紅的花椒，香麻但略帶苦味；色澤紫紅，粒大肉厚的大紅袍，則麻香濃醇、麻味纏綿；至於青花椒、藤椒，則麻勁柔和清香。因此，在使用上其特性不同，風味效果就有較大差異。像火鍋、麻辣燙、水煮系列、江湖菜等就多用花椒粒，既要突出麻香味又要突出麻辣味，故其用量較大。刀口花椒則因其麻味濃厚，因此多用在需突出麻香味或麻辣味的菜。花椒粉因成細末，麻香易於揮發，當應菜肴與食客的口味需求靈活把握用量。花椒油的麻香較適中或偏弱，易為南北食客所接受。花椒水直接用於烹調的較少，多用來調製餡料和碼味。

值得一提的是，近些年間青花椒、藤椒被廣泛應用到川菜烹調中，成為新的花椒菜式。青花椒過去較少用，與紅花椒相比，青花椒呈黃綠或草綠色，以麻香為主、麻味為輔、清香濃醇；紅花椒則鮮紅光豔，麻味先入、麻香其後、香麻滋潤。藤椒黯綠、芳香而麻味稍淡，果油較多。青花椒和藤椒之運用是可取的，但要用得講究、用得巧妙、恰到好處。現今市場上的流行菜式對青花椒、小米椒、野山椒、海南黃椒、杭椒等的使用可說是用得稀爛誤入歧途。管它什麼菜、任它啥風味都是一爪爪、一串串青花椒在菜中、汁水裡，甚而一桌有一大半菜都放有青花椒、藤椒、小米辣、野山椒，既損菜式美觀又讓食客難已下手。川人雖嗜辣好麻，但也沒見有人把花椒當花生嚼。少量用作點綴是可以的，但不能主次不分喧賓奪主。做人講品質，做菜講規範，當打渣則打，該去籽則去。一應調料皆是取其味、攝其香，尤其是花椒。烹飪中使用花椒的目的，並不僅是一種風味，而是要以這一風味使食客的味蕾產生愉悅舒適的「麻」之快感，「香」之食趣。花椒菜式是川菜獨具地方風味特色的菜式，切莫在「新概念」的招牌下，把這一具有兩千多年的傳統風味做爛了。

味為川菜魂，麻乃川味靈；
麻你沒商量，香美最多情。

窈窕竹蓀，君子好逑

竹蓀及名肴賞析

《詩經》中有一首世人皆知的情謠，起始一句：「關關雎鳩，在河之洲；窈窕淑女，君子好逑。」窈窕，形容女子美麗曼妙的身姿；淑女，則指溫文嫻淑之品性。將這句膾炙人口的詩詞歌句用來形容竹蓀，該是再恰當不過的了。

竹蓀被寓為「雪裙仙子」、「山珍之花」、「竹菌姑娘」；竹蓀有長裙竹蓀、短裙竹蓀及紅托竹蓀之分；長裙齊腳、短裙至腰，而又被譽為「長裙舞女」、「芭蕾女孩」。而紅托竹蓀因其具有毒性，而為毒蓀。

竹蓀形體優美、色澤高雅，其渾圓雪白的柱狀體幹，深褐或淺棕帶斑點的蓀帽，潔白或米色之網狀蓀裙十分耀人眼目。在略顯肉紅色的根部腳下，通常還有一球形物體，外有殼、殼內肉呈肉色，帶膠狀黏液，味道香甜鮮美，此為未曾成熟的竹蓀菌包，俗稱「竹蓀蛋」，亦被視為山珍之寶。竹蓀無論從什麼角度看去，都似婀娜多姿、秀美清麗的少女，尤為是舒展開蓀裙的竹蓀，非但風姿綽約且幽香暗浮，恰似大自然描繪出的一幅巧奪天工、鮮活生動地仕女圖。

窈窕竹蓀山珍皇

竹蓀主產於雲貴川三省，廣東、廣西、福建、江南及東北也有分佈。竹蓀雖姓「竹」，但卻不是竹氏家族之嫡親，是寄生於竹林世家的一種真菌。我們的祖先之所以給予它「竹」姓，要麼是取決於其生長環境，再或是因其依附竹子根部而生長，誤以為竹子所派生。但「蓀」這名兒卻取得十分的美妙，「蓀」在詩經中是指一種豔香襲人的香草。而即便是加工後的竹蓀乾品，亦也是暗香不絕。竹蓀還有不少的美名，竹松、竹參、竹笙、竹蕈、竹菌、竹蓴等。瑞典真菌學家把竹蓀讚美為「真菌之花」，巴西人則視竹蓀為神物，稱為高雅之「罩紗女人」。在我國貴州，習慣稱竹蓀為「竹菌花」，雲南民間又稱之為「竹姑娘」，烹飪界與學界更是把竹蓀視為山珍之王、菌中珍品，列入「草八珍」稱其為「真菌皇后」。

竹林是竹蓀繁殖生長的最為理想之天然生態環境。夏秋之季在海拔二〇〇～一五〇〇公尺潮濕、陰黴、疏鬆而富含腐殖質的竹林裡，都散生或群生著竹蓀。盤根錯節、糾纏不清的竹林地下根系，為竹蓀提供了豐富的營養，因此，大凡竹林便可生長竹蓀。然而竹林亦並非是竹蓀賴以生長的唯一選擇，在闊葉樹混交林、熱帶橡膠林、芭蕉園、亞熱帶地區的草地叢林，甚而草堆及茅屋頂，都可成為竹蓀生長之地。近年來經人工培植竹蓀研究顯示，竹蓀其生長特性與大多真菌類植物一樣，只要環境與條件適宜，即便是腐熟的稻草、麥秸、玉米杆、甘蔗渣、棉子殼、黃豆杆等秸杆農作物或其他酸性有機物物質都能生長。當然，竹林的優越生態環境當是竹蓀生長的最佳沃土。像四川，是全國著名的山水竹鄉，尤在鄉野山林，無處不見竹。四川的竹林面積有數百萬畝，品種達四〇〇多種，均居全國之冠。因此，竹蓀之出產皆以四川為盛，尤以宜賓蜀南竹海為最佳。

蜀南竹海位於川南宜賓境內長寧縣、江安縣之交界地帶。竹海幅員所至達一二〇平方公里，核心竹林區四十四平方公里，有各類竹子四〇〇餘種，故古往今來皆稱之為「竹海」。蜀南竹海是我國最大規模，最為壯觀的集山水、湖泊、瀑布、溶洞、竹林為一體且歷史悠久的壯麗原始自然景觀。七萬多畝翠竹覆蓋了二十七條峻嶺，五〇〇多座峰巒。登高遠眺，山山嶺嶺綠竹成片、碧波浩淼。北宋著名詩詞家黃庭堅於一〇九四年被貶到涪州，後移置宜賓。三年間，他遍遊各地，對自然地理、風土人情、美食美味悉心考查、切身體驗，寫下了大量詩詞歌賦。遊歷到長寧、江安，見綠竹似海，讚歎不已，揮毫大書：「壯哉，竹波萬里。」竹海一說就此而生。

蜀南竹海裡鬱鬱蔥蔥的竹林。

蜀南竹海中生長著數百種形態各異的竹子，常見的有楠竹、水竹、慈竹、斑竹，亦有紫竹、羅漢竹、人面竹、鴛鴦竹等珍稀竹種。在茫茫竹海中還生長著桫欏、楠木、蘭花、蕨樹等珍貴植物，也棲息著竹鼠、竹蛙、箐雞、琴蛙、竹猴等動物。竹海中更有豐富的山珍野菌、猴頭菇、靈芝等，以竹蓀最為豐富。

竹蓀，不僅以優美雅潔的形體為世人所讚譽，更因其是真菌中的名貴食用菌，醫學上的食療新秀而備受青睞。竹蓀富含二十一種人體所需之氨基酸，其中谷氨酸含量最高。竹蓀還含大量的維生素、無機鹽。竹蓀具有滋補強身、益氣補腦、寧神健體、養陰助陽、清熱利濕、潤肺止咳等功效，尤對肺虛熱咳、喉炎、痢疾、白帶有顯著的食療作用。近年來經臨床醫學驗證，竹蓀還對高血壓、高血脂、高膽固醇有顯著降解作用，能有效保護肝臟，提高人體免疫抗病能力。對人群中之腰圓腹大者，竹蓀更是格外受寵，它能有效「刮油」，去除腹壁脂肪減肥瘦身，還你優雅身姿。醫學研究還發現，竹蓀中所含的竹蓀糖具有防癌的作用。因此，對於現代生活飲食生活不協調的大眾，竹蓀無疑是食療養生佳品。但竹蓀性涼，脾胃虛寒者不可多吃。在蜀南竹海人們不難發現，生活在竹海的居民很少有大腹便便、臃腫肥胖者，這無疑當歸功於竹海珍寶——竹筍、竹蓀、竹蛋等，當然，還有清新環境、新鮮空氣、純淨溪水等。

君子好逑竹蓀肴

單就其食用而言，竹蓀裙大菌粗、肉厚色白、清香脆嫩、味美香醇、柔嫩可口，是其他真菌或蘑菇類難以比擬的。竹蓀入肴自古皆有，歷來是川菜烹飪的重要原料。菜肴中的竹蓀，色香味形風雅怡情，香鮮怡人堪稱一絕，成為高檔筵宴上的一品佳肴。各大菜系幾乎無一不有竹蓀名菜。前美國國務卿基辛格博士來華訪問，品嘗了一款「竹蓀芙蓉湯」後，拍手叫絕讚美有加。其後還將這一美味佳肴的體驗記入其回憶錄中。

竹蓀之烹飪，葷素皆宜，燒燉蒸炒溜拌漬甚至涮燙火鍋，同樣質脆嫩、味清香。但依據其特質與風味特色，大多還是用於各式高級湯菜。川菜傳統名菜中，竹蓀名菜不勝枚舉，其中較為食界所熟知的席宴高級菜式便有：竹蓀鴿蛋湯、竹蓀肝膏湯、竹蓀蝦糕湯、竹蓀芙蓉湯、龍井竹蓀湯、如意竹蓀湯、蝴蝶竹蓀湯，其他還有鼎湖上素、竹蓀冰糖銀耳、竹蓀燕窩、竹蓀海參、竹蓀鮑魚、竹蓀燒魚唇等。高檔竹蓀菜式不僅色香味形素雅高潔、品味不凡，且在菜名及造型上都極富詩情畫意。像「竹蓀鴿蛋湯」，其雅名便叫「推紗望月」，是以鴿蛋、竹蓀、高湯為原料，烹製成菜後在清澈亮麗的湯水中，竹蓀似紗，鴿蛋如月，恰如天清月明薄紗朦朧、詩情畫意躍然盆中。品嘗起來，不僅湯味鮮美、竹蓀脆嫩，看在眼中，亦也高雅和諧，是川菜一菜一格之藝術佳作。

再有「竹蓀芙蓉湯」，這款基辛格喜愛的一品大菜，以葷配素，蝦仁剁細，雞脯肉切絲，竹蓀漂洗淨後橫向切開，雞蛋打成糊加清水拌入蝦茸、雞絲，加川鹽、料酒、胡椒粉，上蒸籠蒸至蛋面微凝時，將竹蓀鋪在蛋面上，再稍蒸片刻取出置於盆中，灌以高級清湯即可。此菜蛋乳黃、蓀潔白，湯清亮，尤似芙蓉出水美豔絕倫，其味鮮香沁心、細嫩爽滑。

再如「竹蓀蝦糕湯」，為半湯熱菜，湯汁乳白、蝦肉細嫩，竹蓀清香鮮脆，形色古樸典雅，觀之食之，無不讓人賞心悅目。「竹蓀肝膏湯」，以竹蓀、鮮豬肝、高級清湯烹製，湯清味鮮，香美細嫩，入口化渣，雅韻悠長。「蝴蝶竹蓀」則將竹蓀加工成蝴蝶形，用魚糝做蝶身，魚翅作鬚，輔以熟火腿、蛋糕等裝飾成菜，蒸熟後灌湯。「如意竹蓀」，以竹蓀、魚肉糝烹製，用竹蓀裹成黃白如意卷，蒸熟後翻扣於碗灌入清湯。諸如此類的高級竹蓀菜式，不僅為筵宴席桌上增色添彩，其如詩如畫般的創意與造型遠遠超出了菜肴的概念，成為一款款美食藝術佳品，常令食者歎為觀止。

近些年來，一些中高檔川菜酒樓的大廚們也開發出了不少較為大眾化的竹蓀菜式，像竹蓀燉

●用竹蓀蛋烹調而成的菜品。

雞、竹蓀魚卷、竹蓀魚圓湯、竹蓀白菜圓子湯、竹蓀素燴、香酥竹蓀魚、竹蓀溜肝腰、白油竹蓀甚至涼拌的糖醋竹蓀等。像涼菜「糖醋竹蓀」則是將泡發漲的竹蓀在加少量鹽的沸水中氽熟，用涼水漂起，拌時擠乾水分，以糖、醋、鹽、蒜泥、香油拌食，清鮮香脆，酸甜宜人。

竹蓀雖為山珍之寶，但在四川並不是稀罕之物。加之現今大量的人工培植就更為普遍，在任何一家超市都可買得。只不過，其袋裝之乾品與竹海之鮮品比之，有如出土的木乃伊與鮮活水靈的妙齡美眉之反差。在竹海品嘗鮮竹蓀，其感受如品仙肴，特別是竹蓀蛋，因不可乾製，一出竹海便十分難得。竹蓀的加工、烹製較為簡單，但購買時要選用形色佳好，白色或略呈淡黃，體壯肉實菌裙完整，氣味清香的竹蓀為上品，發黴或有腐爛的則棄用。烹前用溫水加少許鹽浸泡二十分鐘，待其完全發漲後，切去兩頭尖端，輕輕洗淨泥沙，之後用清水漂起便可烹用了。竹蓀浸出液還可作短期天然防腐劑用，夏天在飯菜中放上一朵竹蓀，可保持幾天不會變質。烹製竹蓀可不拘一格隨心所欲，但最好為湯肴，清鮮淡雅為宜，方可品享山珍真菌自然怡人之本味。

奇珍異菌吐幽香，
秀色可餐竹姑娘。

西壩豆腐，仙饌佛肴

西壩豆腐之美麗傳說

中國人是很喜歡豆腐的，吃豆腐的歷史也很悠久。豆腐的出現，先是作為皇家珍肴，而後傳至民間。在兩千多年的歷史長河中，上至宮廷御膳，下至百姓三餐，豆腐已是雅俗共賞之美饌。

以前，豆腐菜中最有名聲的要數「菠菜煮豆腐」。說是當年乾隆皇帝南巡到了鎮江，腹中饑餓便在一農婦之小店用餐，農婦供奉的就是菠菜煮豆腐，乾隆品食後大為讚賞題名為「金鑲白玉嵌，紅嘴綠鸚哥」，作為這道豆腐菜之雅名，並賜該農婦為皇姑，於是此菜後來又叫「皇姑菜」。

豆腐菜中最為普通者，恐怕當是「小蔥拌豆腐」，一青二白、清瑩淡雅、鹹鮮香醇。而豆腐菜中最有情趣的，當非「泥鰍燒豆腐」莫屬，把鮮活泥鰍倒進鍋中與燒豆腐同燒，泥鰍被燙得亂蹦亂鑽，把整塊豆腐鑽得稀爛，使豆腐十分入味，鮮美無比、香濃滑爽、吃口甚佳。但在現今中華各地數千款豆腐類菜品中，知名度最廣最大者，乃川菜「麻婆豆腐」，以其「麻辣鮮香酥嫩燙渾（音同捆）」的鮮明風味特色，徹底地征服了世界之胃。儘管豆腐如同辣椒一般並不出於四川，卻在好吃善烹的川人手中被鼓搗得繽紛多彩、盡吐芳香、一款一格、百款百味。故此在中華食苑中享有「四川豆腐（豆花）最為有名」之美譽。

神佛賜仙肴，豆腐渡眾生

豆腐在四川之普及可算華夏之最，尤其農村。天府蜀地，無論是山區還是平壩，一年四季總是山青水秀、披紅掛綠。一會兒是油綠碧翠的秧苗，金黃燦爛的油菜花；轉眼間稍不留意，又是滿山遍野青紅相疊的辣椒，黃甸甸的稻穀；以及隨時可見的翠竹林中農家鄉舍徐徐飄出的縷縷青煙……，那多半是家裡來了遠客，或有從異地它鄉歸家的親人。而此時，農家之婦或村姑不是在竹林院裡推磨豆花，便是做豆腐。那圓圓的青石磨，金黃圓渾的豆子，如脂如乳的豆花或豆腐，不僅融和了川鄉人民質樸好客的真情實意，也展現出純厚的鄉情鄉味。也正是這樣，四川各地便出了不少知名豆腐，像川北之劍門豆腐，川東忠縣石寶豆腐，川西壩子之天回豆腐、羅泉豆腐……然而名聲最為響亮的，還當是川南樂山之西壩豆腐。

山水名城、人居沃土之樂山，以彌勒大佛和美食天堂而成為「中國最令人嚮往的地方」。其享譽天下的「美味三絕」，便是嘉腐（西壩豆腐），雅魚（江團）和漢陽雞（棒棒雞）。名冠第一的西壩豆腐則以潔白如玉、細嫩如脂、綿紮鮮香、無豆腥和沮水之味而為古今所盛讚，更因其諸多動人之傳說又被蒙上一層神秘色彩。其間傳說甚眾的應當是西壩豆腐與彌勒大佛之間的神遇奇緣。

據傳，唐玄宗開元初年（西元七一三年），樂山淩雲寺海通法師親率百十餘名石匠開始打造大佛。當地一官吏從中要脅刁難，欲敲詐海通歷時二十載，從全國各地苦心化緣募集而來的工程資金，而迫使工程停工。海通為保佛財被迫自剜眼目，嚇得貪官污吏屁滾尿流。眾工匠深為海通大無畏犧牲精神所感動，於是一致要求戒掉葷腥，節約資金以助大佛建造。但時日一長，由於缺少營養，工匠們日漸體力不支病弱者甚多，工程進度難以推進。海通則一籌莫展心急如焚。一晚，在睡夢中海通忽見彌勒佛乘祥雲而至，對海通說道：「修行之佛即眾生，煮豆為腐化神奇。」法師驚醒一時不解佛意，急忙召來寺中僧人告之夢中情景，其中一位西壩鎮出家的僧人悟出了佛意。他回到西壩，選用上品黃豆，以三江之水浸泡，再磨製成漿，經過濾、點滷、鎮壓、製成豆腐烹製成菜。眾僧及工匠們品食後大感神妙。此後，工匠一日三餐皆有豆腐，體弱病者逐一康復，眾工匠也有了充足體力，工程進展十分順利。於是眾人將其稱為「西壩豆腐」，所打造之佛亦稱為「彌勒大佛」，以報佛賜仙肴普渡眾生之恩。歷經九十年（西元八〇三年）彌勒大佛落成，在淩雲寺舉行了盛大的慶功「豆腐宴」。此事後被歷代傳頌，豆腐便被視為佛饌仙肴。華夏各地的寺院也把豆腐作為寺院齋飯和齋席之主菜沿襲至今。西壩豆腐也就此而世代傳揚。

千古涼水井，西壩豆腐魂

從樂山大佛順岷江水流而下二十多公里，便是有「小西湖」之稱的五通橋，附近有座千年古鎮，這就是西壩鎮。西壩自來是溪流交織、山青水秀、鄉景迷人，瓦屋茅舍、幽靜典雅、民風醇厚、民生簡樸。大渡河、青衣江、岷江三江合流，流經此地。現今雖早已不是水路交通運輸重鎮，但壩上一代代居民卻依舊悠然自得地保持且享受著古樸的民風民俗。十餘年前筆者到西壩采風，在鎮裡不過幾條古舊瓦屋木房，石板路面的小街小巷，做豆腐的就有二百多家。**西壩人巧取三江水、選粒大質優的黃豆、沿**

有小西湖之稱的樂山市五通橋區。

襲傳統工藝，手推石磨製作豆腐。他們大多白天選豆、挑水浸泡，夜晚推磨、濾漿熬製，然後點滷壓形；大清早天剛灰朦，便肩挑手推、走街串巷、一路叫賣：「熱豆漿囉——熱豆腐！」那悠悠揚揚的聲音亦如一首清亮的山歌打破了黎明的寂靜，飄進家家戶戶。很快伴隨著一串吱吱嘎嘎的開門聲，大爺大媽、小弟小妹睡眼惺松地拿著盆、碗、缽、盅出來打豆漿、買豆腐。那熱乎乎、新鮮鮮、清香甘甜的豆漿溫暖了老人孩子的心懷，學生們則吃著燒餅、喝著豆漿，背著布書包蹦蹦跳跳地上學去。隨著天色發白雞鳴狗吠，街巷中刷牙洗臉的也出來了，挑著一擔鮮靈靈浸著朝露的蔬菜之農戶，亦也唱起了婉轉優美的叫賣聲，小鎮裡又響起了習以為常的歡聲笑語，這就是豆腐之鄉的西壩。至今，那場景、那畫面仍漂浮在腦海中。

雖說是佛賜仙肴，但西壩豆腐的製作，除黃豆須品質上乘、飽滿圓渾，其水更是精靈。可以說西壩豆腐之魂在於水，在於西壩得天獨厚之特質水源。臨江的西壩鎮原本就枕著一條水清如鏡、碧綠清亮的沐溪河。她從西邊莽莽蒼蒼的深山密林蜿蜒流來，不僅在地面上流淌不息，且滲入古鎮地下默默無聲地孕育著世世代代的西壩人。在西壩最富傳奇和神話色彩的是一口歷史久遠，由地下水滲出而形成的一口天然小水池——當地人稱為涼水井。涼水井在現今西壩鎮民權村的獅子山下，一口臉盆大小的水池看來不起眼，卻是千百年來不溢不涸，清涼甘甜，取之不竭，用之不完。從古至今鎮上的百姓人家、茶鋪飯館、豆腐坊、燒酒坊都是從這眼水池中取水。據考，沐溪河之水源自西壩山后的原始桫欏峽谷，那裡有數萬株被生物學界、植物學家稱為史前三大古生植物活化石的原生態桫欏林，從而形成一個極佳的「天然蓄水及淨化池」，使其水質獨特，富含各種人體必需的礦物質和多種微量元素，這樣特殊的水質也就成了西壩豆腐之魂靈。

西壩民間還有一個傳說，老人們講涼水井的水是觀音菩薩灑下的聖水，方才滋潤出了西壩美味三絕：豆腐、生薑、糯米酒。當然，信不信由你，至今西壩一帶大多地方都還供奉著觀音像。然而勿容置疑的是，如果沒有這樣特殊的水源和水質，也就沒有名冠天下的西壩豆腐之盛譽。

豆腐美古今，古鎮冠天下

古往今來，無數達官顯貴、文人墨客無不為豆腐竟折腰，且不惜揮毫潑墨竭盡讚美之詞。而歷史上最早在詩中談到豆腐的恰是樂山的鄰居大文豪蘇東坡，其詩曰：「脯青苔，炙青蒲。爛煮鵝鴨乃瓠壺，煮豆作乳脂為酥。高燒油燭斟蜜酒，貧家百物初何有。古來百巧出窮人，搜羅假合亂天真。」詩中以蒸葫蘆代燒鵝鴨的典故，指明豆腐亦可做成像葷菜一樣的菜肴以假亂真。「煮豆作乳脂為酥」即指燒豆漿、製豆腐。不僅如此，東坡先生在詩中還對於漢代淮南王劉安發明豆腐持否定態度，認為是窮苦百姓所創造。

元代詩人鄭允瑞在《豆腐贊》中吟頌：「種豆南山下，霜風老莢鮮。磨礱流玉乳，煎者結清泉。色比玉酥淨，香逾石髓堅。味之有餘美，玉食勿與傳。」清人蘇雪溪有首詠豆腐的詩最為生動傳神、被廣為流傳，詩曰：「傳得淮南術最佳，皮膚褪盡見精華。一輪磨上流瓊漿，百沸湯中滾雪花。瓦缸浸來蟾有影，金刀剖破玉無暇。箇中滋味誰知得，多在僧家與道家。」其中，「滿盤美味人爭品，玉香飄溢尋常家」，卻是古人專對西壩豆腐而描繪的傳神之筆，字裡行間蘊含著的是鮮活的民風民俗，韻味悠長令人遐想、無盡嚮往。

西壩豆腐在近兩千的歷史裡，傳承積澱了一代代西壩人的靈性與勤勞，也薈萃了令人驚歎的人文風情和烹製技藝。據《嘉州府志》記載，當年曾和大宋始祖趙匡胤比劍論道於華山的陳摶老祖，後隱居於西壩圓通寺。他在煉製金丹之同時，還對西壩豆腐的製作工藝不斷提煉，使其後製成的西壩豆腐白如玉、細如脂、綿軟柔嫩、鮮醇香美。然而到了今代，讓西壩豆腐譽滿天下的，卻又是西壩一家叫「慶元店」的老字號豆腐之第六代傳人楊俊華。

楊俊華，作為西壩老字號豆腐的傳人，七十年代曾是西壩飲食合作飯店的當家主廚，以技藝精湛首創「豆腐宴」，開發了百十款豆腐菜而出名。一九八〇年退休後，他的徒子徒孫們繼承了他做豆腐的技藝，至今生意依然紅火，被視為正宗道地西壩豆腐之代表。西壩豆腐烹飪技藝也走出西壩，傳播到了外地。楊俊華之子在樂山碼頭開辦了「楊氏飯店」。其高徒劉中林現是樂山「西壩豆腐大酒店」主廚。而另一高徒饒興富及弟子余紅，其「大名」已是傳遍大江南北，先後被聘請到成都、重慶、北京、武漢、長沙、濟南、西安、鄭州、昆明等地傳授豆腐菜肴的烹飪技藝。西壩豆腐就此而名揚海內外，誘得中華各地美食家、文人學者爭相品享、賦詩題辭：「天府豆腐冠全國，西壩豆腐冠蜀中」；「西壩豆腐美，香聞北京城」；「西壩豆腐，名震中華」等讚譽西壩豆腐。

一九八一年，全國作家協會在樂山開會，期間在西壩品嘗楊師傅創製的豆腐宴。文人雅士們為之驚歎、讚不絕口。此後，中央電視臺《生活》欄目聞風而動，專程到西壩攝製了專題片《西壩豆腐》，並在中央台反復播放；中央新聞紀錄電影製版廠也來拍攝了紀錄片《西壩豆腐，蜀中一絕》向海內外傳播；四川電視臺也不甘落後製作了上下兩集的專題片《話說西壩豆腐》向世界各地發行。

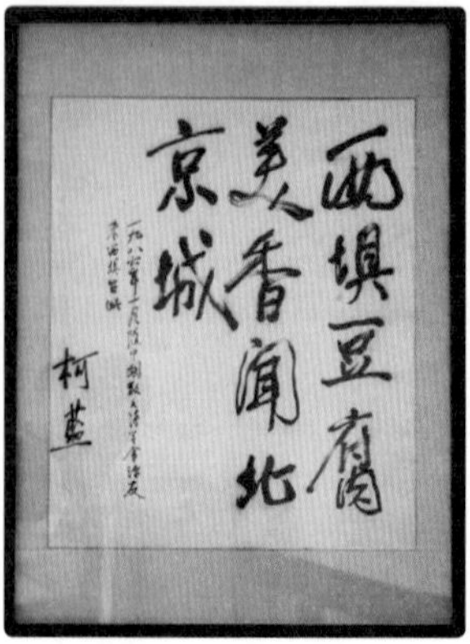

●西壩古鎮上知名酒樓的名人題詞。

如是，從一九八〇年代中期，西壩豆腐從樂山走向中華各地，奔出國門而名冠天下。一潮一潮的美國人、英國人、加拿大人、德國人、新加坡人、日本人、韓國人紛至遝來慕名而至，到西壩品嘗豆腐席宴，采風西壩風情。尤其是日本人，西壩差不多成了他們朝拜豆腐之聖地。一九九九年日本一電視臺到西壩拍攝專題片，席間有款「雪花豆腐」一上桌，全體日本人一見立即起身鞠躬，因此豆腐菜之造型和色澤與日本富士山無二。結果這道菜至宴終一直無人動筷，所有日本人都與此菜合影留念。二〇〇六年，五通橋區因時應勢舉辦了首屆「西壩豆腐文化節」，評選出十名「豆腐仙子」作為形像大使，打造西壩豆腐品牌。

幾十年間，西壩豆腐從楊俊華師傅所創製豆腐宴及近百餘款豆腐菜品，已發展到今日樂山豆腐類菜肴計五〇〇餘種。其中不少已成為名品佳肴，像熊掌豆腐、芙蓉豆腐、一品豆腐、雪花豆腐、繡球豆腐、口袋豆腐、蓋碗豆腐、燈籠豆腐、麻辣豆腐、怪味豆腐、海味豆腐、什錦豆腐、桂花豆腐、脆皮豆腐等不勝枚舉。其風味亦是無所不包，鹹鮮、香辣、麻辣、怪味、魚香、糖醋、鹹甜、香甜等，眾口可調，食者皆珍。西壩豆腐已成為西壩、五通橋乃至樂山經濟發展的一項重要產業品牌。

千古豆腐情，風韻迷五洲

西壩豆腐從神佛賜仙肴到香溢尋常家，從千年古鎮到五洲四海，隨時代進步、社會發展，許多傳統習俗和風情已經消失，像過去西壩豆腐須得用西壩所產的優質黃豆、沐溪河水浸泡、青石細磨推漿、五通橋鹽鹵方才是資格原創。而如今多用東北大豆，自來水，機器打磨製漿，只是鹽鹵還是五通的，煮熬豆漿、壓製豆腐雖還保留傳統工藝，但隨著環境的變異，要吃到其道地風味的西壩豆腐恐是不大可能。儘管如是，西壩豆腐仍不失為一款地方美味佳肴。依然還有一些風情與風俗在生活中悄然流淌，默默地展現著她質樸無華的魅力。在西壩，人們照樣可以感受到那小街深巷裡的豆花豆腐飯店，那挑著紅黑圓木桶的豆花擔子，聽到那叫賣豆腐的宛轉悠揚的鄉音；走進西壩人家，端上桌的還是那熱氣騰騰清鮮香美的豆花、豆腐，以及香辣、紅亮誘人的家製麻辣醬……。

孫中山先生《建國方略》中說：「夫豆腐

者，實植物中之肉料也，此物有肉料之功，而無肉料之毒。」又說：「以黃豆代肉類，是中國人之發明。」現在豆腐已風行世界各地，豆腐品種也是五彩繽紛，像花生豆腐、薏仁豆腐、杏仁豆腐、榛子仁豆腐、桃仁豆腐、腰果豆腐，以及牛奶豆腐、菜汁豆腐、草莓、桔子等水果豆腐等。別以為這些都是老外們之創新，錯！這些花樣繁多的豆腐仍是中華祖先早自唐代到明清就已先後創製。像「牛奶豆腐」在唐朝就已問世，稱為「乳腐」，《本草綱目》還詳述有其製作要領。明代方以智之《物理小識中》亦記有：「仙人草取汁入米，則成綠豆腐，薜荔果或石蓮，取汁加胭脂，則成紅豆腐……」等各式水果和果仁豆腐。

當然，無可爭辯的是，豆腐於今已被全世界推崇為現代社會最為健康之天然保健食品。美國人尤為崇尚豆腐，不僅已將「Tofu」一詞收入韋氏英語大詞典，且注釋為「中國起司」，起司乃英文「cheese」，意為乳酪。豆腐在美國之風行，還因一個有趣而生動的故事。前些年「紅臉關公」克林頓一度受心臟病困擾，保健醫生建議他改變飲食結構和習慣，方可控制病情。於是克林頓將平時每日必吃之薯條、漢堡換成豆腐、豆乾類保健食品，不僅動脈硬化得到有效控制，且體重亦減到標準重，克林頓從此迷上了豆腐。後經電視訪談、報刊報導，豆腐一下便在全美風靡盛行起來。

如果說，中國古代之四大發明改變並促進了世界之發展與進步，那麼豆腐則對改善人類健康，提高生命品質產生了難以估量的影響。豆腐應是中華民族對人類世界之第五大發明。美國《展望經濟》雜誌就曾斷言：「未來十年，最成功、最有市場潛力的並非汽車，高清電視或電子產品，而是中國之豆腐。」

中華豆腐美四海，
千年名肴饗古今。

無意覓奇香，妙手調怪味

怪味味型與怪味雞

普天之下，敢說唯有川人最為好吃，且吃出許多令世人歎為觀止的名堂和風味來。春秋齊國政治家、思想家管仲的一句「民以食為天」，在川人身上是展現得淋漓盡致。然而川人還覺得老先人說得不夠完整，硬是要補充一句「食以味為先」。在四川，大凡人們一說起吃，無論男女老少總必先問味，「吃啥子，啥子味道嘛？」。不僅如此，川人還尤喜玩味，玩起味來往往是川男比川女玩得更轉。這也是四川男人大多喜歡下廚房、整吃的原故。「玩味」，以知名烹飪專家胡廉泉老師的話說來，則是「玩味川菜，就是玩川菜的味，就是玩辣椒，玩就是研究，玩就是體味。」正是川人好吃、好玩味，方才玩出個風味紛呈、特色鮮明的川菜風味體系；玩出個川菜「以味見長、百菜百味」的獨特個性與生命力；才玩出今朝川菜天下、天下川味的繁榮盛景和美譽。

「神說」一詞是四川方言，形容說話者是漫無邊際、口無遮欄的沖殼子、吹牛。也就是北方人「侃大山」之意。再說「怪」字，《辭海》的解釋是：奇異的，不常見的。如今，現代社會之多元化，網路語、流行語、時尚詞之日新月異、與時俱進，不但拓展了漢語的表達空間，且顛覆了許多詞語之基本詞義。如：粉絲、雷人、剩女、宅男、閃婚、杯具等連語言文字學者都弄不清、搞不懂。

如此，這「怪味」亦可稱為「風味組合」、「八卦風味」，與烹飪行業把怪味定義為「複合味型」異曲同工。讀者或許要問怪味究竟是怎麼個怪法？咋個怪出來的呦？我們這就來操盤神說，神說怪味淵源。

神說怪味淵源

怪味在川菜中屬家常風味，也就是說，它不僅具有家常風味的味道特點，且源自民間家戶人家，或過去走街串巷、擺攤設店的飲食小販，是他們玩出來的一種家常風味。怪味究竟出自何年何月？是哪個最先玩也來的？這恐怕也沒人能說清楚，亦無正史野史可查。不可大至可以斷定，從其出現至今充其量不過七、八十年。

怪味的來歷民間有兩種說法，一說怪味最早出自一款街邊小攤的涼拌雞，大約是一九三〇年代，四川樂山王靈官小街上有個賣涼拌雞的，姓周。起初他的涼拌雞名叫「爨（串）味雞」，因頭一個字難認老百姓就依其讀音「串」，改叫為「串味雞」。由於他拌的雞味道十分特別，既不是一般的紅油麻辣味，也更非是酸辣味，吃起來怪怪的，說不出是啥子風味，反正辣麻鹹甜酸鮮香

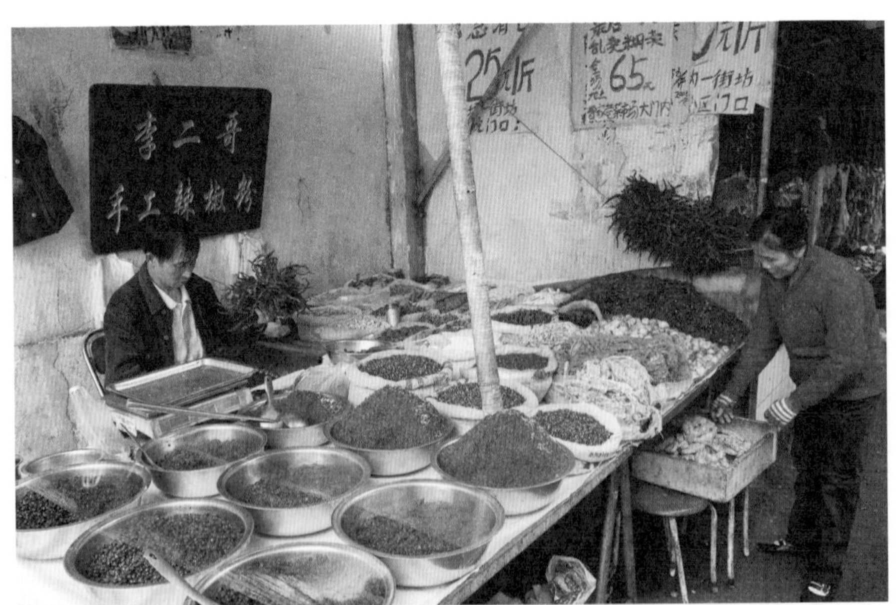

●川菜的調味料眾多，其中對辣椒的風味層次要求較高，而細分出多種形式的辣椒調料，也產生了辣椒專賣店。

味味俱全。有人因此又稱為「怪味雞」。這一叫名氣越叫越大，成了樂山家喻戶曉的第一名吃。

後來，周的一個徒弟跑到成都，在青石橋中街開了家「嘉定怪味雞店」，很快名聲四傳。當時成都最有名的餐館榮樂園的二老闆藍光榮，發現這款雞果然是拌法獨特，風味怪異，於是藍老二就經常去吃。那時，一般炒菜館、便飯鋪、涼菜攤都是臨街當眾操作。藍老二很容易就把怪味雞的調味料和拌法弄得一清二楚三明白。他老兄本來就是有名的行家裡手，什麼卯竅一看一吃就搞懂。於是藍老二就把怪味雞帶回榮樂園，稍加改進，加了麻油豆豉，便在榮樂園推出，此後榮樂園的怪味雞也便一鳴驚人，成為一款當家特色名菜。

四川宜賓也有款至今仍叫得響的「怪味雞」，但其原籍還是樂山。系民國十九年（一九三〇年）樂山人李姓與陳姓夫妻二人來宜賓，在一小街擺攤售賣，生意很火。其後不久便在小北街（今新生路）開店經營，名氣亦越做越大，成為與宜賓燃麵齊名的地方名特美食。宜賓的這款怪味雞和樂山怪味雞並無區別，同樣是辣麻鹹酸鮮香甜、滋味醇濃、口感豐厚、風味別致，頗受當地市民喜愛，甚至不少外地客商和遊客亦慕名品嘗。

然而省府成都的一款「怪味雞」，那龍門陣就擺得更玄了。說是在一九二〇年代，成都南門大橋忱江樓餐館，有位平常眼力不大好，綽號叫傅瞎子的涼菜師傅，一次在拌紅油雞塊時，因生意忙而手腳快，一下看走了眼，誤把白糖當作鹽、把醋看成醬油，拌好一嘗麻辣酸甜，味道不大對，曉得自己整拐了。這時堂口上又在催，傅瞎子就打急抓，將錯就錯把其他幾樣調料都加點改下酸甜味，拌好再嘗，味道怪兮兮的，說不出是個啥子味道，就麻起膽子端上桌。不料客人一吃，頗感這雞風味特別、很是怪異，就問：「傅瞎子，你今天拌的雞有點名堂哈，味道怪兮兮的，跟往常吃的大不一樣，叫啥子呢？」傅瞎子也就順勢而答：「你老真不愧是老食家，這叫怪味雞」。眾人一聽拍手叫好：「怪味雞，味道怪，名字也怪。」打這後忱江樓傳瞎子的「怪味雞」就名響蓉城。

但最後這一說法聽來多有些牽強。前一種也還有一定的依據。自來，樂山這塊風水寶地就有美食「三絕」之說，那就是：「嘉腐、雅魚、漢陽雞」。其漢陽雞肉質特別肥嫩鮮美，於是樂山因這漢陽雞便就出了好幾道著名雞肴，除了怪味雞，還有棒棒雞、缽缽雞、白宰雞、椒麻雞，百味雞，至今都是樂山名吃、川菜名肴。

閑侃怪味特色

怪味類的菜品對川人而言，既是餐桌上的佳肴、也是閑食閑吃、佐酒伴聊齋之美味。四川人向來尚滋味，什麼風味、什麼味道都不拒，怪味的風味特色就是一例。怪味無論拌雞拌兔，原本都是提籃小賣或小攤小販賣的閑食，四川人說是吃香香、吃起耍的東西。老百姓起初叫其為「串味雞」，意思也是指這「怪味」把各種調料的味道串到了一起。其後又以吃到嘴裡的口感是麻辣鮮香鹹甜酸，味味俱全而稱為「怪味」。

怪味說怪，就怪在其肚量大、心胸廣、什麼料都可容、什麼味都能加；也怪在巧調鹽、糖、醋、醬油、紅油辣子和花椒，妙配蔥、薑、蒜與麻油，調兌出奇妙怪異、不倫不類的風味味道，使其味多、味廣、味厚、味濃，既融諸味於一體，又能從混合的味中品味到辣、麻、鹹、甜、酸、鮮、香多種滋味，充分體現了「五味調合，百味鮮香」的特色。

怪味有三怪：一怪是，打破常規把鹽、糖、醋、醬油、紅油辣椒、花椒粉、芝麻醬、香油、甚至薑、蔥、蒜這些川味家常風味的基本調味料差不多都用盡，這是用料怪；二怪是，怪味雞也好，怪味兔也好，都是集辣、麻、鹹、甜、酸、鮮、香川味家常風味特色於一體，吃來是一種組合式家常風味大全，這是風味怪；三怪則是，怪味的特性也怪，只要是把辣、麻、鹹、甜、酸五個基本味搞定，隨你再添加啥子調輔料它都無所謂，其基礎風味，也就是那怪味始終突出鮮明。於是有在其中加酥花生、芝麻粉或熟芝麻的，也有加油酥豆瓣、豆豉的，甚至還有加糟蛋、甜醬的。怪味則是以怪為怪、兼收並蓄、越加越怪，這是屬性怪。

怪味雖怪，但怪得卻是有板有眼、有卯有竅。要調製出怪味來，各種調味料用多少、先後順序怎麼投放、如何調兌、那也是十分講究有規有矩的。怪味基本用於涼菜，因此，就涼拌菜來講，應用一空碗，先放白糖、醋把糖解化，再放鹽、醬油使其融和，嘗嘗鹹甜酸三味均不均衡，然後再下紅油辣子與適量辣椒，紅油要多才顯滋潤、色澤紅亮；接著放花椒粉，這樣辣麻鹹甜酸基本味就齊了，再嘗各味是否平衡和諧，不合適則酌情調兌。基本味調定後便可加芝麻醬、香油調和均勻，這是拌怪味雞塊或怪味雞絲的怪味味汁，拌時再加蔥節或蔥絲，撒熟芝麻，但加花生仁就不大合適。拌怪味兔丁則不加芝麻醬，而要添加剁細的油酥豆瓣和豆豉茸，直接用紅油，拌時加蔥節及油酥花生。

調製怪味還有三點要注意：一需按順序下調料攪和均勻；二是辣椒粉、花椒及醋定得選用質優味正的；三是紅油一定要香辣紅亮。三味中有一味品質不好，整個風味特色就會受到很大影響。再是芝麻醬要先用香油或調合油解散調稀稠度，再放進料汁中攪和均勻。把握好這幾點，怪味的風味特色就十拿九穩了。

大話怪味風韻

怪味是川菜獨有的一種風味味型，麻辣突出、五味俱全。但它卻不像魚香味那樣適應性廣。迄今為止，怪味大多局限於涼菜，其風味特色也僅集中體現在「怪味雞」和「怪味兔丁」這兩款經典菜品。其他也有如怪味扇貝、怪味酥魚、紅蘿蔔乾拌花仁等，以及幾個閑吃零食，怪味花生、怪味胡豆（豌豆）、怪味桃仁、怪味腰果等。熱菜中幾乎難有怪味，印像中前些年名廚肖見明搞了道熱菜「怪味開邊蝦」很有特色，吃口不錯。近年來，一些廚師也作了不少嘗試，開發了怪味鯽魚、怪味魚糕、怪味羊肉、怪味蹄花、怪味魚片、怪味蹄筋、怪味肉卷等熱菜。也有在怪味中添加咖喱粉、孜然粉、海鮮醬、蠔油等，這都無可厚非，尤其是針對某些新的或外來的食材也算是一種嘗試和創新。但若是做傳統怪味就不能這樣，以尊重傳統為好。

怪味，因其地方個性及口味特點十分突出，故一直不像麻婆豆腐、宮保雞丁、魚香風味那樣風風火火鬧九州。但在如今幾乎全國山河一遍紅，麻辣風味九州同的大好形勢下，山不轉水轉，說不定啥時候也有可能一下就火起來，風靡華夏、躥紅列國。在川菜二十四個傳統複合味型中，最具川味特色的家常、魚香、麻辣、酸辣、煳辣、怪味等這些經典味型，尤數怪味最具推廣發展潛力，蓄勢待發。理由很簡單，就因為它是特色鮮明，風味獨特的「怪味」。

怪味，透過多種調料將麻辣酸香甜等風味給串在一起。

說怪不怪吃來怪，
味不怪人人自怪；
七滋八味融一體，
怪風怪味惹人愛。

郫縣豆瓣味之道

品味論道郫縣豆瓣

「郫縣豆瓣川菜魂」是巴蜀大地廣為人知的響亮話語。然而，就川菜這一適應廣、影響大的菜系而言，什麼是川菜之魂？縱橫通觀川菜之淵源與特色，應該說「味」方是川菜魂。有了這個「魂」，才展現了川菜「以味見長」、「味多、味廣、味厚」以及「百菜百味」之所長。也才應證了一六〇〇多年前《華陽國志》所概括之川人「尚滋味，好辛香」的飲食特性。有了「味為川菜魂」，也就有了「麻辣川菜靈」。這一「魂」一「靈」，即形成了川菜「味道天下」的風華勝景。

味道，乃味之道。「味」，是指飲食之氣味、風味、滋味；「道」，指成味之理念意識、法則規律、方式方法。換言之，「道」即是「烹道」。任何飲食之味，都是由烹者之「烹道」與「心道」讓其有味使其出，無味使其入來達到至味之境界的。這亦是中國道教所崇尚之「道法自然，美味天成」的意念，也就是飲食和烹調的「味之道」。

「郫縣豆瓣川菜魂」這句話，顯然是被人為地誇大了，且有失偏頗。就川菜之魂而言，僅郫縣豆瓣是無力也無法承載的。再說，有了辣椒方才出現了豆瓣。辣椒進入巴蜀大地的生活飲食亦不過三百來年，之後辣椒的應用到現今，都遠比豆瓣更為廣泛、更加精采、更讓世人心悅誠服。豆瓣則是川人玩味辣椒的其中之一項成果。誠然，筆者並不是要刻意貶低或惡搞郫縣豆瓣。如果說，郫縣豆瓣為川菜家常風味魂，那還可以。但更確切地說該是：麻辣，川菜靈；豆瓣，家常魂。方才符合實事求是之求真精神。作為川菜的一種獨特調味料的郫縣豆瓣，在川菜風味體系中，特別是家常風味中所佔有的重要性是不可或缺的。無論是從其歷史淵源、釀製工藝、風味特性或是烹調運用，郫縣豆瓣之風韻也都是無可比擬的。

郫縣豆瓣之傳奇

事實上，從郫縣豆瓣之歷史淵源看，它本身就是「道法自然，美味天成」，饒有趣味的經典之作。據記載。清朝康熙年間（一六六六年）福建汀州人陳逸仙移民入蜀途中，隨身攜帶的充饑乾糧胡豆因遇連日陰雨而生了黴，然而陳氏不捨拋棄，便放在田埂上晾曬乾，拌著田地裡的鮮紅辣椒聊以填肚。他感覺發黴的胡豆瓣拌合辣椒同嚼竟十分鮮香美口、餘味綿長。落腳郫縣後，陳氏開始嘗試以胡豆瓣拌合剁爛的鮮紅辣椒，加川鹽釀製成豆瓣辣椒醬，四方鄰居品嘗後甚覺其味香美悠長。於是陳氏便常年釀製挑擔售賣，以此謀生。日後陳氏的豆瓣漸漸有了一些聲譽。這種豆瓣醬的製作也便成為陳氏的獨門技術一代代傳了下來。

到嘉慶九年（一八〇五年），陳氏後人積累漸豐，便在縣城開店經營。咸豐年間，其豆瓣釀製工藝經歷代後人的研製已十分成熟，陳氏後裔陳守信見「郫縣豆瓣」已名氣不小，便拓展經營規模，在郫縣城南街開設了「益豐和」，亦有說是「紹豐和」醬園。前為三間鋪面作門市，後院為釀造作坊。每年夏天鮮紅辣椒上市，就大量收購二金條紅椒，將其去蒂、清洗、宰碎、鹽漬，再拌入經浸泡、脫皮、加麵粉、曲酶製麴發酵的甜豆瓣子入池貯釀，其後再分裝入大瓦缸拌合，經長時不斷地翻、曬、露，歷時一至二年直到豆瓣自然呈現深紅褐色、油亮滋潤、醬香濃郁、辣而不燥、瓣子酥脆、回味醇厚、粘稠適度，方成豆瓣正品出售。光緒年間陳守信去世，其子陳竹安承傳祖輩技藝並接手經營「益豐和」，這時，郫縣豆瓣已是名聲遠揚，產出頗盛，一年產售達

三、四萬斤。

光緒三十一年（一九〇五），彭縣有家叫「元豐時號」醬園的龔姓老闆來到郫縣東街開了家分號「元豐源」，當地人稱為新醬園，打破了陳氏「益豐和」獨家經營的局面。面對競爭之威脅，陳竹安便在豆瓣的品質上很下功夫。他在其堂屋裡擺滿了大小缸碟，裡面裝有各種不同年份的豆瓣樣品，不時品味琢磨，色、香、味稍不合意，便命工匠修改等級品位或返工再製。如此，陳氏之郫縣豆瓣的釀製工藝更加完善精道。民國時期，「益豐和」醬園的豆瓣曬場已發展到十畝左右，曬缸近五〇〇〇口，年利潤不下於當時之六〇〇畝水田的地租收入。而此時「元豐源」的規模與產出也與之相差無幾。年產豆瓣各有二十萬斤，成為郫縣工商界的兩家實力大戶。

郫縣歷史上曾盛產煙葉，清代和民國時期馳譽省內外，盛銷四方。外阜各省市的煙商販更是常聚郫縣，除採購販運煙葉外，郫縣豆瓣也成了他們必購的物美價廉的地方特產。有的作為旅途之可口下飯菜，有的將其作為禮品贈送官商客戶、親朋好友，有的則是大批量採購回去販賣。於是郫縣豆瓣便隨各地煙商傳遍大江南北。後來郫縣豆瓣的名氣和銷路竟大大超過郫縣煙葉。

在郫縣豆瓣的發展史上還有一件趣事。一九一五年，四川軍政府派員去西藏犒軍，在郫縣兩家醬園訂購了三、四萬斤郫縣豆瓣，此浩大訂量曾轟動川西。其後，貨至西藏駐軍，士兵揭去外包之乾荷葉、油紙，令人驚訝的是，這批豆瓣歷時三個多月，經百餘名民工肩挑背扛，竟然鮮香如初，色豔如昨，味美無比，深得官兵讚譽。軍政府特此嘉獎並贈牌匾以茲鼓勵。郫縣豆瓣於此更是名聲暴響。

抗日戰爭時期，負責中共和八路軍駐重慶辦事處的周恩來每返延安，都要帶些麻辣牛肉乾，郫縣豆瓣和榨菜等特產，分送給毛澤東、朱德、劉少奇等。有段時間，身為八路軍總司令的朱德率部轉戰太行，生活條件異常艱苦，周恩來特地買了一些麻辣牛肉乾、豆瓣醬和榨菜托人輾轉送給朱總司令，但朱德一直捨不得拿出來吃，直到有次劉伯承、鄧小平從前線來總部開會，朱總司令方才叫人把這幾樣家鄉特產拿出來招待慰勞兩位四川老鄉。

一九五八年實施公私合營後，「益豐和」、「元豐源」合併為國營郫縣豆瓣廠，隨即擴建廠房、增添設施，產量扶搖上升，成批行銷全國各地。到一九七八年，隨著鄉鎮自辦的豆瓣廠的迅速增多，全縣豆瓣年產量已達三〇〇〇噸以上。一九八〇年隨川菜走出國門名揚四海，郫縣豆瓣也遠銷東西亞、香港、美國、及歐洲等國家和地區。郫縣豆瓣，這一具有三百多年歷史，與川菜共同成長繁榮，蘊含著豐富飲食文化和人文風情的獨特調味美饌開始味道天下、揚名五洲四海。

郫縣豆瓣之今貌

二〇〇〇年後，郫縣豆瓣企業迅猛發展勢不可擋，同年四月，郫縣豆瓣取得原產地證明商標。二〇〇五年郫縣一〇〇多家豆瓣企業取得了使用「郫縣豆瓣」證明商標資格。其中，郫縣豆瓣股份公司（鵑城牌）、郫縣紹豐和等一批龍頭企業的產品多次在國家，部省評選中獲獎。二〇〇六年，鵑城牌、紹豐和被國家商務部首批認定為「中華老字號」企業；二〇〇七年又被列為「中國成都國際非物質文化保護遺產展示產品」。如今，「郫縣豆瓣」已成為郫縣食品工業發展的支柱產業。二〇〇八年便已達產量三十五萬噸，銷售收入十八億元。而隨著「郫縣豆瓣」向全球八十四個國家發出其商標註冊申請，現已獲得美國、英國、紐西蘭等十四國的商標認定，其品牌

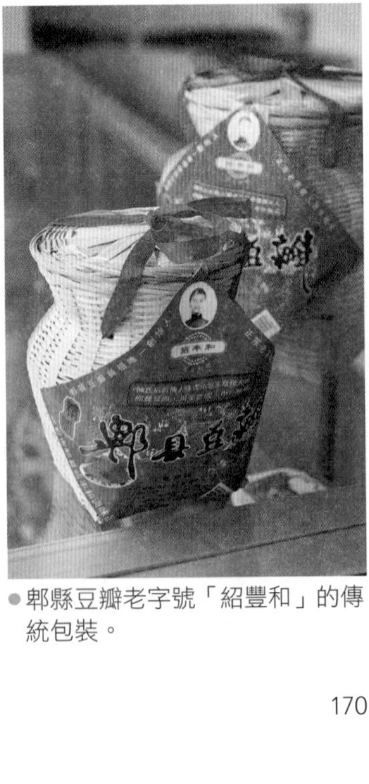

郫縣豆瓣老字號「紹豐和」的傳統包裝。

保護力度得以空前加強。

然而，近十餘年來，郫縣境內之「郫縣豆瓣」企業遍地開花，數百家大大小小的生產廠和作坊良莠混雜，其中之歪豆瓣，假冒豆瓣，劣質豆瓣充斥市場。更有一些用玉米皮、柿子皮、番茄皮、爛紅辣等廢物雜料製作豆瓣，也有的高產速賣，以加大鹽和純鹼的投放量使其迅速漬熟、加增酵劑強制發酵，加色紅素、辣椒素增色提味，加陰溝油使之油潤發亮，加增香劑提香除異味等。這種「郫縣豆瓣」大多只需三五天便可投入市場，看似紅亮、聞起香濃，但嘗起來卻鹹得死人，下鍋就糊成一團，做出的菜不僅完全沒有正宗郫縣豆瓣那樣的色、香、味，且是「怪味」、「異味」撲鼻。也有些正品郫縣豆瓣，其釀製時間未按傳統要求，亦是添加強化發酵粉稍加存放、翻曬即出廠。

●傳統豆瓣製作工序之「翻」與「曬」。

資格道地的郫縣豆瓣除按其秘方配料外，還以其年份裝缸擺放在曬場，按工序要求嚴格進行「翻、曬、露」，其產品週期至少一年以上方可食用。過去聽烹飪行業老師傅講，川菜烹飪用郫縣豆瓣，像炒回鍋肉，至少得用兩年以上的才能出香出味。酒是陳年的好，豆瓣還是年長的香，老字號郫縣豆瓣還有長達十幾年的陳年老豆瓣。筆者曾眼觀、鼻聞、口嘗，真是香得口水滴答。這種陳年豆瓣是不賣的，大都作為「母子」勾兌一兩年期的初熟豆瓣。特殊情況要買也得好幾百元一斤。筆者有幸獲贈一小袋，拿回家趕緊炒了盤回鍋肉，那風味一下就回到了一九六〇、七〇年代，真正是香美死人。

難怪早在一九九七年，川藉著名文化人，原人民日報社社長胡績偉便投書車輻先生，抱怨對買的幾樣四川傳統土特產品質風味之失望，其中便有「郫縣豆瓣」。無獨有偶，車輻老先生亦也專程到郫縣買了「正宗」豆瓣，托人送給遠居哈爾濱的川籍老作家巴波，那知他一嘗就搖頭說：「不真概」。雖說是在商言商，但若以降低品質，甚至是粗製濫造糊弄消費者，不惜敗壞一個有數百年品牌聲譽及經典工藝的地方特產，這就當是一種罪過！近幾年來，相關管理與執法部門不斷加大了整治力度，揣掉了不少爛作坊黑窩子，使這一惡劣行徑得到相應的打擊。使得像郫縣豆瓣中的正統品牌，鵑城牌、紹豐和等老字號得到弘揚和維護，有效維護了郫縣豆瓣之光輝形象與品牌聲譽。

郫縣豆瓣之風韻

豆瓣，又叫「豆瓣醬」，在四川，廣義的豆瓣醬是指在釀造中以鮮紅辣椒、花椒、香油、火腿、金鈎、牛肉、雞肉、蝦米等原料加豆瓣製成各式豆瓣醬，可直接用於下飯助餐的豆瓣。如四川資陽臨江寺的金鈎豆瓣、火腿豆瓣、牛肉豆瓣、香油豆瓣等，不僅歷史長遠且久負盛名。而狹義上的豆瓣醬則指以鮮紅辣椒、胡豆瓣子、鹽、麵粉為原料，加入麯酶釀製，辣味較突出，多用於烹調，一般不直接食用。如郫縣豆瓣、細紅豆瓣、紅油豆瓣、鮮辣豆瓣等。

豆瓣醬在烹調中運用很廣，是西南地區的主要辣味調料。陝西、湖南、湖北，江西也多用此調味。川菜中多用郫縣豆瓣和細紅豆瓣起到去腥除膩、提鮮增香、添辣補鹹、增色調味、刺激食欲的作用。常用於家常風味之冷熱菜。像炒菜中的回鍋肉、鹽煎肉、乾煸鱔絲、炒雞雜、螞蟻上樹等；燒菜中如麻婆豆腐、水煮牛肉、家常魷魚、熱窩雞、豆瓣魚、豆瓣肘子、大蒜燒鯰魚、豆瓣魚頭、魔芋燒鴨、肥腸燒鴨血等；蒸菜中的粉蒸肉、粉蒸排骨、粉蒸牛肉、粉蒸蹄花等；以及火鍋、麻辣燙都是離了郫縣豆瓣便風味全無。豆瓣也有用在拌菜及小吃中，像豆瓣拌仔薑、豆瓣拌鵝腸；小吃中的豆瓣抄手，以及各種風味麵條，如牛肉麵、排骨麵、肥腸麵、宋嫂魚羹麵等都有豆瓣的芳香。然而，在川菜中最有名氣和吃相的當是——豆瓣全魚。

豆瓣全魚，是四川鄉風鄉味十分濃郁的一款家常名菜，可以是豆瓣鯽魚或鯉魚，餐館酒樓中多用草魚。豆瓣全魚充分體現了郫縣豆瓣的風味特色，透過紅亮豔麗的色調，那濃濃的民間家常風味，鹹辣酸甜滿屋生香，鮮嫩魚肉裹上豐厚味汁，吃來是口不嫌忙，舌不嫌累，佐酒助餐，超級爽美。現在餐館中的廚師對這款菜肴的做法作了較大改進，不再是把魚碼味進鍋慢燒，而是將整魚放入燒沸的濃油厚湯之鍋中煮約十多分鐘，魚熟則裝盤，澆上烹製好的味汁即可，這種方法使魚肉更為細嫩鮮香。

豆瓣肘子亦也是一款鄉土風味極濃的大眾美肴，它沿自農村中的「九斗碗」、「八大碗」。由於以郫縣豆瓣為主要調味料，故而其成菜色澤紅亮、鹹鮮香辣、醬香濃郁、豆瓣味醇厚、肘子軟糯、肥而不膩，吃起來十分舒爽，尤為中老年人所愛。

當然，川菜中以豆瓣為特色的菜品不勝枚舉。郫縣豆瓣在川菜烹飪中有兩點十分重要，一是需將豆瓣剁細，在三、四成油溫中炒香、亮色。二是一些燒菜中，郫縣豆瓣不必剁細直接下鍋炒香，出色然後摻湯熬味，但湯製好後需將豆瓣渣撈掉，否則摻雜在主料中既影響感觀，又影響口感。拌菜用的豆瓣也須剁細、熗熟熗香、油現紅色方可用，經剁細油酥後的豆瓣亦可拌蔥結、黃瓜、豆乾、豬皮、兔丁、鴨鵝腸、仔薑等居家可口小菜。

兩三百年來，豆瓣醬已為巴蜀人民不可缺少的居家生活必備之品，也如泡菜一般，成為一代代川人鄉風鄉味、鄉情親情的一部分。四川民間，過去幾乎家家必做豆瓣，就是城市裡大多居民人家也要做豆瓣。一九九〇年代前，每到夏天新鮮紅辣椒出來，宰辣椒做豆瓣就成了大院裡紅紅火火最鬧熱的景觀。清洗辣椒、剁辣椒、加黴豆瓣、加鹽、香料拌製，然後就晾曬到豆瓣醬中的水份揮發盡，接著大罈小罈裝滿密封，二、三個月後便可隨食隨取。筆者自兩歲起到如今，每餐必有豆瓣方才進食，真成了個不折不扣的「不得醬不食」之庶人。當然，現今城裡早已少有人家在做，但鄉村中大多農家自種有辣椒，仍保持著自製豆瓣醬的傳統。再說吃慣了自家的豆瓣，也總覺得其他的豆瓣都不香。不少農家甚而以自製豆瓣醬出了名，成就了一番事業。

閒話豆瓣味型

豆瓣醬在烹飪中不僅能增添肴饌的色香味，也具有開胃健脾、刺激食欲的作用。豆瓣本身富含蛋白質和維生素，其與多種食物調配，能給人以特殊的營養食用價值。現代醫學驗證，豆瓣醬具有降低膽固醇、益氣健脾、清熱解毒、利濕消腫的作用，但不可多食免傷胃脾。

百多年間，由於民間及川廚對豆瓣之不斷捉摸，使豆瓣的烹調運用更加廣泛，豆瓣的風味特色更被演繹得淋

家常風味的代表菜——豆瓣魚

漓盡致。從而在行業與民間即有了「豆瓣味」一說。有學者曾於十餘年前就建議將「豆瓣味」單列納入川菜味型之中。因在烹飪專著和事典中，多以「家常味」統而代之。就豆瓣之獨特加工工藝，獨特的地域風情，獨特的風味特色，獨特的烹調作用，獨特的傳統淵源以及在巴蜀廣泛而普遍食用，應該說，這一建議也還合情合理。

豆瓣味，歷來便是川菜烹飪中最常用的一種風味，以郫縣豆瓣、細紅豆瓣或鮮辣豆瓣為主要調料，輔以醬油、醋、料酒、白糖、薑、蔥、蒜等調和而成的鹹鮮微辣、醬油滋潤、豆瓣味濃、略帶酸甜的風味特色是其他調味料不可替代的。豆瓣屬濃香味型，其鹹度均比魚香味、家常味、荔枝味大一個味，也比家常味、魚香味更濃醇。再者，豆瓣味必須使用豆瓣醬，而魚香味、家常味則是當用則用，不當用則可不用。豆瓣味也必須是豆瓣滋味突出。魚香味，家常味則無需強調豆瓣味。再者，豆瓣味之調料構成較固定，風味特色也已形成一種風格，雖略帶甜酸，卻又比魚香、荔枝的甜酸味小。而在川菜中，大蒜遠不如豆瓣運用廣泛，其風味特色亦無豆瓣那樣突出和具有地方特性，但卻作為一個單一的味型編列入目。這對豆瓣這一四川特色調味料而言有失公允。鑒於此，將豆瓣味升級到川菜複合味型中獨成一格，應該是一個有理有據、名正言順之舉。

隨著當今餐飲市場的多元化需求，不少融合了中西文化和風味特色的菜肴也越來越受食眾歡迎。像四川烹專食品科學系將「豆瓣」進行了一番潛心的嘗試，開發出了系列「西式豆瓣菜」，如紙包魚柳、魚香牛扒、非洲辣雞、巴斯克豆瓣燴雞、金針菇牛肉卷等，具有濃郁川菜家常豆瓣風味的西式川味菜肴。這些「融合菜肴」，應該說是與「食」俱進的創新進取，是川菜面向世界的一種可貴的挖掘精神。

郫縣豆瓣家常魂，
烹道自然味天成。

蓮荷無窮碧，秀色美可餐

荷葉蒸肉之蓮荷食語

在夏日的景色中，最誘人的還當是蓮荷。蓮荷，也叫蓮花、荷花、藕花，又名水芙蓉。因其亭亭玉立「出污泥而不染，濯清漣而不妖」，品性清廉、高潔素雅、清香致遠而倍受文人墨客、書畫影家的親睞和偏愛。民間亦有言：芙蓉出水，桃李低頭。凡人百姓也猶愛其豔而不俗、風情萬種。

每當盛夏陽光燦爛酷暑難耐之際，公園裡、田野間、湖塘池堰中，那一片片的蓮荷，翠蓋蹁躚、香遠溢清。一眼望去「接天蓮葉無窮碧，映日荷花別樣紅。」看那荷葉，大方豊腴、圓潤翠綠，好似大家閨秀悅目清心；蓮葉間朵朵荷花，或嬌豔出閣、或羞澀含苞，亦如小家碧玉美豔絕倫；雨過天晴後，更似貴妃出浴，薄衣輕裳、風姿綽約。倘置身蓮荷間，那粉荷之豔麗讓人邪思，白荷之嬌嫩使人遐想，荷葉盤中與葉共舞的晶瑩水珠，逗得人心蕩神迷，一花一葉無不使人心曠神怡、神清氣爽。

相傳，農曆六月二十四為蓮荷之生日。亦如清明踏青、端午劃舟、中秋賞月。這一天人們多結伴相遊賞蓮觀荷。有些地方如江浙一帶，還把這天定為「荷花節」、「蓮荷節」，乘花船遊蓮塘。正如四川三台人，五代前蜀詞家李珣的《南鄉子》一詞所描述：「乘彩舫，過蓮塘，棹歌驚起睡鴛鴦。遊女帶香偎伴笑，爭窈窕，競折團荷遮晚照」。而當年，後蜀主孟昶和詩詞才女、青城佳人花蕊夫人猶為荷塘美景癡迷。常乘彩舫，過蓮塘，暢遊摩訶池（今人民公園展覽館正府街一帶，曾為水上皇家園苑，一九一四年該池被填平，堪稱蓉城「頤和園」之美景就此消失），聽月賞荷、吟詩作詞。孟昶還是個食醫專家，而花蕊夫人亦極擅烹調，良宵美景中自然少不了像荷葉餅、蓮米羹等蓮荷美食。

蓮荷入食，身心康樂

蓮荷在我國栽培歷史久遠，早在春秋時期的《詩經》中，就有「彼澤之陂，有蒲與荷」；《漢樂府》中亦有：「江南可採蓮，荷葉何田田」的詩句記載。

蓮荷在四川更如翠竹般十分普遍。清人曆鶚雲就盛讚川鄉人家「荷葉繞門香勝花」。川人喜荷不僅因其秀色，更因蜀地潮濕悶熱，尤其是炎夏，出於身心之需人們多好清淡甘涼、消熱解暑的家常便餐。而蓮荷正是大自然饋贈之天然美膳佳食，正所謂「春華秋實一身寶」。單就荷葉而言，味苦澀、性平和，清熱消暑、解毒祛燥，行水利濕、散瘀止血，加之清香怡人、健胃益脾，因而常被製成多種消暑食品。正像宋代詩人趙孟頫詩云：「荷葉生幽渚，香溢盤中餐。」

在傳統飲食文化與中醫學中，歷代醫食名著都有記載：荷葉色清氣香，不論鮮乾均可食用，其性平微苦，主治暑熱，是夏時清熱解暑之良品。現代醫學研究還發現，蓮荷有效成分荷葉堿、蓮堿、荷葉甙等是降解血壓、血脂及減肥瘦身的天然佳品。我國著名國醫大師鄒雲翔教授在二十多年前就談到他運用荷葉治病的經驗：「高血壓、心臟病人若血脂高、體質肥胖，可常服荷葉，乾鮮皆可。夏日，用鮮荷葉熬粥，或鮮嫩荷葉代菜。其他季節可以乾荷作茶飲，頻服數十天則可見血壓下降、血脂降解，也能減掉體重。」正鑒於此，千百年來各地美食層出不窮地創製出千滋百味的蓮荷美饌，讓世人既荷香盈齒又養生健體。

過去，蜀地城鄉大多數的家戶人家都會在夏日夕陽下，在院壩頭或家門口擺上小方桌矮板凳，一大鍗鍋（鐵、鋁鍋的舊稱）荷葉稀飯淺黃淡綠、溫溫涼涼，飄溢出股股幽香；配上一碗魚香味的激胡豆或豌豆，或是酸辣味的折耳根拌青筍絲作下飯菜，家境較好的還會有滷豬頭肉或紅油耳片什麼的。一家數口老老少少吃得呼兒嗨喲身心舒暢。這樣的「幸福生活」、小日子情調，讓人幾十年後仍耿耿於心，眷戀難忘。其實，不僅小老百姓，中國末代皇帝溥儀夏日也愛吃這荷葉稀飯，只是皇帝吃的要比大眾百姓的做得更講究更精道罷了。清代曹庭棟在《粥譜》專著中把「荷鼻粥」列為「上品」。這種連莖帶葉煮成的養生粥「清香絕佳」、有「助脾胃、止渴瀉痢」的功效，溥儀何樂而不食之。

當然，荷葉入饌自古就有，蓮葉飯、荷葉粥更是源遠流長。相傳西元五五一年，梁朝民眾就用「荷葉飯」慰勞軍隊。唐宋時代，開封有一間「張手美」小食店，每逢伏日便供應「綠荷包子」。南宋時，杭州也有款風味名點「荷葉餅」。《紅樓夢》中賈寶玉挨打養傷時要吃的「蓮葉羹」，就是用蓮葉印切成梅花、菊花、蓮蓬、菱角等豆子大小的花樣，借新鮮荷葉的清香加上好湯做成的。

●清新蓮荷也可以是桌上的清香佳肴。

蓮荷入肴，無論是民間、官派還是廚派，做法、花樣頗多。簡單的便有荷葉粥、荷葉蛋、青荷魚圓湯、蓮荷圓子湯；複雜些的亦有荷包飯、竹筒荷葉桂魚、香荷蒸肉、綠荷豬手湯，荷葉蒸雞、鴨等不勝列舉。倘若把荷花、蓮米、蓮藕統而言之，那在中華美食中就更是豐富多彩了。如「荷花魚絲」，曾是清宮名菜，以草魚肉絲輔以冬筍絲滑炒成菜，盛入荷花瓣中，那是肴借花香、花瓣襯肴美，清鮮高雅、香嫩宜口。清宮御膳中還有款當年慈禧喜食的佳饌「荷花蓮蓬雞」。據傳，烹製這道菜需經三十九道工序。成菜後，在精美的盤中放上一朵潔白嬌豔的大荷花，周邊由十個用雞肉做成的小蓮蓬簇擁，菜式秀麗素雅、鮮美香醇，一上桌便讓人驚喜不已，頗有「此花開盡更無花」的感覺。

再有廣東的「荷包飯」，用粳米拌魚、肉及其它調輔料包荷葉蒸製，表裡香透、清鮮撲鼻。《羊城竹技詞》中以「飯包荷葉比花香」來形容這款荷葉美食。廣東有款名湯叫「綠荷湯」，用荷葉、綠豆、豬腳或豬肘煲成，是清熱解暑的養生佳品。另一名聞華夏的「荷包飯」，則是秦淮船家的「荷葉什錦包飯」，把蝦仁、海參、干貝等十餘種料烹調好，與米飯拌和，再用荷葉包成小包，以小竹籠蒸熟。食時，一人一包，一打開熱騰騰香噴噴，吃口極爽。另外，還有雲南的荷葉粉蒸肉、北京的荷葉米粉鴨、廣州的荷香蒸田雞、荷葉籠仔鴿、山西的荷葉包子等，都是運用蓮荷製成的美食佳饌。

巴蜀荷肴，香遠溢清

川人尤以利用自然鮮品和善烹善調而著稱，亦把蓮荷運用得繽紛多彩。四川風味小吃中的「荷葉饁」、「荷葉餅」，均以糯米粉包肉片，加紅白糖、化豬油製成餅狀，鮮荷葉包裹蒸製，其色嫩黃、清香滋潤，吃口舒爽。川菜中的蓮荷菜肴更是風情別樣，像荷花溜雞片、荷花魚圓湯、荷花肉絲、香溜荷包、蓮荷蝦卷、青荷里脊、軟炸荷花等。其中最負盛譽的當是川菜中以「荷葉粉蒸肉」為首的荷葉粉蒸系列。據傳，當年成都東門有款「荷葉粉蒸雞」，就讓南宋大詩人陸游愛不釋口。回到家鄉後，一吃飯拿起筷子就想得老淚汪汪。曾留下詩言《飯罷戲作》：「東門買彘骨（豬排），醯醬點橙薤（橙皮、藠頭）。蒸雞最知名，美不數魚蟹」。

「軟炸荷花」是一款可為小吃也可作菜的蓮荷美食。取鮮荷花瓣，用涼開水漂洗後，搌開水氣再裹蛋清豆粉，一片片放入五成熱的豬油鍋中炸起裝盤，撒上胭脂糖，當然現今亦可用煉乳或果醬。軟炸荷花操作簡便，味清鮮、香甜爽口，老少喜食女士尤佳。初春清明，還可以此法「軟炸玉蘭花」。最重養顏護膚的慈禧太后每夏每春最要吃的就是軟炸荷花與玉蘭花。

在川人的日常飲食生活中，還有荷花茶、荷花酒、荷花湯、荷花羹等。近年中，一些廚師借用一些新調料創出不少色香味形俱佳的蓮荷美食。像「荷包花肉土豆」，以五花豬肉加土豆片拌味，再用荷葉包卷捆紮放入溫油炸製；「荷包粉醬雞翅」，以五香米粉、沙茶醬、香辣醬為主要調輔料拌和雞翅，用荷葉包裹蒸製；「荷包蠔油雞脯肉」，用雞脯肉、馬蹄爽、水發香菇，以蠔油、蛋清、豆粉等調輔料拌和，用荷葉包捲入溫油炸製；其他還有「荷包果味雙菇肉」、「蜜汁荷包飯」、「荷葉八寶飯」等。

荷葉蒸肉，雅韻香風

除四川外，荷葉粉蒸肉在雲南、江西、江蘇、浙江等地亦很流行。但當數四川與杭州的最為有名。杭州西湖的荷葉粉蒸肉還有個動聽的傳說。此肴始於清朝康熙年間，傳說嘉慶時期宰相劉鑼鍋率隨從到江浙一帶視察民情，來到杭州，時值六月初六正當蓮荷盛開，劉墉為不驚擾遊人，便扮作商人乘船游西湖，在西湖十景之一的「曲院風荷」觀蓮賞荷。時近中午船家邀請劉墉嘗嘗水鄉船菜，劉墉也不客套便說：「只要有蓮荷特色，一味足矣。」船家便笑而允諾，隨即俯身摘取荷葉荷花，把五花豬肉切成大小均勻的片放入缽中，加鹹紅醬油、甜麵醬、紅糖汁、黃酒等調味料拌和醃漬，隨後放入用粳米、丁香、桂皮、八角、三奈等香料打磨炒製的米粉，把肉拌和好淋上麻油整齊地擺入蒸碗，上籠旺火蒸至七、八分熟取出，再用切成扇面形的荷葉把肉一片片包好，裝盤入籠再蒸片刻取出，放在另一張鮮荷葉上擺放成蓮蓬狀，面上嵌入一粒粒煮熟的青豆和蓮米，用荷花瓣鑲好邊，端上桌請劉墉品嘗。劉一看甚為驚喜，此菜真如蓮荷一般形態高雅、色澤秀麗，再剝開荷葉一嘗，清香四溢、味美多滋，劉墉是愛不釋口、讚不絕口，對船家道：「今日有幸不僅盡賞西湖荷景，更品嘗到如此風味美妙、意境高雅的蓮荷佳肴。」當即賜其名為「荷葉粉蒸肉」。事後船家方得知，這位其貌不揚的客官便是名震天下的宰相劉鑼鍋。於是這一美食佳話便廣為傳頌，杭州西湖的荷葉粉蒸肉也就名揚四方。

再說川菜中的粉蒸肉也是源遠流長。其製法重在兩個步驟，一是米粉和拌味。以前米粉都自家推磨炒製，現在超市有現成的。粉蒸肉調味用料一般是鹹紅醬油、醪糟汁、紅豆腐乳汁、紅糖汁、薑米、椒麻（蔥葉與生花椒剁茸），先把這些調味料調拌在一起，帶皮五花豬肉切成十二公分長、三公分寬、五公厘厚的片放進調料盆中拌勻，再撒入五香米粉拌和。這樣拌好準備蒸製的叫「五香粉蒸肉」；若再加剁茸的郫縣豆瓣或紅油豆瓣拌和，便是「家常粉蒸肉」。肉拌好後嘗嘗味是否合適，然後擺放入碗。按川人的習俗還要加些時令輔料，如新鮮豌豆、南瓜、紅苕、土豆、芋兒等，這些輔料也要用拌肉的餘料調拌上味，擺放好肉及輔料即可入籠或蒸鍋。第二個步驟則當是「火候」。通常所說「火候」，「火」指大小，「候」指時間，粉蒸肉一般需大火蒸約三小時方才香軟不爛、滋糯美口。

而荷葉粉蒸肉在川菜中其做法卻另有獨特之處，肉片大小、調味拌和都一樣，只是用鮮荷葉一張切成八片扇面形，用開水汆燙一下擦乾水分，在荷葉上先放一片肥肉，肉上放幾粒拌好味料的青豆，再蓋上一片瘦肉把荷葉順包對裹起來，荷葉包口朝下依次擺放在蒸碗中，不須用其他輔料墊底，以大火蒸約三小時，取出翻扣於盤中即可。

川菜中的粉蒸之法及荷葉粉蒸已成系列，在其名品佳肴中還有粉蒸牛肉、粉蒸肥腸、粉蒸排骨、粉蒸蹄花、粉蒸仔鯰、粉蒸白鱔、粉蒸泥鰍、粉蒸牛蛙、粉蒸鳳爪、粉蒸雞等。到了盛夏上列菜品便大多用荷葉包裹蒸製。

荷葉粉蒸肉，是一款「時令之和，性味之和」的經典菜肴，鹹鮮香醇、滋味豐厚、油潤不膩、美口爽身，尤其是荷葉的清香沁人心脾，是夏日不可多得的佳饌美肴。

蓮荷盛夏舞，花葉不可數；
巧為盤中餐，六神皆無主。

●滋糯香美、鹹鮮微辣的荷葉粉蒸肉。

美食老饕話東坡

蘇東坡與東坡肘子

民以食為天，即便是神仙皇帝也少不了要食人間煙火。縱觀中華食事，幾千年間任隨世變時移，人世間總是不斷地流傳著不少有關吃喝，尤其是名人吃喝的軼事趣聞。中華菜肴中更有不少佳肴與名人扯上了關係。有些是名人吃出名的；有些則是名人吃得高興，詩與文潮湧動寫出名的；有些則是借名人之名而成名的。然而確也有些菜是好吃善烹的名人自個兒下廚舞弄鍋瓢折騰出來的。說稍遠點便有宋代大文豪蘇軾，說近些則有袁枚、張大千。蘇東坡與袁枚尤為有成就，前者為後世留下了《老饕賦》、《菜羹賦》、《豬肉頌》等美食及烹飪傑作，還自創了「東坡肉」、「東坡羹」、「東坡魚」等名菜。後者則以一本《隨園食單》對中華烹飪產生了十分重要的影響。

看看名人的那些菜，讀讀名人吃喝的那些軼聞趣事兒不僅點綴且豐富了中華飲食文化，也為市井百姓留下了生動有趣的餐桌龍門陣，或酒餘飯後有滋有味的吃喝聊齋。

「老饕」一詞，當由「饕餮」演變而來。饕餮原本指傳說中一貪食的惡獸，多見於商周青銅器上的紋飾。古人多將饕餮用以比喻特別好吃的人。而蘇東坡則在其《老饕賦》中唱云：「蓋聚物之夭美，以養吾之老饕」，其意為，普天下之美味都因有我這個老饞鬼而存在之。自詡為貪吃好吃的「老饕」。蘇東坡，四川眉山人，與其父蘇洵、弟蘇轍合稱「三蘇」，為唐宋八大家之一。父子三人皆為中華歷史上的大文豪。蘇軾二十歲前與弟蘇轍在母親程氏的督導下苦讀寒窗。

家中說不上富足也算是衣食無憂。儘管有如蘇軾之說，在家時常吃的也是「三白」飯食，即每餐一碗白米飯、一盤白蘿蔔、一碟白花花的鹽。可就這樣的粗茶淡飯卻養育出了兩位千古傳頌的文學大師。

千年老饕豬肉頌

蘇軾母親，世稱程夫人，青神縣人，不僅是一位諳熟《漢書》的才女，亦是善烹調、懂農事的賢婦。川人尚食好味的傳統與母親的言傳身教，使蘇軾在攻讀之餘也學會了些耕種、炊煮之事。蘇軾自八歲從學於道士張易簡起，到二十歲前在家，大體上是個五穀為養、五蔬為充的素食之人。登科及弟中了進士後，入了官場和上流社會，有官做、有錢掙，便成了崇尚吃喝的肉食主義者。蘇軾一生除詩文書畫便是美肴佳釀與香茗，尤喜食豬肉和魚，給世間留下了不少廣為傳頌的佳話美談。

豬肉是漢民族的主要肉食，食豬肉之歷史少說也有三、四千年。古人造字時，給豬起的名就很有意思，稱為：「豕」。《說文》裡講「豕」字的象形，是毛足而後有尾形。給小豬仔的名又叫「豚」。宋朝元豐六年，蘇東坡的小妾朝雲給他生了個兒子，這個好食豬肉的老饕客乾脆給兒子起名叫「豚兒」，以現代話講就叫「豬娃子」、「豬仔兒」。

蘇軾在浙江吳興任職時，被人誣告關進監牢，後因一道魚肴的誤會，以為要被加害，便寫了首悲哀淒涼的訣別詩給其弟蘇轍。但其詩卻意外地傳到神宗皇帝手上，神宗原就愛惜「三蘇」，讀了詩，心有所動便免於加罪，讓蘇軾謫居湖北長江邊的黃州小鎮。蘇軾雖死裡逃生，可在黃州薪奉微薄、生活困苦、經濟拮据，難以維持家人生計。他便在黃州城外居所附近的東山坡上開荒種地精心躬耕，加之又善廚事，栽種吃喝之事皆是自已動手，雖也辛勞倒也自得其樂。他效仿陶淵明、崇拜白居易心安理得盡享歸隱之樂趣，自譽為「東坡居士」，此後人們便尊稱蘇軾為蘇東坡。

據蘇東坡記述，當時的黃州豬肉非常便宜，富人不屑吃窮人不會煮。此情此景讓他不勝感歎：「算來惟有豬肉好，可惜世人生吃了」。於是他照家鄉眉山燒燉豬肉之方法常燒常吃。並把其燉燒方法推介給周邊的百姓人家。這便有了傳世的烹飪佳作《豬肉頌》。頌曰：「淨洗鍋，少著水，柴頭罨煙（罨，遮蓋）焰不起（炆火），待它自熟莫催它，火候足時它自美」。後人將其概括為：「慢著火，少著水，火候到時它自美」之東坡豬肉燒燉「十三字訣」沿用至今。

北宋末期，宋哲宗元佑四年（一〇八九），蘇東坡在杭州任太守，引領民眾疏浚西湖、修築長堤，為百姓消災謀福。杭州人民十分感激，稱為「蘇堤」，並擔豬抬酒送到蘇府。蘇東坡見盛情難卻，便叫家廚將所送豬肉切成每個二兩重的四方塊，用他的燒燉方法燒製，連酒一併送到堤上給民工們吃。然而家人在燒製時，把「連酒一起送」領會成「連酒一起燒」，結果燒出的豬肉是紅酥油亮、酒香濃郁，十分香美。肉送到新堤，民工們喜不勝言，吃了都誇味道好極了，稱其為「東坡肉」。從此，杭州就有了一款名聞天下的名人佳肴。

「東坡肘子」則相傳是蘇東坡遊歷到江西永修一帶，為一農家小孩治好了疾病。農夫為感激蘇東坡特留他吃飯。大凡說吃，東坡先生是不會客氣的。他站在農家門口，鄉村田園美景讓他很是陶醉，禁不住隨口吟了一句詩：「禾草珍珠透心香」。正在灶間做飯的農夫聽了，以為蘇東坡在告訴他煮肉要「和草整煮透心香」。於是便把肉和系肉的稻草一起煮，不料竟歪打正著，煮熟的肉別有一種風味。此事傳開後，這裡的百姓人家煮肉便都照此而行，這款稻草煮肘子後來竟成為當地的特色名菜。不少人慕名前來品享，直呼為「東坡肘子」。

蘇東坡一生遊歷的地方甚多，中華各地大凡與蘇東坡有點關聯或蛛絲馬跡的都以東坡命名。如此華夏食苑中一大堆「東坡菜」應運應時而生。像東坡肉、東坡肘、東坡魚、東坡脯、東坡狗肉、東坡羊肉、東坡墨魚、東坡火腿，以及東坡餅、東坡酥、東坡羹、東坡豆腐……然而最享盛譽的還是東坡家鄉四川的東坡肘子。

東坡肘子味之腴

一九四三年的成都，到處都在談論著一家飯館，說是該店的當家招牌菜「東坡肘子」是蘇東坡之秘傳，店的招牌亦是蘇東坡所手書。一時間滿城風雨神乎其神，不由人不信。更有眾多好奇者爭相光顧，意欲親眼觀賞東坡手跡，親口品嘗東坡肘子，於是這家飯館的生意火得門庭若市。這就是成都專賣東坡肘子的名餐館——味之腴。

味之腴創建於成都東大街。由龍道三、李敬之兩個成都人和吳思誠、吳瑩琦、吳世林三個溫江人合夥。五個人雖說都是飲食業外行，但會吃善品。他們常聚在一塊喝茶聊天，覺得成都的餐館飯店雖多，但溫江一家專賣燉肉的館子則是成都所沒有的。那以柔軟滋糯見長的燉肘子，佐以溫江醬油與郫縣豆瓣，色香味形俱佳，在成都必定能「吃得開」。於是便打算開一家專賣燉肘子的餐館。商量好後就重金聘請當時溫江有名的「燒燉專家」劉均林掌墨主理廚政，專攻燉、燒肘子和罈子肉。由於借鑒蘇東坡「十三字訣」燒燉之法而冠名「東坡肘子」。

招牌菜定了還得有店名。幾個人日思夜想查

位於四川眉山市區的三蘇祠。

書翻典，偶然在一首古詩中看到漢朝班固的兩句話：「委命供已、味道之腴」。「腴」、肥也、豐也，正好與「東坡肘子」的風味特色相吻合。五人大喜遂定名「味之腴食堂」。雅號有了，必得請名人名家書寫才是。幾個臭皮匠又議，既然是「東坡肘子」，蘇東坡不正是書畫大家嗎？於是便從蘇東坡之傳世墨寶中輯得「味之腴」三字，放大做成黑底金字招牌，果然是堂而皇之十分引人注目，生發思古之幽情，並依此對外宣稱此店名是蘇東坡親筆所撰，「東坡肘子」也是東坡秘訣所製。如此一來「味之腴」與「東坡肘子」的美名不脛而走四方傳揚，招來不少達官貴人、

蘇東坡故鄉——眉山的酒樓所烹煮的「東坡肘子」。

文人雅士蜂擁「味之腴」，爭品「東坡肘」。一天，中華著名書法家謝無量慕名而來，一到門口果然一下被三個金字鎮住了，忙打聽是哪位大師所寫，店主見是謝無量便如實告之，謝無量聽明來由不覺大笑：「我說時下成都沒有人能寫出這樣的字嘛！」

味之腴以東坡肘子為招牌菜，配以紅油雞塊或雞絲。肘子與雞原湯煨燉，燉出之肘子色澤雅黃、柔軟滋糯、形態完美，且是肥而不膩、清鮮香醇；湯內輔有汶川雪山大豆煨熬，濃稠不沾、乳白淡雅。在四川，肘子家家會燉，大火燒小火煨都懂得起。但味之腴燉的肘子確與眾不同，是以全雞合燉，生意興盛時每天要下四、五十只雞。這樣多的雞燉出的肘子湯，其香鮮味美可想而知。一般家庭自然心有餘而力不足，即便餐館酒樓大多也不敢這般下料。此外，味之腴蘸食肘子的味碟也很有特色，用優質溫江醬油、剁細油酥的郫縣豆瓣，加花椒粉、芝麻粉、味精、特製辣椒紅油，既粘稠又濃香，不由人不垂涎三尺。

涼拌雞塊或雞絲再配東坡肘子上桌，堪稱肘子伴侶。那也是一肥一瘦、一糯一嫩、一濃一淡、一紅一白；一鮮香、一辣麻、紅白相襯、色豔味佳，吃情食趣盎然。

一九五〇年代後，味之腴經合營與國營，由原址東大街遷至前衛街口，擴大了店堂增添了設備與人員，一樓一底（指只有二層的樓房）既供零餐散客外加肘子出堂外帶，又承辦各式席宴。東坡肘子、紅油雞絲及罈子肉等仍為傳統特色名菜。到一九九〇年代末，因城市改造拆遷，味之腴移至成都西門府南新區餐飲一條街上，仍有不少新老食客前去品味東坡肘子。然而，東坡肘子真正負有盛名，蔚為壯觀的還是蘇東坡之故鄉——眉山。川內外的客人或自駕，或乘大巴前往遊覽「三蘇祠」、品味東坡肘子，那又是另般風情。

東坡故里肘子美

眉山，距離成都西南約八十公里，與樂山大佛、峨眉山臨近。在眉山縣城西南一角，原有座掩映在翠竹綠柳間的青瓦院子，屋旁潺潺溪水悄然安靜地流淌，周邊蔥籠的菜地蜂飛蝶舞，茂林間蟬鳴鳥唱，一派恬靜幽雅的鄉村景像。北宋時期仁宗景佑四年，蘇東坡就在這裡呱呱出世，二十歲進京參加「高考」得中進士。從此，在文學史上，蘇氏三父子的文采就此輝映千百年。眉山亦因此而成為一座千載詩書城。蘇家那幾間青瓦屋子，也逐漸裝修成為樓臺亭榭、殿宇輝煌之「三蘇祠」。雖然僅存一口水井與少許詩詞書畫為蘇氏之真跡，可千百年來依然為人們所敬仰。甚而近二十年間，巴蜀各地亦有不少父母，每年四、五月間總要帶著準備參加高考或中考的兒女前來拜謁「三蘇」，特別是被譽為「千古第一文人」的蘇東坡，祈望兒女多少能沾點東坡先生的聰慧與才氣，順利登科及第。當然，做父母的是否也還企盼兒女亦能如東坡先生一樣善吃善烹，增強些日後獨立生活之能力，這就不得而知了。

任何來到眉山的遊客，除了感歎蘇氏風采和

秀麗山水，尤能感受東坡故里的另一人文風情與盛景。那就是滿城遍街的東坡肘子、東坡肉、東坡魚等名目眾多、令人瞭亂的店招店牌，甚而連空氣中也飄忽著肘子的香風美味。眉山的東坡肘子五花八門、風味紛呈，有燉肘子、燒肘子、蒸肘子、燜肘子；有家常味、魚香味、酸辣味、薑汁味、糖醋味；還有脆皮的、豆瓣的、泡菜的、醃滷的、燒烤的等，讓人眼花心亂無所適從。但眉山的東坡肘子卻與成都餐館中的做法不同，大多沿襲當地民間的傳統烹法，故而鄉風濃郁、鄉味醇厚。一九六〇年代朱德到眉山視察，參觀「三蘇祠」後提筆揮毫，讚嘆：「一家三父子，都是大文豪」，而後品嘗東坡肘子，那更是連聲贊好！

在蘇東坡之故居，感受第一文豪的才情與風采的確讓人印象深刻、感歎萬千。在中國歷代美食大家中，蘇東坡是第一個自詡為「老饕」的人。然而蘇東坡並不只是好吃善飲，他崇尚自然之味，注重飲食養生，摒棄世俗食垢，推崇自己動手。他躬耕田園、種菜栽茶、燒肉做飯、製蜜釀酒……，還為後世留下了《老饕賦》、《菜羹賦》、《豬肉頌》、《東坡羹頌》、《蜜酒歌》、《煮魚法》、《養老篇》等豐富多彩的烹調及飲食文化佳作，對後來之中華烹飪產生了重要的影響。

在眉山，親身感受「三蘇」文化的神韻、領略東坡風采、觀賞古蹟遺文，再悠然慢品蘇軾美酒、細嘗東坡香肘，沉浸在幽幽古風之中仿佛置身千年前的大宋王朝。鑒古觀今，倘若東坡先生再現於世，面對如今中華美食繁華昌盛的世景，川菜風行天下之豪情，縱觀多姿多彩的各式美肴，暢啖從他《豬肉頌》中演繹而出的砂仁肘子、五香肘子、椒鹽肘子、香炸肘子、醬燒肘子、冰糖肘子、紅棗煨肘等。這位千古饕翁必定是吃情澎湃、詩如雲湧，或許與時俱進，上網衝浪，入主博客抒情。

千古老饕一文豪，

絕世食聖惟東坡。

烹調之道非常道

川菜之燒及經典菜肴

「道」——是老子思想的核心概念，即「道」是物質世界和精神世界的本原。人法地，地法天，天法道，道法自然。如此，人類社會的一切存在、一應規律都是道的展現。人生之道，創業之道，經商之道，治國之道等均應「道法自然」。就飲食和烹調而言，「烹道」與「味道」也當是「道法自然，自然而然」。即是遵循自然規律、自然現象、自然法則而取材自然，烹調自然，飲食自然。老子因此亦將「治大國」比喻為「烹小鮮」。治國之道也如烹魚之道一般，若違其道法，烹魚時用鏟、勺亂翻亂鏟，調味無章，結果只能是一鍋糊塗。因此，治國也應順其自然，遵循道法，要有耐心，浮燥不得，煩則亂，亂則不治。故此老子把烹調之道提升到了治國之道的高度。孫中山先生在《建國方略．以飲食為證》中也說得尤為明白，其言：「烹調之術本於文明而生，非深孕文明之種族，則辨味不精；辨味不精，則烹調之術不妙。中國烹調之妙，亦足表明文明進化之深也。」孫先生還說過：「夫悦目之畫，悦耳之音，皆為美術（藝術），而悦口之味，何獨不然？是烹調者，亦美術（藝術）之一道也。」

在烹飪中，「道」並不如一些人所認為的是「玄學」，太過抽像。殊不知，「道」是無所不在，每一個人心中也是「道之存焉」。關鍵在於是否有悟道之心。俗話說心誠則靈，真心在日常生活中去發現、去感悟、去把握，有了「心道」，方能與烹道融為一體，便能達到「道法自然」的境界，你也就可以「治大國若烹小鮮」了。縱觀川菜發展歷程，不難發現很多味型、風味及烹調方法和不少的傳統名菜，都是民間或烹調者「道法自然」的結果，所謂「無意偶成」。譬如像「怪味」、「魚香」。因有「心道」所在即便「偶成」，也當是「道法自然」之作。再如「雞豆花」，也是借豆花之烹道，順其自然而創製了「豆花不用豆，吃雞不見雞」這款經典佳肴。

川菜之燒非彼燒

「燒」在川菜烹飪中歷來都是最主要，最常用的一種烹飪方式。所謂「燒」，是指利用湯汁作為導熱體，將經煸、炸、煎、蒸、煮、滷、汆等半熟成品或生料，加調味品和湯汁，大火燒沸而後以中、小火燒透入味，達到湯濃汁稠、鮮香軟嫩、滋潤滑爽的效果。這便是一般意義上所說的「燒」。但從古於今，或出於無意，或約定成俗都將燒與烤混為一談。不僅在行業，在民間更是如此。華夏大地向來有「南燒北烤」之說，即南方稱為「燒」的菜肴或食物，北方稱為「烤」；北方叫為「烤」的，南方則說是「燒」。廣東之燒鵝就是北方的烤鵝，北方之烤鴨，南方叫為「燒鴨」。「燒餅」是烤製的、燒賣是蒸製的，川菜之鹹燒白、甜燒白，亦也不是燒製而是蒸成的。就連權威之《現代漢語詞典》在釋義「燒」字時，也將其列為「烤」一類，這就難免混肴視聽了。

川菜之「燒」，在烹飪中分得十分清楚而明白，燒法達十餘種，分別有家常燒、紅燒、白燒、生燒、熟燒、醬燒、蔥燒、蒜燒、乾燒、軟燒，以及糟燒、滷燒，以加工方式掛名的煸燒、煎燒、燜燒、煨燒、扒燒等。但在日常烹調中最常用的、最具

●烹飪之理也應「問道青城山」。

風味特色的還是家常燒、紅燒、白燒與乾燒。

家常燒，是指家戶人家之日常燒法，或說是民間燒法，突出家常風味。像麻婆豆腐、家常豆腐、蘿蔔燒牛肉、芋兒燒雞、魔芋燒鴨、燒肥腸、燒鴨血、泡菜魚、土豆燒甲魚、家常海參等。家常燒中有豆瓣風味、泡椒風味、泡菜風味、魚香風味等家常燒菜。家常燒多以郫縣豆瓣、泡辣椒、泡菜及薑、蔥、蒜為主要調輔料燒製主料，通常是先下油，把薑、蔥、豆瓣或泡椒、泡菜炒香，出味亮色後摻湯、打渣後才投放主料。有的還要加花椒、料酒或是醪糟。

家常燒菜應該是鹹辣酸甜適中，泡椒、泡菜不宜過重。其中還有個重要環節，就是主輔料的投放。像蘿蔔燒牛肉，應是先將牛肉燒到差不多熟軟了再下蘿蔔塊燒熟。類似的青筍燒肥腸、芋兒燒雞、青豆燒鴨等亦如此法。家常燒中另一種燒法是「軟燒」，多用於魚類菜肴。原料治淨後不經煎炸直接入湯汁鍋中，加調輔料再燒開，改用小火慢燒至熟、自然收汁。其中有以大蒜為主輔料的，應先把蒜子油炸至皮皺，像最家常經典菜肴軟燒仔鯰、大蒜燒鯰魚、軟燒石爬魚等。

紅燒與白燒，是以成菜色澤區分的。紅燒多以醬油、糖色為主料，輔以紅酒、料酒或醪糟汁、香料、薑、蔥等，要求色澤紅亮，質地𤆵軟，如紅燒肉、罈子肉、櫻桃肉、紅燒什錦、紅燒魚唇等；白燒，則僅以鮮湯（原湯）、鹽、薑、蔥燒製，不用醬油、糖色、紅酒類帶色的調味料，成菜顯示出色澤素雅、清爽悅目、原汁原味。如芙蓉雞燴、白汁魚肚、白果燒雞等。

至於蔥燒、醬燒、蒜燒等則是以體現某一種風味特色而劃分的燒法。蔥燒，以鹹鮮味為主，突出蔥之香味，如蔥燒魚唇、蔥汁雞雜等；醬燒，是以甜麵醬的風味為主體，如醬燒冬筍、醬燒茄條、醬燒苦瓜、醬燒海參等；蒜燒，當然是以大蒜為輔料，通常多用獨頭蒜，突出蒜香味，如大蒜肚條、大蒜燒鯰魚、大蒜燒鱔段，蒜燒肥腸、黃臘丁、牛蛙等。其他還有出薑汁味的，如薑汁熱窩雞，突出醋味的醋燒鯰魚等，因其菜式不多，一般未單列。

乾燒之燒非常燒

川菜中，除了家常燒為川菜之獨有並具濃郁地方風味特色外，還有一獨創性烹燒之法，這就是「乾燒」。其與乾煸、小煎、小炒一同成為川菜之烹調特色。

所謂乾燒，並非無湯無汁，而是利用原料自身的膠質，通過加熱使其分解出來與湯汁溶合，再自然收汁亮油。即是將鍋中烹煮原料的湯水大火燒沸，除盡浮油泡沫，再改由中小火把其水份燒乾使滋汁濃稠，不勾芡汁而自然現汁亮油。當然也要根據原料的不同特質、品性，在具體實施中又因用火大小，時間長短有相應區別。一些質地厚實、堅韌的原料，如牛筋、蹄筋、魚翅等烹燒的時間就要長些，摻加的湯水量相應要多些，一直要燒到只剩下少量湯汁，味入其間，靠其膠質來收汁。而乾燒魚類，像鯽魚、鯉魚、黃花魚、帶魚等，因魚肉細嫩，時間則不宜太長，湯水不宜過重，以淹過魚身為度，大火燒開後，改小火慢燒到湯濃汁稠，亮油即成。其他一些像瘦多肥少的原料，湯汁需偏重，時間也應稍長方能熟軟入味。反之，肥多瘦少的原料，湯汁就要適度，因為肥肉油脂中含有水分。一般說來，燒菜類有三項要領：湯汁重、小火燒、時間長。但「乾燒」就更為講究，其技術性也要求得更多，重在「火候」的把握，火候應該是「乾燒」的核心。

「火候」一詞中，火指火力大小；候指時間長短。通常烹飪用火分為三種，大火（武火）、中火、小火（文火）。大火多應用於蒸、炒、炸、爆等；中火常用於煎、溜、燒、煮、煸等；小火則多用於煨、燉、燜、烘等。當然，這是一般意義上的用火概念。實際運用時，須依據原料的質地、形狀大小、成菜品質的要求把握火候的運用。像燒菜類，也絕非就只用「中火」。如紅燒牛肉、燒羊肉、燒蹄筋等，一般先用大火燒沸，除去浮沫，添加調味料，再改為中火燒至浮沫消失，然後移至小火慢燒至熟軟。通常說的「看火色」，就是要因菜品原料和成菜品質來靈活掌握。

火候的概念中還有一個溫度的問題，湯水的溫度較易把握，一燒沸便達一〇〇℃；而油的沸點比水高，油燒熱至冒青煙時，油溫則可達二四〇℃。通常行業中所說的幾成熱，如「三、四成熱」，那麼這油溫大抵在七〇～一〇〇℃之間；「油溫五、六成熱」，即意味著油溫在一一〇～一五〇℃之間；「油溫七、八成熱」，就該是一六〇～二二〇℃之間。因此，掌握好火力、溫度、時間這三個重要環節，是運用火候的關鍵。袁枚在《隨園食單》中特別強調：「司廚者能知火候而謹伺之，則幾乎於道矣」。這就是說，掌握好火候即掌握了烹調之「道」。

綜上所述，乾燒不僅是川菜所獨創和獨有的一種烹調方法，也是烹調用火、體現「火工」技藝的經典代表。老一輩川菜大師中，曾國華擅長乾燒鹿筋，曾其昌擅長乾燒魚翅，乾燒岩鯉則是重慶廚師陳志剛的絕活。一九八三年十一月全國首屆中國烹飪名師技術表演鑒定會，川菜大師李躍華（重慶）便以乾燒魚翅等榮獲全國最佳廚師稱號；陳志剛以乾燒岩鯉等，曾國華以乾燒鹿筋等菜榮獲全國優秀廚師稱號。

以乾燒之法而成的川菜名肴比較多，像乾燒鯽魚、乾燒帶魚、乾燒石斑魚、大千乾燒魚、乾燒蹄筋、乾燒雞條、乾燒腦花、乾燒魚翅、乾燒鹿筋等。其中最具代表性的經典名菜還是乾燒岩鯉、乾燒魚翅。

乾燒經典之秘技

自古以來，四川河鮮素以鮮嫩味美，風味多滋而聞名遐邇。川菜中烹法獨特、風味別樣的川味河鮮名肴比比皆是。其中，乾燒岩鯉尤以在用料和烹製上的精湛烹藝與獨特風味而久享盛譽。

巴蜀民間常說：「一鯿、二岩、三青鮁。」岩鯉，乃川江魚鮮中之上品，以魚體厚實、肉質細嫩、鮮美刺少而深受古今啖家喜食，被視為一大口福。歷代蜀廚在其烹製上借古求新、不斷探索，終以「乾燒」之法使這一上品魚鮮成為佳饌名肴。乾燒岩鯉，取川菜家常之味，採郫縣豆瓣之醬辣、薑蔥蒜之辛香，配以火腿肥膘增其鮮美，經「乾燒」後，成菜色澤紅亮晶瑩、魚體完整、肉軟離骨、質地細嫩、鹹鮮微辣、滋味醇厚，食者無不品而快之。

乾燒岩鯉也是火候應用的經典傑作。老一輩川菜大師陳志剛最擅此技，以他的話講此菜是「火中取寶」。其乾燒之道秘訣有三：一、炸魚須用辣油，火要旺，控製好「搶火」時間，使魚皮縮緊而無破損、皮肉不離；二、煵郫縣豆瓣要用火均勻，使其酥香油亮色紅；三、掌握好自然收汁是成菜畫龍點睛之作。名曰「乾燒」，實為「湯燒」，摻進鮮湯的多少要與湯汁受熱蒸發及魚體的吸水性相平衡，通常鮮湯應淹過魚體；火候大小則要和魚肉致熟的狀態相一致，同時促使各種味汁能滲入魚肉中，又不至讓魚之膠原蛋白溶於湯汁而煳汁巴鍋。

●透過香而多滋的肉臊子乾燒而成的名菜——「乾燒岩鯉」。

陳志剛烹燒此菜，從刮魚鱗剖腹除內臟、清洗剞刀，手腳相當麻利，當魚經炸製入鍋「乾燒」時，他站立灶旁目不轉睛地注視、觀察鍋中火候的細微變化。尤其是他一手端鍋輕盈轉動，一手執勺不時舀起湯汁淋在魚身上的姿態，更是神情專注、舉止優雅，讓人歎為觀止。

乾燒魚翅，亦是一款久富盛名的川菜佳作。早年，川菜元老級大師羅國榮的乾燒魚翅是技驚烹壇，味冠巴蜀。羅國榮烹燒時，通常把魚翅佐以火腿、雞湯反復煨燒，火候到時以筷匙挑觸，如膠似絲、欲斷又連，其色淡黃晶瑩，其味鮮而不膩。羅大師還獨出心裁、別開生面的採擷時令鮮蔬野菜陪襯，或鮮嫩南瓜藤圈於周邊作龍爪形態，或以野菜狗地芽鑲綴盆中作花環狀，以青花大瓷盤盛裝，好似碧綠翡翠擁抱溫潤黃玉；成菜上桌大氣優雅、色調悅目、香美味濃、魚翅柔軟滋潤，食之無不嘆服。羅大師此菜不僅「乾燒」技藝精湛，其裝盤造型可謂首開先河，一應裝飾輔料像牡丹、綠葉、蔬果、藤蔓均可一併食之，更為主菜增豔添味。而現今令人頗感歎息的是，二十年來無論廚者還是食客，均是千篇一律不厭其煩地烹製與品食那單調的港粵魚翅。而川菜中百多年來，多達三十餘種的傳統魚翅佳肴卻無人問津。繼羅大師之後的一個個大師級名廚，像伍鈺盛、曾亞光、曾國華、劉建成、白茂洲、曾其昌等「乾燒魚翅」無不是其手中絕活，然而其後卻悄無聲息地斷了代。

作為川菜傳統的名貴大菜，乾燒魚翅多選用玉脊翅為主料，經發製後，用特製高級清湯輔以雞、干貝、宣威火腿燒製而成。烹製時，先將精工泡發的魚翅理順置於盆內，灌清湯上籠大火蒸數小時，其間用清湯澆淋幾次，待魚翅膠質排盡，翅針清爽晶亮，用潔淨紗布包起待用。然後用母雞、干貝、火腿、清湯調製成上品紅湯汁，放入魚翅包用文火煨燒幾小時，到魚翅軟糯湯汁濃稠，另取一鍋下雞油燒到四成熱，倒入解包的魚翅和湯汁以小火收汁，此時切忌煳鍋，若不慎而煳即立馬另換一鍋重煨，湯汁濃稠色紅油亮，將魚翅依次排放入盤，再把綠豆芽、鮮紅椒絲急火快炒，起鍋鑲在魚翅周邊此菜即成。

乾燒魚翅用料取精用廣，集多種鮮美之味於翅中，食來是醇美香濃，回味綿長。而文火慢燒又使翅性柔軟、質達粑糯，收汁則使翅針晶瑩明亮、清爽不糊、油潤而無脂。這便是其風采與特色。惟願今生有幸能再次品享到這川菜乾燒經典的神韻妙味。

巧奪天工有絕技，道法自然展神功；
惟願後生善進取，弘揚佳肴顯雄風。

聲色娛人，素雅怡情

響聲菜及鍋巴物語

所謂「響聲菜」，即是成菜能產生某種聲音的菜。菜肴之聲亦如樂曲，在高亢低迴、宛轉悠揚之間，或在激昂嘹亮、飄然蕩漾之中，演唱著許多我們熟悉的風味情趣或陌生的故事傳說……。

一曲《蘇武牧羊》抒發了一段令人肅然起敬的愛國志士的情懷。岳飛《滿江紅》之「仰天長嘯，壯懷激烈」，「三十功名塵與土、八千里路雲和月」，今天唱來依然鏗鏘有力。而描述王昭君為國獻身遠嫁異族它鄉的絕代佳樂《昭君怨》，其琵琶之聲猶如珠落玉盤，不禁讓人為一弱女子的豪情壯舉而感懷。一曲古琴《高山流水》，彈撥出人生難得一知音的感人情懷。同是古曲名樂的《鳳求凰》，成就了司馬相如與卓文君之傳世愛情佳話。席慕蓉《鄉愁》之歌，把思鄉時那一片切切心腸展露得淋漓盡致。而余光中之《鄉愁》，卻在懷念中驀然驚醒之時，思鄉的歸心便如一支離弦之箭，向著故土家園呼嘯而去。然而，殊不知在國人飲食、中華烹飪中，亦同樣展現出美食、美味、美聲之美妙佳韻。

通常人們品享和欣賞菜點的烹技水準與品質，多以色香味去評判，一些美食家和文人雅士們則還加上「形」與「器」。如今又增添了滋質、養的概念。然而還有另類菜——響聲菜，其評判標準還得加上一個「聲」。

響聲菜肴趣話

在餐桌上，就是使菜點發出聲響，會給人以新鮮、新奇、獨特的感受，為食者帶來意外食趣。即成菜當是：色，愉眼；香，戲鼻；味，娛舌；聲，悅耳。這一能在餐桌上或咀嚼時，於色香味形器中先聲奪人的肴饌，已有一千多年的歷史。早在唐代以前就出現在市肆酒樓。其中最有代表性的便是當時稱之為「寒具」的街邊零食。寒具，廣義上指可冷食的乾糧，狹義為今天仍可見的油炸饊子、麻花。古時，寒食節要禁煙火，故而這一天多食寒具替代三餐。蘇東坡有一描述「寒具」之詩：「纖手搓來玉數尋，碧油輕蘸嫩黃深。夜來春睡濃於酒，壓褊佳人纏臂金。」此詩從廚娘「纖手」揉麵做饊子起句，形象描繪了炸饊子時的油溫、火候，饊子炸成後嫩黃略深的色澤，和一圈圈似手釧連在一起的「纏臂金」之生動形態。這種饊子，放進嘴裡一咀嚼，立馬在口中發出「嗞嗞、喳喳」的清脆聲響，別有一番食趣。唐宋時期有人描述當時金陵（南京）街市的饊子更為誇張，「金陵寒具嚼著驚動十里人」，可見其聲音之清脆響亮。

德齡女士的《御香縹渺錄》講述清宮「御膳房」時，介紹了慈禧年輕時「最愛吃的一款菜是燒豬肉皮」。「這道菜有一別名叫『響鈴』，意指燒豬肉皮脆得可以嚼出聲音來。」而川菜亦有幾款名菜也叫「響鈴」，即「響鈴雞片」、「響鈴肉片」、「響鈴海參」、「響鈴鮑魚」、「響鈴魚肚」、「響鈴魚翅」等。「響鈴」，即是在烹調上述菜品時，將抄手（餛飩）油炸裝盤，把烹好的菜品趁高溫連湯帶汁倒入抄手盤中，以熱對熱，發出清脆悅耳的聲響。抄手之形如「鈴」，故稱為「響鈴」。

在各地「響聲菜」中，所採用的發聲食料主要是鍋巴。過去煮米飯多用柴火燜鍋煮飯，飯熟了鏟起飯，貼在鍋底那層乾塊狀的便稱為「鍋巴」。廣東人叫「飯焦」，上海人稱「飯糍」。因

●一圈圈，就像「纏臂金」的饊子。

各地習俗不同，鍋巴亦有多種，大米、粳米、糯米鍋巴，亦有小米、高粱、綠豆、粟米、玉米鍋巴等。現今人們已不再做燜鍋飯，鍋巴便成為稀罕，於是市場上就有了袋裝鍋巴產品，有的可直接入口，有的則需如炸蝦片般，把鍋巴倒進熱油中稍炸再入食，雖是方便只是吃來沒有燜飯鍋巴香酥。

鍋巴入肴淵源

鍋巴入饌成肴不僅歷史悠長，且有不少風情趣事。據南朝《世說新語．德行篇》一書講述：東晉末年，江蘇吳郡有個叫陳遺的年輕人，在吳郡衙門當差。陳遺是個孝子，因其母親愛吃鐺底焦飯（即鍋巴），他便每日隨身帶只布袋為母親收集鍋巴，別人問他收來幹什麼，他回答：「老母喜吃鍋巴」。人們感其孝便常把鍋巴留給他。不料發生戰亂，陳遺就只背了一袋鍋巴隨軍逃竄，後潰敗逃入荒山野嶺，不少人都饑餓而死，唯陳遺靠鍋巴得以活命。時局平定後陳遺回到家鄉，其母以為兒子一定死在外面而傷心痛楚，哭得眼瞎耳聾。殊不料母子重逢抱頭大哭，淚水一沖陳母居然重見光明。世人認為，此是「純孝之報」。史家便把此事編入《南史．陳遺傳》。

唐宋時期，鍋巴已在市井作為民間閑食流行，多用糖汁或肉末汁澆拌而食。然而，讓鍋巴成為菜肴且美名盛傳，當是大清乾隆皇帝的功勞。乾隆第一次下江南在無錫微服私訪時，於城外一家路邊小店吃飯，因時過中午店中魚肉時蔬、米飯已賣完。乾隆飢腸轆轆，便告訴店主，有什麼做什麼將就用點。店主見簸箕中還有鍋巴，便把鍋巴用油炸酥，再用雞湯將蝦仁、蕃茄燒好，連湯帶汁澆在鍋巴上，只聽一串吱吱聲響、熱氣騰騰、香鮮四溢，乾隆一見甚喜，再品嘗更覺其味非常鮮美，且鍋巴酥香爽口。便大贊店家，稱此菜為「天下第一菜」。此事一傳開，世人方知該客官竟是大清皇帝乾隆。於是這款隨機應變而烹製的「響聲菜」蕃茄蝦仁鍋巴，便成為「天下第一菜」，在江浙、蘇杭盛傳開來。

一九三〇年代，時任江蘇省政府主席的陳果夫，曾突發奇想地發展了鍋巴菜。他認為理想的美食，僅以味道上口是不夠的，還應色美、聞香、音和，能滋養身體、有益健康。於是他將「蝦仁鍋巴」和「神仙雞」兩道菜結合起來，改良成一款新品菜肴。他特意設定了具體改良方法，並請來名廚在南京、湖州兩地做實驗，研製出用原汁雞湯佐以蝦仁、蕃茄醬及生粉等原輔料燒成羹湯，倒入油酥鍋巴之中。由於雞汁蝦仁味道鮮美、蕃茄醬色澤紅豔、鍋巴香酥鬆脆、滾熱湯羹澆到熱炸鍋巴上，發出清脆悅耳聲響和團團香鮮熱氣，真是色香味形聲俱佳。一九三四年秋在江蘇物產博覽會上，這道菜的表演及風味特色大獲成功。陳果夫為此菜打了個精闢的總結，認為這道菜具有「對稱美」，動植物兼有。動物中有蝦與雞，植物裡有稻米、蕃茄，雖鍋巴性燥、但湯羹性溫，相德益彰。他還特意為此寫了首《天下第一菜頌》。由於這位名冠天下之大人物的鼓吹，這款「雞汁蝦仁蕃茄鍋巴」一時間成為江南乃至全國許多高官席宴上的「第一菜」。

抗日戰爭時期在重慶，不少餐館酒樓都特添了一款流行名肴，叫「轟炸東京」，實則為「三鮮鍋巴」，此菜當時十分叫座。每當菜上桌，三鮮湯汁澆到鍋巴上，嘩嘩啦啦響聲驟起熱氣騰空，圍坐者定要起立拍手歡呼，就如同真的轟炸了日本侵略者的老巢——東京一般。三鮮鍋巴原本是很平常的菜，但因其成菜特色效果與其時之抗戰背景，人們的精神與心景相吻合，便被食客大眾幽默風趣地稱為「轟炸東京」，使這道菜有了特殊的時代意義。無獨有偶，在當時已淪陷的南京城，這道菜又被大眾叫為「平地一聲雷」，寓意鍋巴發出之響聲有如「席間一聲春雷響，震醒欲醉多情人」，用以激勵人們的憂患意識和愛國意識。

一千多年來，鍋巴菜在民間廣泛傳承，創製出口蘑鍋巴、鍋巴海參、三鮮鍋巴、鍋巴魷魚等名饌佳肴，也給餐桌帶來了令人愉悅舒暢的美食情趣。然而，在大西南的一塊盆地中，鍋巴賦予人們的還遠不止是這些。

川味鍋巴風情

鍋巴為食，在四川於民間尤為普遍。四川人雖說生活在天府寶地，但仍深知「鋤禾日當午，汗滴禾下土，誰知盤中飧，粒粒皆辛苦。」之道理。百姓人家平日裡一次煮飯並不多，把飯鐽盡後，大多要摻入米湯再把鍋巴煮成米湯稀飯。有時也在鍋巴上放點油、撒點鹽、小火稍炕起鍋，給娃兒們當點心零食吃；或在鍋巴上抹點豆瓣醬、或撒上辣椒粉、花椒粉，吃來是酥脆化渣、辣麻香美。記得兒時母親常把米飯讓給我們吃，自己吃鍋巴稀飯。有時我們兄妹見母親在鐽飯了，便守住鍋臺吵著要鍋巴抹豆瓣吃。這樣的兒時點滴瑣事，誰知竟然會存留在心底，終生難以忘懷。

然而鍋巴正二八經被作點心，據傳起源於兩座寺廟。一是成都北門外的昭覺寺，不僅寺廟宏大且名聲遠揚。興旺時期，廟內有僧眾七、八百，加上俗家弟子與香客更是了不得，每日之齋飯竟要用大米上千斤，下米刷鑊都得用梯子。飯好之後，鍋底一層厚厚的鍋巴，僧廚便小心地鐽起來，掛在齋堂後的屋簷下風乾。有香客僧朋來燒香拜佛，就把鍋巴用老蔭茶浸泡軟，調入油酥，撒上鹽和花椒粉熱吃，或裝入紙袋中作點心送客。客人稱之為昭覺寺的椒鹽鍋巴。

再一是重慶北碚縉雲山上的縉雲寺，一九三二年太虛法師在這裡創辦了「漢藏教理院」。各地僧人造訪求學盛旺，寺內香客成群。僧廚為了接待客人也把鍋巴做成了鹽茶點心送客。後來，這一椒鹽鍋巴、鹽茶鍋巴及成都文殊院的香油鍋巴傳到市面上，成為一九三〇、四〇年代天府名小吃之一，黃橙油亮、香美酥脆、咀嚼之聲清脆誘人，吃情食趣深為孩童、女士喜愛。

在川菜中，鍋巴菜式雖不多但風味鮮明、特色另類。四川廚師利用鍋巴香酥脆的特點創製了風情喜人、聲色可餐的鍋巴系列菜。其中最具名氣的是「鍋巴肉片」。即是將豬柳肉切成片，盛入碗中用太白粉水、料酒、少量鹽拌勻，冬筍也切成片；另用肉湯加川鹽、白糖、醋、料酒、醬油、太白粉水調兌成滋汁；米飯鍋巴掰成約六公分見方的塊，蔥成端節、薑蒜成片、泡辣椒切為馬耳朵節。鍋置灶火上下化豬油燒熱，下肉片炒散、展開，放入薑、蒜、蔥、泡辣椒炒合，下筍片、木耳、炒勻炒香，再倒進滋汁，燒沸後推勻起鍋入碗；再把鍋洗淨燒熱，下熟菜油燒至八成熱，倒進鍋巴，炸至金黃色時撈出入盤，同時舀少許沸油淋在上面，與帶滋汁的肉片一同上桌。當服務生把一碗熱騰騰的肉片湯汁迅速澆淋在鍋巴上，剎時熱氣沖騰，一串「滋吱」聲音四起，令滿桌食客不勝欣喜。乘興而品是肉片滑嫩、鍋巴酥香、鹹鮮甜酸，口感舒爽。「鍋巴肉片」在川菜中為荔枝味型，即鹹鮮甜酸味如鮮荔枝，最宜小孩、老人或不好辣麻者品食。

在川菜中，這類「會唱歌的菜」除了鍋巴肉片，還有鍋巴三鮮、鍋巴魚片、鍋巴雞片、鍋巴紅燒肉、鍋巴蝦仁、鍋巴魷魚、鍋巴海參、鍋巴魚翅等。近年來，一些廚師在傳統鍋巴系列菜肴荔枝味的基礎上，又增添了家常味、香辣味、麻辣味，海鮮味等，頗受食眾稱道。其中不足且令人遺憾地是，大多酒樓都選用袋裝的成品鍋巴，固然方便省事，但其風味口感卻大不如米飯鍋巴。即便如此，鍋巴及響鈴系列菜肴，仍是川菜中大眾喜見樂吃的一款情趣佳肴。

鍋巴響堂滿台歡，
盡顯聲色香味情。

有第一禪林之稱的成都昭覺寺。

川味海鮮不姓廣

家常味與家常海參

所謂「家常」，乃居家日常。大千食界話家常，一是指家常菜，一是指家常味。家常菜，是家戶人家一日三餐中依據自家條件、口味嗜好、隨時令季節於民俗、民風、民情中自由自在地烹玩著蒸燒燉拌、小煎小炒；隨心所欲地調戲著辣麻鹹甜酸七滋八味。於是，家常菜以家而成、因家而異、各具特色、自顯其味。它浸透出當家人的氣質和性情，主廚者的個性與智慧，也折射出其家境家況。過去少則十多戶，多則幾十戶人家的大雜院，每到中午或傍晚，哪家在做什麼好吃的，不用看不必嘗，只需來個深呼吸便可盡品其風味。

家常菜，當是川菜之源、川味之根。它不僅有回鍋肉、麻婆豆腐、宮保雞丁、魚香肉絲、夫妻肺片等享譽四海的經典名菜，更成就了川菜引以為豪的「以味見長」、「百菜百味」的獨特菜系風格。

家常之菜不家常

家常菜以其「居家尋常」的特性，展現了帶有濃厚地域特色的幾個本質特徵。以知名烹飪學者胡廉泉先生所概括，便是：

一、**就地取材四季尚新**。四川，四季分明、食料充足、隨吃隨買、現買現做。即使尋常人家請客，其菜也十分豐富，蒸燒燉炒拌；雞鴨魚兔蔬樣樣齊全，花錢不多賓主樂呵。

二、**物盡其用節儉為本**。凡菜無論葷素，川鄉人家都是巧思妙想物盡其用。像蘿蔔，肉做正菜、皮做泡菜；又如蕹菜，菜尖菜葉或熗炒清炒、或拌薑汁，嫩杆杆則切成顆炒豆豉青辣椒，又是一道可口下飯菜。巴蜀名菜中的茄皮鱔魚，即用茄子皮燒鱔魚；豆渣豬頭、豆渣鴨脯，更是用做豆腐的渣子來烹製。化腐朽為神奇，是四川家常菜中最為人們所稱道的。

三、樸實自然美味求真。四川家常菜，樸實無華一目了然，主料配料時新鮮活，居家調料香美自然。如青辣椒肉絲、韭黃肉絲、鍋巴肉片、鹽煎肉等，葷素相宜濃淡分明，原汁原味美味求真。

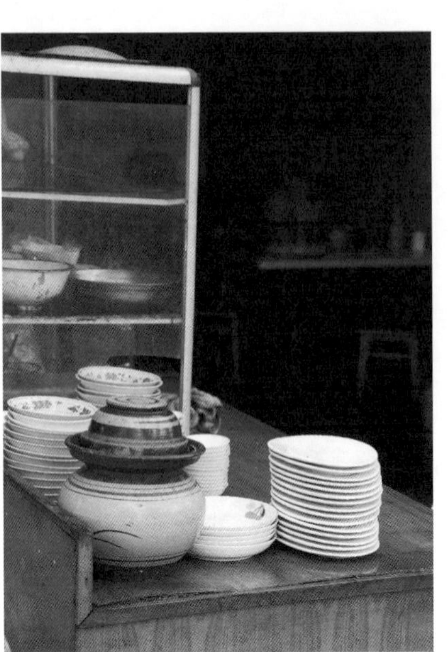

●樸實家常的館子風情。

四、葷素搭配合理合情。在過去家戶人家日常生活中，難得有肉上桌，即便吃肉亦不可能大魚大肉。通常是肉少人多，於是便在配料上打主意，這就形成了四川家常菜多要以素配葷，以葷搭素。像回鍋肉要加蒜苗或青辣椒，而單位食堂，則多是高麗菜或洋蔥回鍋肉。家庭中的回鍋肉亦有加鹽菜、鍋魁、油條、麻花等。再像肝腰合炒，要配豌豆尖或白菜心，燒肥腸要加蘿蔔或萵筍等。如此，不僅滿足了吃口需求，還起到了增加口感、平衡營養的作用。

家常菜的這四大本質特徵，是川菜的優良傳統，亦是川菜飲食文化的重要體現。十餘年間，不少酒樓採百家之長、創自家特色，民間家常菜經大廚巧烹妙調便成為「招牌菜」、「特色菜」、「名牌菜」、「當家菜」。像「土豆燒甲魚」、「豆瓣鵝黃腸」、「泡椒墨魚仔」、「青辣椒醬爆鴨舌」、「麻醬鳳尾」、「辣子脆腸」、「豆腐鯽魚」、「鱔段粉絲」、「麵疙瘩燒泥鰍」、「蘸水兔」、「家鄉豆瓣魚」等，無一不是風靡巴山蜀水、香醉萬千食客的經典家常菜。

家常之味不尋常

家常味，是指從家常菜中提煉出來的一種風味味型。亦含有「尋常易見，不煩遠求」的特點。川菜家常味的基本風味特徵雖為鹹鮮微辣，但又因菜式所需而略帶回甜或醋香。傳統家常味大都採用郫縣豆瓣、元紅豆瓣、泡紅辣椒、豆豉、甜醬、川鹽、醬油、料酒等調味料。而近些年來，在家常味中又有了水豆豉、鮓辣椒、鮮辣椒、野山椒、剁椒、泡椒、泡菜，甚至火鍋口感的家常風味。於是便形成了以豆瓣家常味為一家之長的「家常風味一族」。

豆瓣家常味，以郫縣豆瓣或元紅豆瓣為主要調味料。常用於蒸、燒、燉（用於味碟）、炒、拌中，其代表菜品有回鍋肉、鹽煎肉、豆瓣魚、麻婆豆腐、粉蒸肉、水煮系列等。

泡椒家常味、是以泡紅辣椒、野山椒為主要調料，輔以薑蒜米，蔥等。泡椒在使用中可成短節亦可剁茸使用。其風味鹹鮮微辣、乳酸香醇。代表菜品像泡椒墨魚仔、泡椒牛蛙、泡椒鱔段、泡椒腰片、泡椒脆腸、泡椒鳳爪等。

鮮椒家常味，多用鮮青辣椒、小米辣椒。取其青香鮮辣，輔以其他調味料。流行菜品有：鮮椒燒肚條、鍋仔千層肚、鮮椒兔、青辣椒雞、鮮椒蘸水兔、酸辣蹄花、青辣椒雞米等。也有將鮮椒燒烤後剁茸或切絲的燒椒鵝腸、剁椒茄子以及用鮮青紅辣椒加野山椒剁茸的剁椒風味菜，如剁椒魚頭、剁椒肚片、椒茸鰍魚、剁椒牛蛙、山椒爆黃喉等。

鮓辣椒家常味，鮓辣椒是家戶人家，尤其是鄉村人家自製的一款家常小菜，亦可作調味輔料入肴。鮓辣椒為半發酵的鮮椒製品，清鮮微辣略帶乳酸香味。代表菜品如：鮓辣椒回鍋肉、鮓辣椒炒鮮蝦、鮓辣椒蒸肉蟹等。

水豆豉家常味，水豆豉、紅苕豆豉，是百姓居家過日子的自製小菜，也常用來作調味輔料。

水豆豉味道鮮醇、辣味適中、帶薑汁味，具有濃郁的鄉土特色，適用於炒、拌、燒、蒸、焗等菜式。如：水豆豉爆鴨舌、水豆豉拌花仁、水豆豉拌兔丁、水豆豉蒸桂魚、水豆豉溜鴿脯等。

泡菜家常味，泡菜入肴自來便有，多用於燒魚，具有鹹辣酸香、清鮮可口、開胃健脾、解酒除膩的特點。民間及食肆應用都較普遍。像泡菜回鍋肉、藿香泡菜鯽魚、泡菜燒雞、泡菜拌白肉、泡菜拌雞雜、泡菜燒肚條、泡菜櫻桃肉、泡菜牛柳、泡豇豆炒肉末等不一枚舉。烹調中多用泡青菜、泡蘿蔔、泡豇豆、泡蕌頭等。

上述之家常風味系列，在現今不少廚師手中有的已廣泛超越了「家常」的概念。在家常風味中添加了不少外來的高檔調味品，如蠔油、魚露、海鮮醬、鮑魚汁、孜然、紅酒、啤酒等與傳統家常味相去甚遠的調輔料。使原本自然樸實、風味純真的家常味變得不倫不類。當然，大膽使用新原料、新調料、新烹法、新風味，讓川菜與食俱進，是持續發展的必經之路。但若摒棄傳統而失掉精髓真味，也就必然失去川菜的特色與風味魅力，越具有民族性方越有世界性。

川味海參自來美

家常海參、乾燒海參是川菜家常風味經典名肴。海參，俗名海黃瓜。在中國人的食單中被列入「海八珍」。海參在地球上已生存了六億年，被稱為海洋生物活化石。海洋中約有八〇〇餘種海參，但可食用的僅四十餘種。我國南北海域都有豐富的海參，越往南，種類越多；越往北，品質越好。其中以帶刺的參為上品，主產於黃海、勃海。大連刺參又名遼參，一直是被視為珍品。

海參自元代便逐漸上了餐桌，據可考之記載，明始祖朱元璋尤喜食海參，鯊魚筋（魚翅）。到明朝後期，以海參為頭菜之「海參席」已十分風行。清代，崇尚美食養生的乾隆皇帝更是以身作則，使海參在清王朝大行其道。原本清代之宮廷菜便是以魯菜加清真為主，淮楊菜為輔。這些依賴大海而形成的菜系，海鮮自然便是清宮帝妃、慈禧太后的美味佳肴。那時的廚師只要會講幾句山東話，烹得兩三款海參菜便是很吃香，報酬不菲。這一情景居然也在三〇〇來年後得以再現。一九八〇年代後，廣東率先改革開放，使得粵菜很快便風行全國，生猛海鮮橫行四方。像在成都，只要是廣東沿海來的，那怕只是在當地大排檔、蒼蠅館子主過廚的二桿子粵廚，在蓉城的餐館酒樓都會被奉為大廚，號稱「名師主理」，其報酬高出川菜大廚數倍。然而，殊不知燕鮑翅參二、三百年來，就一直在川菜中大行其道，更由一代代川廚創製出了上百的燕鮑翅參川式風味名肴。

早在清朝中晚期，伴隨清廷官員家眷進蜀，海參亦逐漸入川。嘉慶年間，川陝晉豫的藥材商販，在西南收購得大量藥材，經黃河、沿陝晉豫到山東濟南，再轉銷北方及朝鮮和日本。然後又從濟南雜貨行購進大宗海參乾品運回內地。海參就這樣在四川逐漸風行開來。

入川海參因是乾品發製較難，加之海參烹調

成都市海產類食材集中地青石橋市場裡的豐富海產乾貨，當然也有各式鮮活海產。

不易入味，稍不慎成菜後的海參便如嚼膠皮、或麻舌磣牙。川中大廚經反復摸索潛心試驗，終創造出了發製乾品海貨的獨門絕技，此後更是在烹調上大展神功，創製出風格多樣、風味紛呈的海參菜式。

早年，如成都名館姑姑筵的蝴蝶海參、金錢海參、鍋巴海參、蔥燒海參；榮樂園的酸辣海參；頤之時的一品海參、家常海參等均享譽大江南北。當代名廚中，像劉建成、曾國華、曾其昌、史正良、張中尤、盧朝華、王開發等均是烹製燕鮑翅參的行家名師，中青名廚像舒國重、肖見明、喻波、蘇繼江等亦為海鮮烹製高手。

海鮮烹製無論南北多用高湯，配以高檔輔料，味求清鮮淡雅。川菜家常海參則自成一格、獨樹一味，使得南北烹壇名匠口服心服。原本烹製海鮮內地就不輸港粵，況且粵港廚師早年亦師法遼寧、山東。反觀川廚，借川菜「以味見長」之功力，更是把海鮮烹製得風情多姿、風味別樣，獨顯其烹飪技藝和調味神功。

家常海參美名揚

家常海參，多用水發刺參，輔以肥瘦豬肉、芥蘭菜或小白菜心、蒜苗，用特製清湯、化豬油及薑蔥、郫縣豆瓣、鹹紅醬油、麻油、太白粉水、料酒、川鹽。烹製時，把海參洗淨切成斧櫂片，肥瘦豬肉剁成細粒，郫縣豆瓣剁茸，蒜苗切成粗花，芥蘭菜或小白菜心洗淨備用。炒鍋置旺火燒熱摻入清湯，放薑蔥和海參，加料酒、少量鹽煨煮兩三分鐘撈起，倒掉湯，再重放清湯加料酒、鹽，放入海參再煨，如此反復兩三次，讓海參粑軟吃味、增鮮提香。

接著把炒鍋置旺火下化豬油燒熱，肥瘦豬肉加料酒、少許鹽下鍋煵乾炒香起鍋備用；鍋中再下化豬油燒熱，把芥蘭菜或白菜心炒斷生起鍋盛入盤中；然後洗淨鍋燒熱，放化豬油，下郫縣豆瓣煵香至油色紅亮，即摻入清湯燒開濾渣後，下海參及肉臊，然後依次下料酒、醬油、味精、蒜苗，燒至收汁亮油勾少許二流芡，加香油推勻，把海參連湯汁舀於芥蘭菜或白菜心上即成。傳統烹製中，還可以加用泡紅辣椒與豆瓣剁細，墊底的菜也常用無根腳黃豆芽。老一輩川菜大師曾國華的拿手名菜之一便是家常海參。他做的家常海參在原配料之外，還加了泡青菜，既保持了成菜香辣鮮美，又使其家常風味更濃郁，吃來滋味也更豐厚。

家常海參的烹製，十分注重刀工、製味與用火，成菜後海參軟糯柔潤、配料形色各異、風味濃淡相宜；色澤豔麗、滋汁紅亮、肉臊酥香、鹹鮮微辣、滋味豐厚；佐酒助餐、吃口舒爽。

川菜另一款家常風味海參名菜，即「乾燒海參」。「乾燒」是川菜一種特有的烹飪方法。所謂「乾燒」，即烹製時用中火慢燒，使其湯汁和調味料能全部滲入原料中，或沾附於原料上自然收汁亮油，不用勾芡。烹製乾燒海參，同樣把水發刺參切成條，用清湯、料酒、川鹽、薑蔥煨煮兩三次，每次兩三分鐘即可。肥瘦豬肉剁成細粒，下油鍋煵酥香，加少許醬油炒勻備用；鍋內另下化豬油燒熱，放泡紅辣椒節、薑蒜米、蔥節炒香，摻入鮮湯下海參，加川鹽、料酒、肉末、加醪糟汁，燒開後改用中小火慢燒，收汁亮油時加味精、香油推勻，起鍋裝盤。成菜油亮滋香、軟糯柔潤、鹹鮮微辣、味感醇濃，亦是佐酒助餐之美口佳品。

這兩款家常風味的海參名肴，雖為家常卻實在不家常。近百年間，其獨特的烹法和風味特色征服了海內外美食大家。然而，反觀現今之川菜市場，海參菜品不僅寥寥無幾，就「家常」和「乾燒」這兩款海參名肴而言，雖也常見於各大餐館酒樓，但令人遺憾是，大多已被做「爛」了。成了貌合神離、風味怪異，甚而是粗製爛烹的街邊菜。像為了突出裝盤之大氣亂加輔料，形成一堆亂七八糟的輔料上擺上十條左右的海參；為突出風味胡添調料，加鮮椒、加火鍋料、孜然、十三香、海鮮醬等。致使成菜型態假、色晦暗、味怪異，這樣的家常海參自然也就不姓「川」了。

川味海鮮不姓「廣」

進入一九八〇年代，全大陸掀起一股前所未有的「廣東熱」。下海經商的潮人與青年以說廣東話、唱粵語流行歌、吃生猛海鮮為時尚，視為是顯示身份與地位的象徵。成都也迅速被粵菜海鮮席捲，形成濱江路一帶及磨子橋粵菜海鮮一條街。每臨夜晚車流湧進、人頭攢動，「生猛海鮮，粵廚主理」的廣告招牌五光十色、舉目皆是。川菜被來自南海的波濤沖刷得目瞪口呆，閉聲閉氣地蜷縮在街角巷尾。生猛海鮮成為食尚新潮的代名詞。

然而，只消瞄一眼中國地圖就不難發現，生猛乃鮮活，「生猛海鮮」並非皆姓「廣」。我國自北向南海岸線長達一萬八千公里，從渤海、黃海、東海到南海，蜿蜒曲折，胸懷坦蕩的大海為我們提供了豐富鮮活的海產。像魚類、蚌類、蛤類、螺類以及烏賊、魷魚等軟體動物林林總總、應有盡有。諸如東北的大馬哈魚、石斑魚、海螺、大對蝦；青島煙臺的知名海產紫鮑；江蘇如東的「天下第一鮮」文蛤；浙江嵊泗列島的佛手、淡菜以及舟山群島的大、小黃魚、帶魚；寧波的蟶子和蠔、黃泥螺；福建的「西施舌」（蛤蜊之一）及帶子；南海的魚翅、魚肚、魚唇……。

而始於元代盛於明清的海鮮肴饌，亦多是源於魯

位於成都市青石橋市場周邊的海鮮大排檔。

菜。就四川而言，自清末海鮮從濟南製成乾品水運入川，到抗戰時期以陪都重慶為中心，北方及江浙大廚雲集成渝兩地，相互切磋、明爭暗比。此時的海鮮已被川廚玩得出神入化風情百樣。到清末民初，成都之高檔筵席已設有「海參席」、「燕菜席」、「玉脊翅席」，各式海鮮菜品達百餘種。其中海參類即有二十款，魚翅類十八款，鮑魚類十餘款，燕窩類二十四款。另據一九八七年編撰的《川菜烹飪事典》所記載，川菜中（含歷史菜品）海鮮、燕菜類便有二〇〇多款。其中燕窩類三十餘款；鮑魚類十餘款，魚翅類近四十款；海參菜近四十款。其風味涉及清鮮、鹹鮮、家常、酸辣、麻辣、香滷、甜酸等，一菜一格，一菜一味。

像魚翅菜肴中較經典的就有：乾燒魚翅、酸辣魚翅、麻辣魚翅、涼拌魚翅等；海參菜肴中則有：響鈴海參、金錢海參、鴛鴦海參、酸辣海參；當然最享譽的是家常海參與乾燒海參；鮑魚名肴中有：紅燒鮑魚、鍋巴鮑魚、如意鮑魚、奶湯鮑魚；諸如此類，不勝列舉。

二、三百年來，川味海鮮豐富多姿、風味紛呈。這一事實，無疑對現今盲目崇拜時尚、閉眼追撵潮流，捨近求遠、本末倒置的一些餐飲商家和大廚來說，是個令人啼笑皆非的嘲諷。當然，也更值得行業中人認真深思。不過在四川餐飲市場，的確有一樣海鮮風情有資格姓「廣」，這就是在廣東沿海遍地皆是的廉價海鮮大排檔。拿成都人的話來說，就是海鮮「蒼蠅館子」，海鮮「麻辣燙」。但這在我們這個美食之都，卻被不少人追捧為「高檔享受」。殊不知，那賺得盆滿缽溢的老廣在背後卻啞然失笑地議道：「哇噻，那內地人真是土得很耶！」

海鮮亦非皆姓廣，蜀中男兒當自強；
川味海鮮醉四海，尋常美味勝粵港。

三湯三肉醉巴蜀

牛肉名肴與老四川

川人向來以豬肉為主要肉食，輔以雞、鴨、兔、魚。牛肉雖既常見亦常吃，但終歸不如豬肉那樣占主導。民間不也還流傳「諸肉還是豬肉香」吆。然而，單就這牛肉來說，無論是天山貴客、內蒙友人還是珠江嘉賓，只要喝了「老四川」的牛肉湯，品了「老四川」的牛肉菜，無不拍案叫絕，驚為天下極品。尤其是觀賞了「老四川」三湯三肉的烹飪工藝，更是譽為「巴蜀絕品，人間佳饌」。

近兩百年間，巴蜀大地湧現出了屈指難數的牛肉美饌，不僅帶有濃郁的地方風味特色，還蘊藏著不少亦或美麗，亦或淒涼的傳說。像川東的五香牛肉、燈影牛肉、清燉牛尾、紅燒牛頭方、涼拌牛肉等；川南的熏牛肉、火邊子牛肉、水煮牛肉、清燉牛肉、牛肉毛麵等；川西的大傘牛肉、小碗紅湯牛肉、牛肉絲餅；川北的乾牛肉、掛掛牛肉、五香燒牛肉、軟酥牛肉、麻辣牛肉、果汁牛肉等；更有省會成都的小籠蒸牛肉、夫妻肺片、鍋酥牛肉、家常牛肉、煨牛蹄以及小吃紅燒牛肉麵、擔擔麵、牛肉焦餅等。

川人食牛物盡其用，除了牛皮與牛角不入肴，從牛頭到牛尾、牛唇到牛蹄、牛腦到牛鞭、牛肉到內臟，無所不成肴，無所不美味。如四川名菜中的燒牛頭方，用水牛頭頂皮；夫妻肺片，則取牛之心、肚、舌及頭皮；清燉牛尾湯，選用牛尾中段；枸杞牛鞭湯，主料自然便是牛鞭。當然在川菜中首屈一指的牛肉名肴，還是巴蜀牛肉名館「老四川」之「三湯」與「三肉」。

兩個牛肉店，結緣「老四川」

說起「老四川」，龍門陣就長了。雖現今已是出川，成為重慶市的老字號品牌，但亦如幾十年前，它由兩家不同的街口路邊牛肉小攤，發展成店，而後珠聯碧合催生出「老四川」一樣，與川菜依然是難分難離，情味深長。

一九三一年，在重慶國泰電影院門口的路邊上，有一個掛著「亮油壺」賣夜市的小攤子，經營者是來自內江的鐘易鳳、嚴文治夫婦。鐘易鳳當時還是位年輕漂亮心靈手巧的少婦，為了幫助從事飲食生意的丈夫，便從內江到了重慶。夫妻倆晝夜辛勞精心研製出片薄似紙、紅潤透亮、麻辣香美、滋味濃醇的燈影牛肉。入夜時分，便放在玻璃櫃中，點上一盞油燈，倆人提籃挑擔沿街叫賣，而後在國泰影院旁定點擺攤。電影院人來人往，食客只要一品嘗便會愛不釋口。如此口碑四傳生意日漸興旺。當時上海《新民晚報》有位駐渝記者尤其喜食她們的牛肉，稱其牛肉「香濃味醇，利口醒胃，最能代表川味神韻」。他見這麼好的牛肉，這樣好的生意，竟連塊招牌都沒得，於是就做了塊一尺多長的黑漆金字小招牌送給他們，取名「老四川」。鐘易鳳夫妻倆就把這「老四川」的招牌掛在攤子上，這下名正味順，生意更是愈加興隆。其後鐘易鳳夫婦積攢了些錢，便在重慶八一路開了家正兒八經的「嚴記牛肉館」，仍掛牌「老四川」。以「三肉」，即滷牛肉、滷牛肚、燈影牛肉享譽重慶。

與「老四川」另有一段淵源的是重慶一家叫粵香村的名店。一九三七年「七七事變」後，有三個逃難到重慶的上海人，為謀生計合夥在市區白龍池開了個小飯店，專賣牛肉湯和燒牛肉。做了兩年生意不見起色，就把小飯館轉讓給了一個在長江跑船的船主駱雲亭。此人祖籍廣東，在重慶多年，對重慶人的口味喜好較為熟悉，加之諳熟經營生意便漸有起色。

一九四三年，駱雲亭聘請了重慶名廚陳青雲主廚，陳用其在清真館子幫工所掌握的經驗，對牛肉湯的製作進行了改進，把牛肉湯燉得油重味足、湯質清亮，故取名清燉牛肉湯，頗受食客喜愛。陳青雲見擴大後的飯館沒有店名，就建議駱雲亭借祖籍廣東之簡稱取名「粵香村」。生意此後更加欣欣向榮。到一九四七年，駱雲亭因忙於船運無暇顧及粵香村生意，又轉讓給了當地的一個保長王雲甫，陳青雲仍留在粵香村主廚。其時，粵香村每天僅清燉牛肉就要用幾十斤黃牛肉，並與後來開發的枸杞牛尾湯、枸杞牛鞭湯一起成為粵香村的招牌名菜，被重慶人譽為「陳氏三湯」而名冠巴蜀。

●霧都重慶的風情景致。

一九五二年，粵香村老闆王雲甫返回北碚老家。其店無主處於關門歇業的境地，陳青雲不忍看著費心盡力做出的品牌就此消失，便動員幾個師兄弟一起承頭，以只管吃飯不拿工資的方式將店支撐起來，直到一九五〇年代中期，成為重慶市第一家公私合營餐館。合營後，重慶市飲食公司派來了書記、經理，陳青雲又才回到自己的崗位上，作為湯鍋組長負責「三湯」的烹製。

一九六四年，重慶市飲食公司把鐘易鳳夫妻倆的「三肉」併合到粵香村。從此，粵香村陳青雲的「三湯」，加上鐘易鳳之「三肉」便成為重慶無人能及的響亮招牌。

其後，時任重慶市財貿部長的余躍澤認為「三湯、三肉」都是重慶的名菜，應突出重慶特色，便將「粵香村」改名「渝香村」。但廣大食客卻不認同，沒多久又改回原名。「文革」初期「破四舊」中，粵香村招牌被砸爛，更改為「紅岩餐廳」，直到「文革」結束方才恢復原名。雖然店堂幾遭厄運幾改其名，但粵香村之「三湯三肉」卻以不變應萬變，有幸得以延續，保持了其風味特色和品牌聲譽。

一九八五年改革開放後，粵香村重新煥發出招牌活力，鐘易鳳的「三肉」也在酒樓門口單開了專賣部，其袋裝的「三肉」開始遠銷港澳。一九八二年，由中日兩國合編的大型套書《中國名菜集錦》，把粵香村九款牛肉名菜收錄其中。當時日方派專人前來拍攝餐館及菜品照片。重慶有關部門考慮到「粵香村」店名實難體現重慶地方特色，決定重新打出鐘易鳳早年的「老四川」這一知名招牌。如此，「老四川酒樓」恰逢其時，應運而生。

傳承七十載，湯肉醉人間

現今之「老四川」品牌依舊，仍以「三湯三肉」名冠四方。鐘易鳳及陳青雲已然作古，但其製作技藝卻是完整地傳承下來。只是「三肉」後來由鐘易鳳夫妻拓展為火邊子牛肉、精毛牛肉

「金毛牛肉」（此為成都・蜀粹典藏所製作）。

和燈影牛肉。鐘易鳳夫婦製作「三肉」，不僅深得自貢傳統製法之精妙，更在選料用料上一絲不苟。像精毛牛肉，須選用黃牛後腿的精肉，去膜剔筋改塊煮，煮熟後再切成小條，以菜油、調味料、香料小火再煮，待油汁完全浸入肉中表面起毛，再翻到鍋中爆炒出炸油的聲響，毛牛肉此時鬆軟香美、色如琥珀、狀似絲絨，不時閃爍出縷縷柔美金光，吃到口裡味汁沁湧，久嚼不竭化渣潤喉。

老四川的火邊子牛肉又叫煙熏牛肉。原本是自貢的名特傳統美食。鐘易鳳出嫁前在自貢已是有名的製作高手。她選用黃牛筒筒肉或荷包肉，順紋路切成大塊，再改刀成一端相連有如一串鞭炮相連的肉條，經碼味、醃製、晾乾、烘烤、蒸熟軟而成。她的火邊子牛肉吃來是爽牙利口、香酥綿軟、滋味悠長，成為旅遊休閒美食一絕。

而燈影牛肉早先卻是達縣的名特食品，為梁平縣一專做燒臘醃滷的劉姓手藝人所創製，後流落到達縣仍以此為生。據傳西元八一九年，唐朝詩人元稹來達川任職，一次在一酒店小酌，品吃了這款牛肉，甚感酥脆化渣、香美多滋、吃口十分舒爽。他尤為讚賞其薄如皮影亦可透光，於是命此牛肉為「燈影牛肉」。一九二七年，達縣一富賈請名師特製三十大罐的燈影牛肉罐頭，送到成都青羊宮花會展銷榮獲銀質獎章。燈影牛肉在四川便遐邇聞名，家喻戶曉。

再說鐘易鳳夫婦製作的燈影牛肉，亦因其薄如紙、酥脆綿軟、紅潤透亮、麻辣鮮香、風味綿長而口碑盛傳。這款牛肉美食要經過醃烤蒸炸數道工序，又以秘而不宣的特製香料調味，故而成品紅亮薄透、香氣襲人、齒觸即碎、美味四竄繞口三日不絕。鐘易鳳之燈影牛肉因此而成為重慶著名特產美食，人們皆以得而快之，品而樂之。

轉頭再說「三湯」。原粵香村名廚師陳青雲可以說把大半輩子的心血和精力，都投入進了「三湯」的煉製上。他對「湯」的製作精心到了極至。他總結燉湯要過九道關：選料、解骨、浸漂、煨燉、用火、掠沫、濾渣、加料、調味。行業內則稱其為「燉湯五絕」。

一是用料絕。燉湯用胸肋，牛尾取中段，牛鞭去皮除腥。

二是加工絕。黃昏開火，通宵達旦不離人，觀火、調火毫不馬虎，保持一盞油燈的火勢，使湯沸而不發、油光湛然、波瀾不驚，而油下則水深火熱、暗流洶湧。如此十幾個小時煨燉至清晨熄火，鍋中方才風平浪靜，其湯與肉性不失、味不散，已是出神入化。

三是功效絕。牛肉性味溫和、營養豐盛、養氣生血、強筋健骨、老少宜食。

四是調味絕。用薑、蔥、花椒、酒、鹽調味，各料精心投放、恰到妙處，既不傷湯肉本味，更使味豐美香潤。

五是色香絕。金黃油層蓋面，清爽肉條沉底，湯汁清澈如鏡，配料晶瑩似玉；一湯在手，觀之悅目，聞之喜鼻，嘗之醉舌，令人神往。

再說老四川的「三湯」出堂上桌時，按陳師傅的規矩，要先把煮好的蘿蔔或冬瓜等素菜放進碗中，再把牛肉片子加在上面，撒上自製的炒鹽，最後舀進鍋中的原湯。其湯看似平靜無氣，其實滾燙灼舌。陳青雲師傅的湯還有三不添加。一是大甕子鍋內熬湯，一次性加足水，中途絕不再加水；二是上桌後，無論客是何人絕不添湯；三是調製的香油豆瓣味碟，也不添加。不僅如此，他還自立規約：只要牛肉片或牛肉湯兩樣有一種賣完，剩下的湯或肉絕對不出堂。由此可見可見陳青雲對他的招牌「三湯」是多麼看重和精心維護。

美味留青史，老店開新花

一九五八年朱德來重慶，在老四川用餐，品嘗了燈影牛肉後讚不絕口：「普通原料做出了不普通的味道，廚藝了不起！」其後，周恩來、鄧小平亦到老四川喜嘗了燈影牛肉。一九六五年，柬甫寨西哈努克親王到老四川吃了牛肉佳肴後讚歎：「牛肉能做出如此美妙的菜肴，簡直不可思議，太神奇了！」電影藝術家、著名導演謝晉每次來四川，都要吃老四川的牛肉，有次老四川經理為他開出了龍蝦等高檔菜，謝導卻大筆一揮自開菜單，三湯三肉一個不少，足見謝晉生前對老四川牛肉佳肴一往情深鍾愛不已。一九八〇年代初與粵香村合併後的老四川經改造裝修，使這個老牌名店煥然一新。

一九八五年後，重慶餐飲市場繁榮興旺、競爭加劇，老四川因機制束縛，管理僵化，致使人材大量外流，職工情緒消沉，經營一度陷入危機之中。加之酒樓經理如走馬燈般換了十幾任，老四川面臨生死存亡的境遇。可天下之事說奇也奇，到第十六任經理上任，他逆境抗爭、力挽狂瀾、巧籌資金、精心運作，大刀闊斧進行管理機制的改革，並請回已退休的陳青雲、鐘易鳳兩位特級名師培訓人員，嚴把品質關，重建服務體系，竟然神話般地使老四川起死回生，讓這個牌老色衰的資深名店重新揮發出品牌魅力。

經重新設計裝修後的老四川，牌樓門楣、朱紅圓柱、古風古色、典雅恢弘，門前那玻璃鋼的

在重慶南山眺望重慶渝中區。

黃牛雕像，一眼望去便知這是一家以牛肉為特色的風味酒樓。堂內雅座中的「映牛溪」、「鵲橋仙」、「圖牛居」、「牧謠」、「犇頌」等水墨畫讓人感官身輕心悅。加之陳、鐘二位的回歸，尤使老四川「三湯三肉」的誘惑力勢與日俱增。其傳統特色名肴，如燒牛頭方、五香滷牛肉、白汁牛肚、醬爆牛脯等，加上新派牛肴如鐵板牛肉、碎米牛排、蘭花牛掌等，無一不展現了從牛頭吃到牛尾，從裡吃到外的全牛美饌，讓食客吃情湧流、爭相品嘗。老四川因而再度成為重慶餐飲的風向標。

不是牛羊產地的重慶，不是正宗清真館子的老四川，卻有著如此高超的牛肴烹飪之技藝和專家名師，這不能不讓人心悅誠服。

二〇〇〇年後，老四川以其深厚的歷史積澱，成為中國西部惟一直轄市重慶的美食名片。眾多政府要人、外國領袖、國際名流、演藝明星、體壇驕子蒞臨老四川品享三湯三肉，一飽口福，無不給予高度贊評。如今，老四川成功實現了現代酒店經營管理模式，走上了連鎖化、規模化、集團化的發展道路。其品牌產品之「三肉」：燈影牛肉、火邊子牛肉、毛牛肉及五香滷牛肉等暢銷華夏大地，遠銷東南亞、日本及歐美地區。

經歷八十餘年的世移時易，老四川繼往開來，由昔日街邊小攤，成為特色獨具、風味獨特、品牌彰顯、效益上乘的名店望樓。一九九三年，「老四川」大酒樓被國家內貿部授予重慶中餐業唯一「中華老字號」；二〇〇六年再次被國家商務部命名為「中華老字號」名店。其「三湯三肉」榮獲中國名菜稱號。至此，老四川完成了：「三湯三肉」創品牌，紅塵七十定終生之華麗轉身。

華年八十老四川，
風韻猶存湯肉間。

雪域高原，奇珍異草

冬蟲夏草及蟲草鴨子

當我們在生命中的某一刻能靜下心來，悉心聆聽大自然的聲音，撫摩大自然所創造的一個又一個奇蹟，虔誠地去體會人與自然的心靈獨白的時候，生命中一個最美妙的瞬間或許會蕩漾在你的心田，把你帶到一個意想不到的境界……。

每年的五、六月間，在青藏高原，川西高原那遍美麗壯觀的大地上，湛藍的天空一碧如洗、雲綣雲紓；連綿雪峰在和風麗日下閃爍著銀色的光輝；草原上星星點點的帳房冒出徐徐青煙，散發出絲絲酥油奶茶的芳香。成群的馬、牛悠然地品享著剛融化，尚有積雪復蓋的草地上初吐芬芳的青草；放牧的藏族姑娘不時地舞動著手中的長鞭、放開歌喉，那清亮高亢，極富穿透力的天賴之音在草原上悠悠飄蕩；而剽悍英俊、背弓挎刀的藏族漢子，躍馬揮鞭在歌聲中飛奔急馳。此時，在遠處雪山腳下的草甸中，散佈著密集而又稀落的藏族男女，腑身卷腰匍伏在草地上，艱難而小心地在積雪和草叢中尋找著什麼？她，就是高原奇珍——冬蟲夏草。

冬蟲夏草風情之歌

頗具傳奇色彩的冬蟲夏草，因為只生長在海拔四千公尺左右的高原雪域而尤顯神秘奇特。然而，在生機盎然的大自然裡，冬蟲夏草只是一種昆蟲幼蟲與真菌的天然結合體。「蟲」是指蝙蝠蛾幼蟲，「草」則是一種真菌植物，叫「蟲草菌」。每當初夏，高原上冰雪初融，青草碧綠、野花競開，成群集隊的蝙蝠蛾便在青草野花間飛舞顛狂，將千萬個蟲卵任意撒落在花葉上，其後孵化成小蟲鑽進疏鬆潮濕的泥土裡，吸收植物根莖的營養，把身體養得白白胖胖、豐滿肥腴。

到了秋季，植物中的蟲草菌孢若遇到這一幼蟲，就會像精子一般鑽進幼蟲體內，大吃大喝盡情享用幼蟲體內豐富的營養，然後不顧一切地生發菌絲，把幼蟲的整條身軀脹得滿滿的。而受到這種真菌侵襲的蝙蝠蛾幼蟲，便象生了重病，十分痛苦地掙扎著，蠕動身體想鑽出地面，最後是頭上尾下成為一個幼蟲軀殼。

冬天，幼蟲軀殼從表體看仍是一條完整的蟲，這就是「冬蟲」。然而，冬蟲卻雖死猶生，其體內的真菌卻是快樂地生長著。到春末夏初天地轉暖，冬蟲頭部便長出一根綠棕色的小草棍，一般長約二～五公分，有的可長到十餘公分，其頂端的囊殼逐漸變為褐色，這便是「夏草」，與冬蟲合二為一，即稱為「冬蟲夏草」。

此時的冬蟲夏草，發育生長得尤為飽滿，狀態也最為動人。夏至前後，高原上陽光、白雪、青草、野花交相輝映，冬蟲夏草也迫不及待地破土而出，混雜在花草叢中。這就是採集的最好時節，時過夏至天氣漸熱，積雪消融、百草叢生，就很難尋找了，即便是採集到，大多也因蟲體枯萎而失色。而且過了這個時節，蟲草就會逐漸枯死。

據藏族同胞介紹，尋找蟲草必須趴或跪在草地上，在草叢中仔細搜尋。通常由於陽光的照射角度，早晨是側光易於發現，中午太陽當頭頂光照躍，就很難尋覓。有時一連好幾天跪行於地，聚精會神地搜尋仍一無所獲。但只要發現一根蟲草，採集者便會欣喜若狂。因為在其周圍一公尺左右範圍內就可找到十～二十根。採集者多用一根小鐵棍或小木棒在距蟲草三公分處刨挖，太近則易挖斷蟲體，而折斷的蟲草很難賣出手。蟲草採集到後，還要及時除淨外表的泥土和囊皮，洗淨晾乾、噴灑黃酒使之變軟。然後整理平直，以六～八根為一紮用紅繩繫好放在通風乾燥的環境中，以免因受潮發黴而變質。

其實，冬蟲夏草既非蟲亦非草。「冬蟲」指菌體，「夏草」指菌座。一根蟲草一般長約十公分左右，蟲體如臥蠶長約六公分，外表色暗黃較粗糙，背部為蟲狀皺折，腹部有短足八對，位於蟲體中段的四對較顯而易見。菌座則從蟲體頭部長出，如細草棍灰褐或黑褚色，長約七公分左右。冬蟲夏草還要依其品質分類，其色澤黃亮、豐滿圓渾、皮黃肉白、菌杆短小的為上品。按二〇〇九年市場收購行價，出自西藏那曲和青海玉樹的這類上等冬蟲夏草，每公斤約二〇〇〇根，價值十萬元人民幣以上；中等品質的每公斤約三千根，八萬元人民幣以上；而次等的每公斤約四〇〇〇根，其價也在六萬元人民幣以上。可見，這小小一根隱藏在雪域高原草叢中的奇珍異草，帶給了藏民們太多的希望和願景。故而每年的五、六兩月，他（她）們便要備上乾糧相約出行，爬山涉水、餐風飲露到雪山草原採集蟲草。這也成為藏民們一年一度最為重要的活動，在青藏高原，川西高原那片雪山草原上，每逢這時，便唱響了充滿生命活力的冬蟲夏草風情之歌。

●成都市五塊石中藥材批發市場裡大量、質優而豐富的中藥材。

冬蟲夏草的密秘

要瞭解冬蟲夏草的箇中奧秘，得先弄清一個概念。民間常說的「蟲草」，並不等於是冬蟲夏草。廣義上的「蟲草」分佈在世界各地。目前已發現有四〇〇多種，在我國亦有六十八種蟲草。也就是說，大凡寄生於各種昆蟲，甚至蜘蛛和其他生物而長成的都叫「蟲草」。而「冬蟲夏草」僅是這一廣義蟲草中的一個特殊的珍稀品種，僅分佈在中國西藏、青海、川西高原。專業人士將其按出產地及品質優次分為藏蟲草（西藏那曲），青海草（玉樹）、川草（阿壩、松藩、甘孜一帶）及滇草（雲南）、甘肅草等幾種。而醫學界之醫師、藥師及食界、烹飪界之專業人士所言之蟲草，則多指野生冬蟲夏草，並非一般蟲草。現今市場上的蟲草多是良莠混雜，連無甚滋補與藥用價值的普通蟲草也魚目混珠，就因一般蟲草和冬蟲夏草其價格之懸殊，從幾十元到十數萬元一公斤不等。

資格的冬蟲夏草，以其生長環境分為兩類：高原草甸生長的草原蟲草和高原陰山峽谷裡生長的高山蟲草。由於草原與高山的自然環境與土質差異，蟲草的形態亦略有不同。草原蟲草多為土黃色，蟲體肥大、肉質鬆軟；高山蟲草多呈黑褐色，蟲體結實、肉質緊紮。因草原地域廣闊相對便於採集，故而其產量較高山蟲草大，市場上多為此種。高山蟲草，海拔高地勢險，採集風險甚大，故而較稀少。但兩者在藥用及食療滋補價值上並無區別，但卻是物以稀為貴。

冬蟲夏草最早記錄於一七五六年，清代趙學敏的《本草綱目拾遺》筆記：「夏草冬蟲，出四川江油縣化林坪，夏為草，冬為蟲，長三寸許，下跌六足，屜以絕類蠶，羌俗系為上藥。」吳洛儀之《本草從新》亦載述：「四川嘉定府所產者最佳，雲南、貴州所出者次之。冬在土中，身活如老蠶，有毛能動，至夏出土，連身俱化為草。若不取，至冬則複化為蟲。」而《四川通志》中亦記有：「冬蟲夏草出里塘撥浪工山，性溫暖，補精益髓。」古往今來，約有七十多部中醫藥專著及文獻記錄了冬蟲夏草的藥用功效和食療滋補作用。一九五〇年以來，就新增二〇〇多部醫藥書典詳細記載了冬蟲夏草的藥效與用途。將其歸納為陰陽並補、養肺益腎、止血化瘀、治療諸虛百損、久咳虛喘、勞嗽咯血、陽萎遺精、腰膝酸痛等。

現代醫學通過對冬蟲夏草的研究，還發現了更多的神奇功效。冬蟲夏草，具有鎮靜安神、抗驚厥，降解高血壓、高血脂、高血糖和高膽固醇，改善心肌缺血，促進細胞再生，減緩衰老，調節人體免疫，抗肺癌、淋巴癌及肝癌的功效。冬蟲夏草對人體之如此全面的藥用和滋養保健作用，令醫學界為之驚歎，被譽為神奇之極的「仙草」。冬蟲夏草作為天然藥物，其藥用及滋補功效一直受到中外專家學者的廣泛重視和推崇，中國冬蟲夏草也因此而名揚天下。

近二十年來，蟲草的人工培植雖已獲得成功，但尚難在昆蟲幼體和真菌有效複合的核心研究上，取得突破性成果。因此，天然冬蟲夏草依然不愁價且身價瘋狂走高。三十年間，西藏、青海、四川甘孜、阿壩、松藩的冬蟲夏草，其市價已是上漲了二萬五千倍。以八〇〇根為一𣏓的頂級冬蟲夏草為例，一九七〇年代為每公斤二十一元（人民幣，以下同）；一九八〇年代為每公斤三〇〇元；一九九〇年代為每公斤三〇〇〇元；二〇〇〇年後，每公斤突破萬元大關；二〇〇七年每公斤為二十萬元；二〇〇八年底降為每公斤十萬元，二〇〇九年又升為每公斤十二萬元。而現在頂級冬蟲夏草更賣到每公斤二十八萬元。

二〇一〇年五至八月，頂級冬蟲夏草出產地之一的青海玉樹，先後遭受大地震和特大山洪泥石流襲擊，玉樹地區幾乎被完全摧毀，作為玉樹重要經濟發展支柱的蟲草與藏獒產業與商貿交易，亦遭受毀滅性打擊。冬蟲夏草的市價隨即陡然飆升。加之秋冬是傳統滋補季節，正是蟲草的銷售旺季，從市場上瘋狂炒作的價格走勢，人們不難窺視到冬蟲夏草之價值。「神草」現今之售價已超過金價，因此又被稱為「軟黃金」而受到投資商、投機商人的青睞，囤積炒作日趨盛旺。同時，在巨大經濟利益驅使下，不法商販採取各種加工做假手段，增加蟲草重量牟取暴利。如噴水、摻土、抹重金屬粉、刷膠水、插別針、塞迴紋針等。通常摻一兩土或水要多賺三、四千元。因此選購蟲草最好不要在散市或小販手中購買，應去較有品牌的專賣店或正規藥店。

冬蟲夏草食養贊

冬蟲夏草入饌作為食療滋補之食物，始見於清代吳敬梓的《儒林外史》。其後，《柑園小識》一書首次闡釋謂：「與老鴨同煮食，宜老人」，且「凡病後調養及虛損人每服一鴨，可抵人參一兩」。川菜筵席名菜「蟲草鴨子」便是由此而來，距今已有三百年歷史。清朝《文房肆考》還記有一段佳話：浙江人孔裕堂之胞弟，「患祛弱，汗大泄，雖盛暑，卻處密室帳中，猶畏風甚。病三年，醫藥不效，症在不起。適有戚自川歸，攜以冬蟲夏草三斤，逐日和葷蔬作肴燉食，漸至愈。」隨之，冬蟲夏草的神功妙效一下在世間廣為傳頌。

然而「蟲草鴨子」雖具有神奇食療滋補功效而深受民眾喜愛，但由於冬蟲夏草價格昂貴，所以大多餐館酒樓都無此菜供應，更多以筵席大菜出現在餐桌上。即使是現在，冬蟲夏草雖舉手可得，但大多人也是只聞其名而難品此肴。

川菜「蟲草鴨子」，多選用一五〇〇克嫩肥鴨一隻，優質冬蟲夏草三十克，高級清湯（鴨湯）一五〇〇克；配料有薑塊（拍破）、蔥節、料酒、川鹽。鴨子宰殺後去舌去掌及內臟，清洗乾淨後放入開水鍋煮至皮緊撈起，其水濾渣備用。然後把鴨頭去嘴殼並和翅膀一塊盤在背上，蟲草用溫水洗淨，再用竹簽在鴨子腹部戳若干小孔，逐個把蟲草粗的一頭插入孔裡，適當外露出一截，把鴨子放入蒸盆，放薑蔥料酒和湯，入籠蒸熟軟即可。吃時拈去薑蔥、湯裡適當加點鹽。

蟲草鴨子數百年來一直是川菜養生名肴。一九八三年，全國首次烹飪名師技藝表演鑒定，川

●右圖：珍貴藥材——冬蟲夏草。
●下圖：滋補名湯——蟲草鴨子。

菜大師曾其昌的一款「蟲草鴨舌」獲得滿堂稱奇。此菜即是在蟲草鴨子的基礎上創製，曾其昌在製作中先是把一二〇根精選鴨舌煮熟去骨，將蟲草逐一瓤入鴨舌內，定碗造形，加薑、蔥、料酒上籠蒸熟，再用發漲的蓮米去皮，除心，蒸熟。另用鴨子、豬排骨砍成塊洗淨裝入湯盆，加清水上籠蒸約兩小時成特製鴨湯。再把蒸好的蟲草鴨舌翻扣入大盤內，蓮米逐個鑲在鴨舌周邊，最後灌入鴨湯，這款筵宴大菜即大功告成。此菜色澤秀麗、形態美雅、菜質細嫩、湯味香鮮、怡情養生。鑒定品嘗者無不拍手稱奇。有人讚歎曰：「能吃一款蟲草菜，尤似人參下肚來。」

在成都「御膳堂」、「藥膳房」等專業滋補店中，川廚還創製有蟲草蒸雞、蟲草鵪鶉、蟲草牛髓、蟲草羊肉及蟲草粥等滋補養生藥膳。冬蟲夏草入饌，既作菜肴亦為藥膳。冬蟲夏草雖為蜀地特產，但其蟲草之肴全國皆有，如陝西之蟲草煨狗肉、福建的冬蟲草燉雞、廣東之冬蟲草燉豹狸、蟲草荔枝燉蜆鴨及山甲、青海的蟲草猴頭、蟲草雪雞、蟲草鹿筋、蟲草燜牛肉等都是名冠一方的養生大菜。

冬蟲夏草在民間最常見亦也最簡單的是用以泡酒、泡茶，煲粥。也可與禽畜之肉燉、煨、蒸、燒。但冬蟲夏草忌與蘿蔔同烹共食。若作食療，最好先諮詢藥膳醫師，選擇適宜主料。若作為滋身養體之膳食，則可依據身體所需進行選擇。如「蟲草燉豬蹄或肘子」，可補精益氣、美膚養顏；蟲草蓯蓉燉羊肉更是女性滋陰健體、美容靚膚的佳品，可有效治癒眼圈發黑、頭暈眼花和面部皰疹；「蟲草蒸鵪鶉」，可補陰陽、生氣血、益肺腎、止咳喘，多用於婦幼及老人保健；「蟲草燉乳鴿」，輔以花膠（即魚肚或魚膘）能補氣益血，用於病後、產後康復健體，還可治頭目暈眩、婦女帶下等；「蟲草木耳燉甲魚」，配淮山藥、枸杞、紅棗、白木耳，可滋肝養腎、補精益氣、壯陽強體、健脾滋胃，是中年及老年人健身之佳寶；「蟲草蒸（燉）雞」，則補精益氣、滋陰壯陽、尤適腎虛腰痛、虛癆咳喘，是體虛力乏、健體防衰、固精養腎的理想美饌。

無可置疑，冬蟲夏草確是大自然創造的一個神奇之物，亦是大自然賜於人類的奇特食料。幾百年來，一代代先人不遺餘力地對它進行了悉心的研究、驗證，為後世留下了一份養護生命、延緩生命的珍貴遺產。這無意中也揭示了一個有關自然與生命的奧秘：社會的飛速發展與變化，使生活變得更為繁雜，每天的忙碌和身心的疲憊，乃至累累傷痕，讓我們忽視了生活與生命中許多真正重要的東西。然而不論怎樣，我們都應抽出一點時間去關心關愛大自然，去聆聽她的聲音，去親吻一下小草或聞聞花香，它能沉澱許多的浮躁和不安，消融許多的煩惱與不幸。或許不經意間你會發現大自然創造的奇跡而感恩自然，感恩生命吧。

天地蘊奧妙，乾坤藏玄機；
若願人長久，當與日月依。

和之美者，陽樸之薑

蜀薑及薑汁風味

「和之美者，陽樸之薑」出自兩千多年前中國一位特別的名人之口，記載於著名文獻《呂氏春秋》一書中。

《呂氏春秋》是春秋戰國末期秦國丞相呂不韋，召集門下食客共同編寫的一部雜家巨著。其《孝行覽》中之《本味篇》則可堪稱為中國最早的烹飪和飲食重要文獻。它不僅涉及了烹飪原理與烹調要術，還廣列華夏各地的佳肴美饌、風物特產。文中以肉、魚、菜（蔬菜）、飯（穀物）、水果及和（調料）七類，一一述解。其中則列舉「和之美者，陽樸之薑」，點出四川出產的薑質佳味美。然而，《呂氏春秋》所記述之有關烹調及風物的論述，又多出自商湯庖廚宰相伊尹之口。

薑，即生薑，是中國傳統烹飪中不可缺的調輔料。據記載，先秦時代的貴族飲食中就已有薑。而蜀薑的歷史，最早則可追溯到夏末商初，因為有伊尹對薑之評論。

薑行天下，源遠流長

被奉為中華廚祖、烹飪始祖，中華廚神、廚聖的伊尹是商代名廚、賢相。據傳，伊尹從小家境貧寒，由一名廚師撫養成人，故諳熟廚技，精於烹道。夏朝末年，雖身為有莘氏家奴，但他不僅烹技高超且博學多才，商湯王十分賞識，卻又求之不得，於是以迎娶有莘女作妻為由，要伊尹當陪嫁。這樣伊尹便隨有莘女到了商湯。第二天，商湯舉行宗教大典和朝見儀式。伊尹腰別廚刀、身背大鍋、手提菜墩進宮朝見，烹燒了一羹一醬獻給湯王。他以「割烹要湯」，從調味開始談到烹調原理和烹飪技法，以及各地名饌特產，告訴商湯，要想享用到這些美食美味就要有良馬，就要奪取天下，而要成為天子一統天下，就必須施以仁政。商王食之有味聽之入理。其後，在伊尹輔佐下討伐夏桀，建立了商王朝，尊伊尹為阿衡，即宰相。伊尹其後常以烹飪之道與五味調和的原理來治理國家，一生曾輔佐商朝五代帝王，據其族譜記錄活了一三〇歲，後世尊為賢相。他也是中國歷史上第一位廚師宰相，庖廚出身的政治家。

「伊尹負鼎以味說湯」後來成了著名的歷史典故。伊尹之「說湯以至味」，客觀上對中華烹飪原理、技法、選料、火候、用水及調味等作了精闢的闡述，故其後被記載入《呂氏春秋‧本味篇》。「和之美者，陽樸之薑」，便出自於他列舉各地名食，風物特產之述解。此處之「和」，指調味料，「陽樸」為產地。以現代話語講，即調味料中最美味的是陽樸所產的薑。然而，在伊尹至味和治國的理念中，「和」亦包含了更為廣泛與深層次的意義。

「和」是中國文化與哲理中所獨有的概念。古人以「和」來闡釋自然規律，世間萬象，社會家庭，國家治理，對外交往，人際關係以及文化藝術等。二〇〇八年北京奧運會開幕式表演中，向全世界展示了這一「和」的理念與中國人所追求的美好願景。古人將「和」廣泛地應用於烹飪與飲食，「以和為美」、「和而不同」也是這一理念與願景的縮影。烹飪及飲食之「和」，意為通過「葷素之和，性味之和，時令之和」來實現人體身理及心理之飲食需求的最佳效果。「葷素之和」，講葷素之合理搭配科學調和。「性味之和」，即烹飪中主輔料、配料及調料的使用上，需考慮其性味上的融洽與相宜而非相克。「時令之和」，指烹調與飲食要四季適宜，順其自然。「凡和，春多酸，夏多苦，秋多辛，冬多鹹，調以滑甘。」可見，「以和為美」，在中華烹飪與飲食文化中亦為一種至高境界。故而，廚相伊尹所言之「和之美者，陽樸之薑」並非虛言妄語，乃實事求是之真知灼見。

辛香無境，美味無垠

薑，原產於東南亞，我國長江流域以南和多濕地區自古產薑。在中國，以蜀地之薑為上品。司馬遷在史記中曾說：「種千畦（約今五〇畝）薑韭，此其人皆與千戶候等。」即說明那時若某人種有幾十畝生薑和韭菜，便如千戶候般富有。可見在一千多年前栽種生薑就已是很賺錢的項目。以至於到唐代，生薑更成為皇家的一項高稅收農產品。

蜀薑之名貴，自商代便天下皆知，古代很多相關文獻都提到「蜀薑最美」。漢魏時期的後漢書之《方術傳》和東晉葛洪所著的《神仙傳》中，還分別講述了左慈與介象施神法得鮮魚取蜀薑，為曹操和孫權烹魚的故事，一個是耍魔術，一個是變戲法。如《方術傳》中講，左慈口中念念有詞，從一空盤中釣出一活魚，曹操甚為驚喜說道，只有魚，無蜀薑，何以烹魚？於是，左慈又裝模作樣施法變出蜀薑。故事雖荒誕不經，但蜀薑作為巴蜀特產所享有的聲譽是勿容置疑的。

到唐宋，蜀薑名氣更盛，被視為珍品。蘇東坡這個四川老鄉更對蜀薑一往情深，他曾以：「先社薑芽肥勝肉」的詩句來讚頌蜀地嫩薑的肉厚味美。明清時期，雖我國江南一代產薑甚豐，但仍以蜀薑為佳品。直至今日，四川各地，甚至農家各戶大都愛種薑，但仍以歷史較長的傳統產地，川南的宜賓、犍為等所產黃白薑為貴。川西平原的德陽、崇州所產子薑也是上品，而樂山五通橋的手指薑更因其色如純玉，形似手指，脆嫩化渣，薑香濃醇而被視為極品。

薑，可說是醫食同源的一個典型代表。從古至今國人都有以鮮薑、乾薑製薑酒來治偏風、心腹冷痛；製成薑茶，消惡氣、治痢瀉；熬為薑湯，去風寒濕熱等傳統習慣。記得兒時，一旦感冒風寒，輕者，母親便熬碗薑糖（紅糖）水大口喝下；重者則熬一鍋薑水，倒進木澡盆中，讓我坐在裡面，再蒙上被蓋，說是發了汗就好了。雖然熱悶其間十分難受，但過後果然神清氣爽風寒盡除。冬天，腳後跟常生凍瘡，疼痛難行，母親亦也用老薑切成片，在碳火上烤熱後貼在凍瘡處包紮起來，沒過兩三天竟也炎消腫散，又可跑跳起來。

小時還常聽大人們說些民間諺語，像：「冬吃蘿蔔夏吃薑，不找醫生開處方」；「早上吃薑，補藥湯湯；晚上吃薑，癆病傷傷」；等。兒時聽後不已為然，幾十年後，方才若有所悟。薑，確實對消化、循環、呼吸、神經、分泌諸系統具有良好的作用和抑製癌症等功效。薑中所含

●色如純玉的樂山五通橋手指薑。

氧化物歧化酶，可抗衰老。當然，還是李時珍他老先生所言極是：「薑辛而不葷，去邪辟惡。生啖熟食，醋、醬、糟、鹽、蜜煎調和，無不宜之。可蔬可和，可果可藥，其利博矣。」

川人用薑十分講究，分得也較細，黃薑、白薑、老薑、嫩薑、子薑、泡薑；薑塊薑片、薑絲、薑末、薑汁、薑水等，主要應用體現在四個方面：

一是作為調料，多用老薑。老薑質老，多筋渣，但味濃。常用來矯味與調味。矯味則是通過與蔥一起碼味醃漬、汆水、燉煮、對動物性原料除腥臊異味。調味則是給菜肴增香添味。像燒魚、小煎兔等。運用時以拍破為佳，這樣其辛香味才易於充分釋出。

二是作鮮蔬入食，只用嫩薑、子薑、薑芽。新出嫩薑尖端呈紫紅色，故又叫紫薑。子薑質地脆嫩、無筋渣，辛辣感較輕，多用作菜肴的輔料配料，像子薑牛肉絲、子薑鴨脯；也用作開胃小菜，如豆瓣子薑、糖醋子薑。嫩薑還可醃、漬、糟、醬、泡或製成蜜餞，如薑糖、薑糖片。

三是以薑為主要調輔料烹製菜肴。這就是川菜味型中的「薑汁味」。此味多以老薑去皮去筋渣、鍘細剁茸、調和成薑汁入菜，如薑汁熱味雞、薑汁熱味肘、薑汁蹄花，薑汁蕹菜、菠菜、豇豆等。還可以薑茸或薑絲加醋，製成薑醋味碟蘸食河鮮海鮮類清蒸菜品，像清蒸江團、雅魚、鱖魚、蟹及白灼蝦等，風味別樣鮮美可口。

四是川人最為特異之薑的食用法，即泡薑。川人之泡菜，天下聞名。泡薑在川菜中應用十分普遍，大多家常菜式都少不了。像魚香味菜肴，沒有泡薑，何來魚香？

特異之和，川味獨香

中華烹飪中將川菜烹調特點概括為：善用「三椒三香」。三椒，即辣椒、花椒、胡椒；三香，即薑、蔥、蒜。它們與郫縣豆瓣、醋等形成了川菜的「七滋」：辣麻酸甜苦香鹹；以及「八味」：麻辣、魚香、酸辣、怪味、椒麻、紅油、家常和薑汁。這「七滋八味」之說當然還有別的釋義。單就薑而言，在川菜烹調中，因其含有獨特的辛辣芳香味，與蔥、蒜、辣椒並稱為「烹調四辣」，加上花椒，又稱為川味烹調之「五大元素」。川菜的基本「五味」亦因此而有別於其他地方菜系，形成「辣、麻、鹹、甜、酸」的地方風味特色。這「辣」並不單指辣椒，亦包含薑、蔥、蒜、胡椒、芥末、咖喱等之辛辣。雖全國各地亦可見到以薑為調輔料的菜肴，像上海嫩薑黃魚、廣東子薑蘿鴨片、江蘇嫩薑炒雞脯、福建芽薑炒牛肉、湖南老薑雲耳肉片湯等，但仍遠不及川菜運用廣泛和菜式豐富的菜式。甚而將「薑汁」開發為一個獨立的風味味型，這在華夏烹飪中也算是獨一無二了。

川菜薑汁味，以薑味醇厚、辛辣芳香、鹹酸宜口為特色，從高檔菜肴到居家小菜無不展現其風韻。如：薑汁鮑魚、薑汁海參、薑汁魷魚絲、薑汁魚卷、薑汁雞絲等，以及一些薑汁風味素菜。此外，還分有紅油薑汁、薑醋汁、薑蔥汁、薑椒汁、鮮椒薑汁等風味。若再把泡薑類和子薑類菜式包而括之，那川菜中的「薑汁味」菜品就數不勝數了。甚至在四川許多地方，薑汁還被廣泛用在小吃中，像小籠湯包、雞汁鍋貼等。

川菜用於冷菜和熱菜的薑汁味略有不同，但其基本薑汁味性則一樣。薑汁味應以薑末、川鹽、醬油、醋及香油調製，以薑醋味為主。薑醋相配相宜相和，醋能吸收、擴散、緩解薑之辛辣，使其辛香氣味能夠均衡持久地起到調味作用；同時，薑醋相互浸透，亦淡化了醋之酸澀，使醋香、薑香融為一體，產生出柔美醇和的口感韻味。

在基本薑汁味的基礎上，涼菜薑汁味則以鹹鮮適口為基準，重用薑醋，突出薑醋味，起到辛辣醇厚、芳香鮮美、咸酸清爽、開胃健脾的口感效果。調製時老薑去皮剁成細末，加適量醋和醬油（或少許鹽）浸泡定味，讓薑的味道充分溢出融和其中，浸泡一定時間後，嘗下味看酸度如何，若過酸，可補加適量醬油或鹽，然後下香油調和。像薑汁蹄花就是辛香醇濃，鹹酸可口，清爽不膩，軟糯帶韌的夏季佳肴。

熱菜中的薑汁味主要體現在燒燴與清蒸、白煮、白灼菜式。燒燴類則可根據菜肴需要添加郫縣豆瓣、紅油豆瓣及辣椒紅油等。像薑汁熱味雞，薑汁熱味肘子。清蒸、白煮、白灼類，薑汁多作蘸碟，行業中稱之為毛薑醋、薑醋碟。如清蒸江團、清蒸鱖魚、白灼基圍蝦以及清蒸大閘蟹等。

熱菜薑汁味運用方式較多也較隨意，像薑汁熱味雞做法就是有五種：一是用郫縣豆瓣的家常熱味薑汁雞；一種是辣子紅油的，行業中稱為薑汁搭紅；再一種是冷薑汁澆熱菜；第四種是行業傳統做法。還有第五種，則是原北京四川飯店國川菜大師陳松茹的做法，用薑、醋，突出薑、醋味道，叫煳辣薑汁味。是把過油乾辣椒、花椒剁細與薑汁調和，澆在菜上。煳辣薑汁味既不同於家常薑汁味，也不同於傳統薑汁味，這當是川菜中的一種新的薑汁風味。

當然，無論是涼菜還是熱菜薑汁味，其風味特點都應是在淡淡的鹹鮮味中，能夠品出薑之濃郁芳香與辛辣。這一芳香已不僅是薑的單一辛香味，而是在幾種調料和薑相互融和、相互襯托下產生的一種獨特芳芬。

蜀薑美可求，芳香濃無敵；
美口且益身，四時皆適宜。

●春天裡散發著嫩綠的薑苗。

三江衝浪話江團

樂山江團與嘉州美食風情

四川，素以河鮮享譽於世。川菜河鮮名肴又以江團、雅魚、岩鯉為最。而要說江團，則得先說說樂山。

樂山，歷史悠遠厚重，頗具神秘色彩。遠在三千前的巴蜀時代就曾是蜀王開明的故都。秦滅巴蜀後，樂山隸屬蜀郡，因在成都之南，而定名南安縣。漢代，南安由縣設為郡，到北周時，取「郡土嘉美」之意改稱「嘉州」。清雍正十二年（一七三四年）因城南五里有「至樂山」，又兼孔老夫子「智者樂山，仁者樂水」之名言，而得名「樂山」。

樂山坐落在青衣江、大渡河、岷江之三江匯流處，四面群峰疊翠、江波浩淼、大佛巍峨、寺廟輝煌。千百年來，樂山就享有「天下山水在蜀，蜀之山水在嘉州」的傳世美譽。然而，嘉州之美不僅樂山樂水，更以美食薈萃、河鮮豐盛愉悅八方遊人。在樂山大佛腳下，三江交匯、波翻浪湧，木排順流而下，船工號子震天，真個是氣勢磅礴、蔚為壯觀。而江邊上，一字排開的垂釣

小船漂浮水面，鬧中取靜自得悠然。三江之水孕育出了西壩豆腐、漢陽棒棒雞、東坡墨魚以及河鮮珍品——江團。

樂山江團，天然珍肴

江團，又稱「鮰魚」，民間叫為「肥沱」、「肥頭」、「肥魚王」。在我國長江、黃河、遼河、淮河、閩江、珠江、富春江等水域都產此魚，但主要分佈在長江水系的幹流及與之相通的支流中。像綿陽涪江，內江沱江。然而名揚天下的仍是樂山江團。

江團體長、腹圓肚白尾扁、頭呈尖狀吻肥厚，有四對短須，體色粉紅，背部略灰，鰭灰黑；一般多為一至三公斤，長三十多公分，大者可達十餘公斤。江團肉質鮮嫩，肥美刺少，其鰾尤為肥厚，乾製後為名貴魚肚。歷史上，江團與鰣魚、河豚並列為「長江三鮮」。然而，河豚有毒能藥人，鰣魚鮮美卻刺多，惟江團兼有二者之鮮嫩香美，而無兩魚之瑕玷，故視為天然珍肴而被列為貢品。唐代詩聖杜甫，北宋文豪蘇軾都為之作詩賦詞備加讚賞。

岷江水流，經川西北高原，淌過成都平原，一路歡歌流經青神、夾江便是山丘連綿、蔥綠蒼翠，到達樂山大佛腳下，似乎要向神佛致敬，亦或向其報個到，流速減緩、迂回而行，流入了樂山的板橋至悅來這一段的「嘉州小三峽」，當地稱為平羌三峽。大約在一二八三年前的一個秋天，一位風華正茂、躊躇滿懷的青年才子正是從這裡出發，遠遊出川、遍及華夏而再也沒有回來，至晚年落魄困苦客死安徽當塗縣。他，就是以「斗酒百篇」之詩酒，醉了整個唐朝的詩仙李白。李白當年臨別嘉州，滿懷深情地寫下了「峨眉山月半輪秋，影入平羌江水流，夜發清溪向三峽，思君不見下渝州。」告別故鄉之詩篇。詩中之「三峽」即是平羌三峽。

平羌三峽以犁頭峽為起始，峽區兩岸山巒起伏、蒼翠朦朧、水深岸陡；天公山橫亙江中，使江流受阻而形成一段碧水綠波的深水湖。犁頭峽雖江面不寬，但水下洞穴密佈，是魚類生活及繁衍的天然樂園。江面上漁船悠悠、網蕩歌漾，江風吹過水波四散，股股魚味撲面而來，無數深邃石洞中激發出「孔孔」之聲勝似鼓樂。這兒就是著名的「魚窩子」，樂山江團的福地洞天。據說，只有這裡的江團才是樂山江團之正宗，稀有而珍貴，可遇而不可求。

一九七〇年代末，中美兩國握手言好，美國總統尼克森不知從何管道得知樂山江團是人間珍肴，表示來華訪問想有幸一嘗。周恩來總理指示說：「滿足他的要求，以示中國政府和人民的誠意」。是時，樂山政府立即佈置，當地幹部連夜組織犁頭峽漁民捕撈江團。時值寒冬，魚兒都在洞中保暖，只有想方設法潛入水中把魚趕出來方可捕撈。但嚴寒之下需要燒酒熱身。當時酒是屬於特供物資需憑證方可供應，地委當即特批，立馬從供銷社調來一箱白酒，幾個青壯漁民咕咕咚咚一人喝完一瓶。然後手拿連枝帶葉的竹竿跳入水中，在洞穴中稀哩嘩啦一陣狂攪。安睡在夢裡水鄉的魚兒，剎時驚恐萬狀亂遊亂竄，鑽進布好的漁網中。如此反復幾次，天色漸明收網上岸，終捕得江團五、六條，迅速送到夾江軍用機場，專機運到北京，美國總統尼克森如願以償，由樂山江團唱主角的這段精彩插曲，也讓中美關係言好大事順利完成。

過去，當地漁民在水碧魚豐之時，常用一種土法捕捉江團。把稱為「簝子」的大竹簍裝上幾塊石頭，沉到魚洞附近，讓魚自投簍中。兩三天后把簍拉上岸，魚兒活蹦亂跳，其間必有江團。之後，江水人為污染日益嚴重，江團的野生環境受到極大破壞，加之恣意亂捕甚而用雷管炸魚，犁頭峽這一樂山珍貴江團的洞天福地便徒有虛名了。近年來，平羌三峽已成為遠近知名的水鄉風情觀光旅遊區，人們生態環境意識得以增強，江水污染得到有效地治理和控制，犁頭峽的江水開始重現碧綠，野生江團雖仍稀罕，但它們畢竟又有了再生環境。如今，隨著江團魚苗培殖技術的突破，漁民們開始人工養殖江團，但因江團耗氧量大、成本高，故而仍然稀少。雖然在雅安、宜賓等地也有，但真要品味江團，還是樂山樂水為佳。

三江魚肴，樂山樂水

俗話說，人生之福莫過於口福，尤為是人世間之珍稀美肴。筆者兒時便聽說過江團，當時還誤以為是團魚（鱉）。十餘年前，到樂山拍攝川菜專題的電視節目，方才第一次品味到野生江團的妙味神韻。

幾十年前，在樂山沿江一帶的大小飯店、餐館大都能吃到江團。店家多用清蒸或清燒以保江團鮮美細嫩、原味原汁。其做法通常在洗淨、除盡魚體表面粘液的魚肚中放入薑片、香蔥、抹上精鹽、料酒，撒上胡椒粉，再用豬網油把魚包裹起來，放入籠裡蒸熟。清燒，則將魚砍成塊，用薑、蔥、鹽、料酒碼味去腥，鍋燒熱下菜油和化豬油燒至七成熱，把魚塊倒入輕輕翻動，稍許，摻入肉湯烹燒幾分鐘，揀去薑蔥，適量加點味，勾上芡汁裝盤，撒上蔥花即可。江團無論清蒸還是清燒均是鮮美無比，香嫩舒爽。在行業中烹製清蒸江團，則要求形整、肉嫩、汁鮮。製作時，把江團剖腹去鰓除盡內臟，魚身兩側斜劃數刀，手提魚尾在開水鍋中擺幾下沖去魚體粘液，然後搌乾水份用精鹽、料酒、胡椒粉、醃製幾分鐘；將火腿片、香菇片逐一放入魚體劃口處，再放上蔥節、薑片，用豬網油把魚蓋上，入籠大火蒸熟取出，揭去網油揀去薑蔥；炒鍋燒熱摻入少量鮮湯，倒入蒸魚原汁及少量胡椒粉合勻，澆入魚盤即成，吃時配薑醋味碟。此菜典雅大氣、清鮮素潔，一直為傳統川菜高檔筵宴大菜。除了清蒸江團，亦有百花江團、紙包江團和旱蒸腦花江團等。

●三江名魚——江團魚。

然而，在美食天堂樂山，現今最為風行，頗受四方食客追捧的，卻是樂山碼頭岷江水邊的船上魚肴火鍋。以王浩兒漁港最為人氣盛旺，三層船倉二二〇〇平方公尺，別致風情的大廳，豪華堂皇的豪包，優雅溫馨的小間，均可臨窗眺望、別洞觀景。賓客可盡賞江波之浩淼，觀大佛之神采，覽嘉州之風情，識峨眉之秀色。傍晚蒞臨，墨藍色的夜空繁星閃爍，銀色月光潑撒江面，王浩兒漁港燈火通明，流光溢彩；船內人頭攢動、杯箸交錯、歡聲笑語、食趣盎然。星光、月色、江風、美味交相融匯遊弋在江上，飄忽在夜空，真個是樂山樂水，人間盛景。王浩兒漁港已不僅是一艘風格別致的水上美食樂園，儼然成為岷江水岸，大佛身邊的一道靚麗炫目的美食與美景之標誌性景觀。

在王浩兒漁港，人們不僅可以品享到包括江團、雅魚、岩鯉等十數款川江名貴魚種，其魚肴火鍋更是「五味中求平衡，鮮香中求韻味，麻辣中求醇香，風味中求營養」。使食客品來是味

●樂山港周邊的船上酒樓是品嘗鮮美魚肴的最佳去處。

感獨特、口感鮮明、和腸娛胃。而有食界「五朵金花」之稱的「五味神湯」，曾轟動食界美醉一方，其中之「清心開竅湯」，湯色清鮮、怡然儒雅、幽香四溢、酥麻香辣，食之生津開竅醒神滋胃。「二龍戲珠湯」，清醇鮮美、酸辣滋潤、素雅怡情、自然宜人、消暑祛熱。「三江紅雲湯」，湯色豔麗、風味濃郁、香而不膩、油而不肥、益膚養顏。「金屋藏嬌湯」，以土雞濃湯輔以野生魚及西壩豆腐，風韻優雅、滋味清鮮，湯美肉香而營養。「漁港全紅湯」，香辣幽麻、滋味豐厚，加上五味齊揚、鮮香醉人，堪稱快樂滋味。

此「五味神湯」乃王浩兒漁港集傳統烹藝與現代食尚之獨家美味，每一款均可燙食江團、雅魚、鱘魚、岩鯉、青波、石爬子及黃辣丁等魚種。倘若是高檔次宴請，可同時三、五湯鍋齊上，稱為「火鍋宴席」，十餘種名貴魚肉薈萃一堂，鮮美自然、魚香四溢。漁港另一特色，便是名冠巴蜀之樂山風味小吃大全，如豆腐腦、酸辣涼粉、甜水麵、雞絲涼麵、葉兒粑、小香粽……等琳瑯滿桌，風味醉人。有智者言：遊樂山，未觀大佛，是一大遺憾；賞大佛，未品王浩兒漁港，恐將是終生之遺憾。

三江波湧名肴生，
嘉州美味樂山水。

千年流香話豆豉

豆豉與川菜豆豉風味

豆豉，在巴蜀子民的飲食生活中，既不像辣椒、花椒那樣個性鮮明，風味張揚，也不如薑、蔥、蒜那般廣泛派用，它亦非味之嬌子獨成味型，更不以怪異奇特而誘人注目。儘管在川菜成千上萬的風味菜肴中，豆豉所能參與或以調味主料出現的菜品算不上豐富多姿，但它也從不需要提起，更不會被忘記。試想，倘若鹽煎肉、麻婆豆腐、麻辣兔丁、水煮牛肉、鹹燒白以及涼粉等川味名肴中沒有豆豉，那會是怎樣地讓人食不知味？更不用說尋常百姓家的豆豉炒蘿菜杆、臘肉蒸豆豉、青辣椒炒豆豉、豆豉炒油渣、豆豉炒泡蘿蔔纓、豆豉青辣椒拌皮蛋等等。這些與我們親密接觸的居家小菜中，如果少了豆豉，那又會是怎樣地令人難安？至於火鍋、麻辣燙少了豆豉調味，那生意決對也就維持不了三、五天。豆豉，就是這樣在巴蜀之家雖不是「長子」，也並非「么兒」，在百姓日常生活中卻是不可或缺的。

豆豉遍及中華各地，但以江南最為普遍。如俗話所說：南人嗜豉，北人嗜醬。江西、湖南、四川的豆豉為上佳之品。豆豉看上去雖其貌不揚，甚而略帶臭苦，卻是中華特產，年歲長、資歷老距今已是兩千多年。據載，豆豉現世於春秋戰國時期，在《史記·貨殖傳》中始見記述，北魏《齊民要求》則記載了豆豉的製作技法。到東漢豆豉開始被用於食用和藥料。古人稱豆豉為豉、幽菽、康伯等，唐代豆豉傳到日本，又被稱為納豆。

中華特產，食苑奇豆

豆豉的生產，始於江西泰和縣而流傳至各地。按製作方法分為：乾豆豉、濕豆豉及水豆豉；按風味則有：淡豆豉、鹹豆豉、甜豆豉、辣豆豉、薑豆豉、香豆豉、臭豆豉。豆豉用黑大豆或黃大豆經發漲、蒸熟、加鹽、醪糟、酒、薑米、辣椒、五香粉等調製，再經發酵而產生出一種獨特的味道。其中有的品種雖不像臭豆腐、臭豆腐乳那樣氣味難聞，但亦有不少人不習慣而稱其為「臭豆豉」。其實那方是豆豉所特有的芳香。

即便以現今的觀念來看，豆豉亦是不可忽略的保健食品。豆豉，因大豆而衍生，營養之豐自不待言，透過發酵還產生眾多特有營養物質。美國一營養學家經長期對豆豉的研究分析，曾撰文宣稱：「常吃豆豉可防止老年癡呆」。他發現中國人食用的豆豉中含有大量能溶解血栓的尿激酶，同時還含有可產生大量維生素B群和抗菌素的細菌，而老年癡呆症的形成與腦血管血栓有相當關係，豆豉可有效溶解腦血栓。因此，他呼籲美國人應像中國人，在日常飲食中常吃些豆豉。果然此後出口到美國的豆豉便逐年增加。

然而，早在一千多年前，古代中醫學家就發現並運用豆豉的食療及藥用價值，且以鹹豆豉入食，淡豆豉入藥傳承至至今。傳統中醫對豆豉早有研究定論，認為豆豉味苦性寒，入肺，胃經，有解表，除煩，宣鬱，解毒的功效，可治外感傷寒熱病，寒熱，頭痛，煩燥，胸悶等症。現代醫學亦確認豆豉確有延緩衰老、預防癌症的作用。常食豆豉還可增強腦力，促進體內新陳代謝，起到溶血栓、降血壓、減血脂的作用。尤其豆豉具有較強的排毒、解毒，如酒毒、食毒、藥毒等功效，對男女排毒養顏亦是物美價廉、簡單方便、可口爽身的佳好食材。日常生活中也可用於小病的輔助食療，像治傷風感冒、風寒濕熱，可用豆豉加蔥白煎湯飲；若利瀉、血痢不止，則用豆豉大蒜研合成泥丸，用淡鹽水吞服等。

豆豉，由於具有近似豆醬的鹹鮮與醬香，故多製為豉汁用於烹調。自秦漢到西漢中期，古人吃豉如用鹽。那時的商人把鹽與豉一起賣，一斗鹽一斗豉，稱為「一合」。到東漢，則開始用豉汁烹食，好似今之用醬油一般。豆豉中特有的鮮美來自豆中的蛋白質，經黴菌及細菌分泌出的蛋白酶，分解而生成多種氨基酸。豆豉的芳香則源自酒釀及酵母菌的作用而產生的醇類物質。因此，豆豉被廣泛地用作烹飪調味，使食物增鮮生香而更為可口。

隨著烹飪方式的不斷演進和飲食文明的提高，豆豉在蒸燒焖燴，煎炒及拌烤等幾乎所有烹調方式中得以運用，甚至煮燉類菜品，豆豉亦也用於味碟蘸食。烹調中，有直接用豆豉的、有用豉汁、豉油、豉醬的。我國各地亦有不少以豆豉為風味特色的名肴。像川菜中的鹽煎肉、麻婆豆腐、麻辣兔丁、回鍋臘肉、豆豉魚、豆豉雞等；湘菜的走油豆豉扣肉、臘味合蒸；贛菜（江西）的家鄉肉、家鄉牛肉；粵菜中其豉汁風味更是一大特色，如豉汁排骨、豉椒鱔片，豉汁鮑魚、文蛤、鮮貝等。

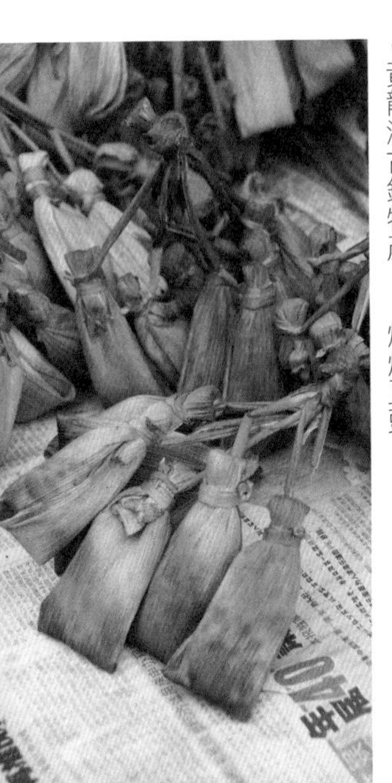

●黃龍溪古鎮特產——煙燻豆豉。

豆豉的品質，多以顆粒飽滿、光亮油黑、滋潤散籽、鹹甜鮮香、醬脂濃醇為上品。若豆豉中出現白點，即是開始黴腐，不可食用；而含有雜質泥沙者也不可用。

巴蜀豆豉，味濃情長

四川的豆豉早在唐代就已有名。宋代陸游曾以：「筍美偏宜蜀豉香」的詩句來讚美豆豉拌筍丁的美味。蜀豉分為乾豆豉、濕豆豉、紅苕豆豉和水豆豉。以前多是家庭小作坊生產，而後有的發展為企業。如永川豆豉、潼川豆豉及成都太和豆豉。像潼川豆豉，因製作精細、釀造特別，不加任何香料，全憑豆子本身充分發酵而產生大量氨基酸和鮮美氣味，在清代就曾送到京城供皇家御膳房使用，故有「貢豉」的美名。而紅苕豆豉與水豆豉至今仍為民間，尤其是鄉村人家作為居家小菜和調味料而自製。距成都四十公里的黃龍溪古鎮，哪兒的百姓人家製作的煙薰豆豉仍堪為土特產，用玉米葉包裹，串成一串串，或裝成一竹簍，滿街都有賣的，用來炒回鍋肉、鹽煎肉、蒸臘肉香腸、乾煸仔雞、煸鯽魚、燒鰱魚，甚至燒、炒素菜等，真是風味濃厚、香風四溢，好吃得很。

四川雖說一直以來是物產豐饒，民不知饑饉，但川人仍以勤儉持家為習俗。這才有了泡菜、豆瓣、豆豉等這樣流芳百世的民間風味佳肴。川人大多因時隨季、就地取材自製不少居家常有的美食美味，像蒸醪糟、做豆豉、豆腐乳；宰碎豆瓣、蒸酢辣椒、曬鹽菜、曬乾辣椒、醃蘿蔔乾、製皮蛋，泡鹽蛋；以及醃臘肉、漬鹽肉、裝香腸等。特別是城裡的大雜院，一年中一樣接一樣，家家忙乎，你呼我喚做這做那，歡聲笑語十分熱鬧。

記得兒時，每到黃豆收穫時節，鄉下的親戚便會送來一大袋乾黃豆，我便知道母親要做紅苕豆豉和水豆豉了。母親通常先把黃豆浸泡一天一夜，讓其完全發漲，再把黃豆撈起來放進清水鍋中煮熟軟，倒出黃豆，瀝乾水，然後裝進一個下面鋪有菖蒲的瓦缸中，壓緊實後再蓋上一層菖蒲，抓一大把穀草塞進缸口，蒙上細白布蓋上缸蓋，放置差不多兩天使其自然發酵。然後，母親又把紅皮紅心苕洗淨削皮，切成大片放入蒸籠蒸熟取出，再壓成苕泥；把生薑去皮剁成細末，泡漲的桔子皮也剁成細粒。黃豆發酵好了，倒進一大木盆裡，把苕泥放進去和黃豆拌和均勻，再放鹽、薑末、桔皮、辣椒粉、五香粉、醪糟汁等拌勻。用手把拌和好的豆子搓成一個個象桔子般大的坨，放在一大簸箕中擺好，或置於凳上放在家門口，或放在屋頂瓦面上風吹日曬，若是有雨，還得趕收起來。那時，搓豆豉便是我的工作，我也很樂意，搓起來既好玩還可邊搓邊嚐，化解那香風美味的誘惑和口水的抱怨。紅苕豆豉曬乾了，便會用一個布口袋裝起來紮緊，吊在堂屋的一角，或掛在柴灶口上方隨吃隨拿。

母親常用紅苕豆豉切碎，用菜油加蒜苗花炒，這便是川人的一道家常名菜，紅苕豆豉炒蒜苗。每當母親炒有這道菜，無論煮稀飯還是乾飯，她定會多抓兩把米，否則我們兄弟妹一開了胃，那飯肯定不夠吃。逢年過節，或每個月中也會有那麼一兩次，母親用紅苕豆豉炒回鍋肉，那滋味和我們的饞相就可想而知了。

再有便是水豆豉，大約是在冬季，也是把黃豆泡漲、煮熟軟、瀝乾水倒進瓦缸封閉發酵。然後往缸裡下花椒、薑米、鹽、辣椒粉、五香粉、酒或醪糟拌和，最後再把先前煮豆子的水倒進去攪和均勻，水豆豉就算做成了。母親把做好的水豆豉裝進罈子裡蓋上蓋，還要沿蓋摻上罈沿水，不時還得清洗蓋子和換新罈沿水。母親常說，水豆豉一走氣「喝風」，就會變得臭哄哄的不好吃了。比起紅苕豆豉來，水豆豉更有一種清香，可直接從罈中舀出下飯。夏天悶熱心煩胃口不好，水豆豉伴荷葉或綠豆稀飯及饅頭，常會使我們兄弟妹三個吃得彎不下腰。可嘴裡還饞著用饅頭夾水豆豉那特別的口感。記得父親那時在德陽工作，每星期日下午離家時，總會帶一大瓶水豆豉。父親說單位食堂的菜貴不划算。每次望著父親提著水豆豉走在城牆坡道上的背影，我總有一些說不出的特殊感情。弟妹尚小，可是我心裡知道，父親這是儘量省吃簡用來撫養我們三個娃娃。

水豆豉紅黃油亮、滋潤飽滿、鹹辣鮮美、清香怡人。除了可直接下飯，母親也不時用水豆豉燜花菜、四季豆、燒茄子等。有時我和院裡的玩伴在南河裡摸到小魚，母親也會用水豆豉煎魚。水豆豉、紅苕豆豉伴隨我度過了童年。幾十年過去了，常令人撫額歎息的是，過去哪些居家鎖事已遠離我們而去，只有在鄉村還可領略到它的情趣。現在的生活固然比過去好了許多，但物質的充足與便利是無法填充人的精神與情感需求的。

沒有了那些漾溢著自然風味、天然情趣的生活鎖事，總給人感覺，這日子再好，也似乎越過越沒意思。

淳樸真味，韻媲群芳

豆豉中，唯紅苕豆豉算是四川土特產。水豆豉則全國各地都有，做法與風味亦大同小異。事實上四川的水豆豉不僅出現較晚，且是借江南之法改進而來。清代乾隆年間，四川羅江人李化楠在江南一帶做官，他收集了當地大量民俗風情，風物特產，烹飪飲食等資料。其後，他兒子李調元將其整理編撰為《醒園錄》，其中就記載有「做水豆豉法」。傳至民間，便很快在城鄉普及開來。紅苕豆豉，水豆豉在城鄉家庭中的充分使用及風味特色也逐漸被鄉村廚師和市井飯館所採納，開始由民間步入了烹飪行道。

川菜中，豆豉的運用遠不如辣椒、花椒那樣普遍。傳統名菜中以豆豉風味為特色的菜肴也不太多見。川菜烹飪多用永川豆豉，且用法上與其

●右圖：重慶永川豆豉的歷史發源地——跳石河，但今天已無任何的豆豉作坊。

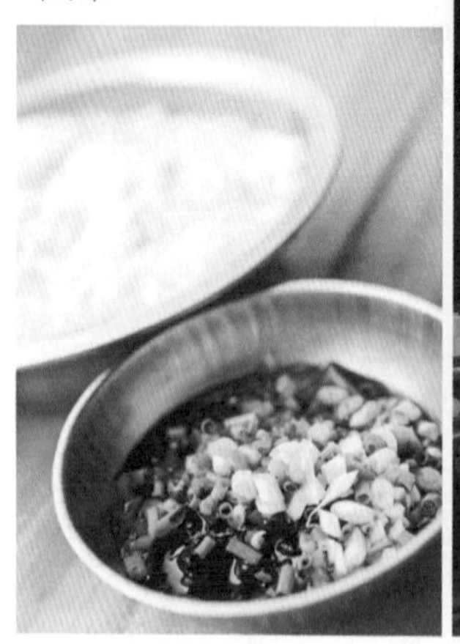

●下圖：永川豆花飯的蘸碟一定要加豆豉並突出豆豉風味。

他菜系差別不大，多為豆豉型、豉油型、豉汁型和豉醬型。豆豉型是直接以其入肴，如鹽煎肉、豆豉魚、豆豉酥魚；豉油與豉汁型是廣東菜的一種代表風味，其後亦被川菜所採用，多配以薑米、蒜米、蔥花、乾辣椒、鮮辣椒調味，如豉汁盤龍鱔、豉汁排骨，豉汁文蛤、鮮貝等。

豆豉雖在傳統川菜的應用並不十分地張揚，多數時候充當調味配角，但卻也是川菜風味中卻是不可缺的。尤其是一九九〇年代末，隨著川菜的再度崛起，豆豉作為極具鄉土和民間風情的食料，在廚師的不斷創新和市場催化下，開始盡顯風流。尤其是紅苕豆豉和水豆豉，似乎一夜之間便走出寒門登入華堂，展現出其濃郁川味、淳樸川情。像紅苕豆豉回鍋肉、紅苕豆豉炒油渣等；以及系列水豆豉菜肴：水豆豉拌兔丁、水豆豉拌鴨腸、水豆豉拌生花仁、水豆豉蒸魚、水豆豉爆仔兔、水豆豉焗牛蛙等，風味濃厚、吃口舒爽，一時間風靡市場，引得眾多食客樂吃不疲。不少餐館酒樓還請民間高手自製水豆豉，有的則到農村找做得出色的農戶人家定做。以前高檔酒樓一般只備少量水豆豉作為餐前開胃碟用。如今水豆豉成了食尚之品，於是山不轉水轉，水豆豉身價暴漲，一大批水豆豉及水豆豉風味佳肴應運而生。如水豆豉燜鮑魚、水豆豉爆鴨舌、水豆豉炒毛肚、水豆豉炒牛肉絲以及豉椒肉蟹，豆豉香辣蟹、香辣蝦，豉椒香辣魷魚、豉椒鮮貝、豉椒魚頭、豉汁蝸牛、豉汁文蛤、豉油雞片、豉汁鱔魚等等，風頭之盛旺，儼然形成一股豆豉風味的烹調新潮。

豆豉，就這樣意想不到地被人們推到烹調與食尚風味的主流位置，成為當今「新概念」川菜的風味代表。

豆豉不可貌相，風味豈可斗量；
一朝登堂入筵，臭美味媲群芳。

話風情

情詩 天府芙蓉錦繡舒 芙
川味河鮮 肴不醉人人自醉
話及鴛鴦菜式 不得其醬，不
「趣話與砂鍋雅魚 滋身怡
情 巴蜀泡菜之民間風情
鍋肉之前世今生 回鍋肉／
腐傳奇新說 百年難斷雞丁
妻肺片情話新說 七滋八味
流韻 巴蜀豆花風流情話
肉當是白肉香 蒜泥白肉之
芋及名肴鑑賞 大話開水煮
成都耗子洞張鴨子傳奇
煮，我辣我招搖 水煮牛肉
味四絕 神韻妙味話魚香
椒與椒麻風味 窈窕竹蓀，
佛肴 天府芙蓉錦繡舒 芙

江草堂鄉鮭魚
老饕亂點鴛鴦譜 鴛鴦
青衣羌國品三雅 「
菜風味品賞 紅肥綠瘦泡
席 巴蜀田席之古風新說
麻辣，麻婆不麻 陳麻婆
今是非 夫妻肺片不了
之與與衰 古風鄉味，
湖 棒棒雞之江湖遊記
頂，雪藏仙肴 魔芋、
川菜之湯 耗子洞裡鴨
雞豆花風味賞析 莫道
風道味白果雞 青城道
你沒商量，香麻到永
名肴賞析 西壩豆腐，
江草堂鄉鮭魚 軟燒仔
青城道家美味

翠竹蔭天府，潤物細無聲

竹子及竹肴情話

打開心扉，看看世間萬物，那怕是一簇嫩芽、一滴掛在葉尖上的露珠，它都意義非凡。難怪蘇東坡會發出有如喻世明言般之感歎：「寧可食無肉，不可居無竹，無肉使人瘦，無竹使人俗。」這位在家鄉四川眉山的竹林院壩裡生活到二十歲方才遠離故鄉，遊歷四方的大文豪，對巴山蜀水遍地綠蔭的竹子，真可謂是感悟真切、情深意長。或許，惟有金沙、三星堆可以作證，古蜀人在杜宇王的帶領下，在四川盆地、成都平原安居樂業始，就與竹子結下了永世情緣。天府大地、一年四季翠竹蔭翳、人竹相依。大千世界再沒有什麼別的東西，能如竹子般幾千年來與川人世代親密、和諧相處、衣食住行相伴相隨。

在人生短暫而又匆匆的旅途中，總會有一些痕跡，那怕是瑣碎的小事存留在心底讓人耿耿於懷。記得少年時第一次乘火車返回四川，那慢騰騰、晃悠悠的笨大車頭牽掛著十幾節車廂，在中原大地緩緩地向西南方向爬行。放眼望去，車窗外是一片連天接地的黃土沙丘、土窯泥屋；枯樹黃草也是有氣無力地生長著。此時，心中感到一股淡淡而莫名的淒涼。當火車喘著大氣奮力地翻過秦嶺，眼前豁然開朗，青山綠水、秀田碧窪；一片片、一籠籠竹林如星羅棋佈。竹林邊、田地間、牛羊悠閒、雞鴨嬉戲。推開車窗，一股鄉村田園固有的泥土與柴草的香氣撲面而來，使人一下神清氣爽。這讓我生平第一次真切感悟到了「天府之國」的含義。以後乘飛機返鄉，越過荒山禿嶺從空中俯視巴山蜀水，那更是一幅美麗的水彩圖畫。感歎之餘，一絲感恩之情便在心中油然而生。

潤物細無聲

成年後，不時回到鄉下。每踏上田間小道，那「一半翠竹一半田，竹林深處聞雞犬，清泉潺潺竹邊過，竹下老者編竹簍。」的情景總會讓人心潮澎湃。邁著近乎遲鈍的腳步穿過竹林小溪，進到竹林院壩，那無處不在的竹椅、竹筐、竹簍、竹篩、竹籃、竹扒、竹帚、竹席、……件件讓人倍感親切。家鄉的親戚遞上一把竹扇，端上一碗竹葉芯熬的清茶，聞一聞，心神頓安，呷一口，情思纏綿。於城市間充斥身心的浮燥憂煩、疲憊傷痛剎時間風吹雲散。看到這些近似原始、簡單又質樸的竹器竹具，禁不住使人浮想聯翩。昔日裡終日忙碌在灶台、竹蒸籠邊操辦著粗茶淡飯的母親身影又浮現在眼前；思念起竹林院子裡，坐在竹椅上手端竹簸箕不時翻抖著、挑撿著稻米或黃豆什麼的家婆；仿佛又見到頭頂竹笠、肩挑竹筐、或手握竹竿趕著豬、鴨回來的爺爺；想起兒時和小夥伴們騎竹馬、唱童謠的那份快樂——「胖娃兒胖嘟嘟，騎馬上成都，成都又好耍，胖娃兒騎竹馬……。」那清亮的童聲似乎還在竹林盤中回蕩。

吃夜飯了，家鄉的親人從大灶鍋上的竹蒸籠裡端出了熱騰騰、香噴噴的臘肉、香腸，一大缽

●成都市郊，位於竹林中的民居風情。

新推磨的豆花，加上自製的鮮椒辣醬，當然還有泡菜。這般情景勾起了情感深處的記憶，總是讓人哽塞，手中的竹筷亦不自主地顫抖，夾菜如夾鐵。竹，就是這樣潤物細無聲般地悄然融入了我們的人生、融入到那份親情和溫馨之中、融和到一個祖輩傳承的民風民俗裡。

四川遍地是竹，舉目可見。尤其是川西壩子和山野鄉間，人們世世代代喜好居住在那一籠一籠的竹林中。而川南宜賓那片浩翰的竹海更讓人驚喜不已，不僅竹子品類繁多、翠浪滔天，且以竹翠、水碧、山秀、岩險、谷幽、景奇而成自然與人文景觀之一絕。竹海裡的各種竹製品、手工藝品，如竹雕、竹根雕、竹編，各式竹器俯首皆是信手拈來。特別是江安竹筷，自明代於今已是三百餘年。其採用優質毛竹內側的竹簧為原料，經粗加工、煮製、製坯、晾曬多種工藝使竹筷呈現出象牙色調。竹筷子上鐫刻的龍鳳獅虎等吉祥物玲瓏剔透、精巧生動，且龍珠獅眼亦會隨筷轉動，獨顯工藝之精湛，成為一種民間工藝品、收藏品。南方產竹，惟四川之竹得天獨厚，粗略統計亦有三百多萬畝，品種有二百多種，居全國之冠，竹子與四川人之間情深意長也可說是環境使然。

不可食無竹

在中國南方，人們日常生活中既不可居無竹，亦不可食無竹。蘇東坡還詩言：「無肉使人瘦，無竹使人俗，不瘦又不俗，竹筍燒豬肉。」從以竹之嫩苗被譽為天下「素食第一品」，到各式與竹直接關聯的食物、飲品，像竹芯茶、竹汁羹、竹汁酒、竹花、竹蜜、竹米、竹筍、竹蟲、竹蜂、竹蠶、竹蝗、竹蛋、竹鼠，無一不是南方各族人民生活中的美食佳釀。如竹蜂，腹內有蜜、清香甜醇、蟲體可食；竹蠶，竹蜂之幼蟲，炸而食之香酥可口；竹蝗，有如蚱蜢，也多為油酥閑食；而竹鼠，又名竹鼲，肉質肥美細嫩可清蒸、紅燒、燒烤、煨燉，被視為山珍野味；竹子中另一珍品是「竹米」，即竹子開花之竹籽。竹子開花結籽每幾年到數十年一次，竹花開竹子便死，甚為悲壯，其籽落地生根來年再發。竹籽形如大米故稱竹米，香美可口勝似粳糯，可遇而不可求，被視為珍稀美食。

然而在人們之日常生活中，最常見常吃的卻是竹筍。金衣白玉般的竹筍肉豐實、質脆嫩、清香可口、營養豐富。竹筍富含氨基酸，故其味鮮美無比。自古便有「味美莫如筍」，「嘗鮮無不道竹筍」之說。史料中還有一段「孟宗哭竹」之感人的故事。孟宗，三國江夏人，據《楚國先賢傳》記：孟宗是個大孝子，其母嗜食竹筍，冬月無，孟宗於竹林中挖之不得，於是跪於竹之中悲慟不止，其大孝之心感動上蒼，使其竹筍破土而出。後世則作為至孝佳話世代傳頌。古往今來，竹筍既被當作「野味」，又被視為「山珍」，成為中華菜肴中不可缺和少的主要食料之一，享有「無筍不成席」的美譽。

竹筍，冬季藏於土中的稱為「冬筍」，春天破土而出的叫「春筍」，夏秋生長的為夏筍、秋筍。四川因竹子品種多，竹筍也自然豐富。除四季之筍還分有苦筍、斑竹筍、慈竹筍、方竹筍、羅漢筍、白夾竹筍等。竹筍菜肴在川菜中十分豐富，有乾煸冬筍、醬燒冬筍、軟炸冬筍、雞皮慈筍、菊花冬筍、魚香筍盒、蠶豆春筍，以及以筍為主要配料的鮮筍溜肉片、筍子炒肉、鍋巴肉片、火爆肚頭、響鈴海參、生燒什錦、清湯魚翅，筍子燒牛肉、燒雞和以玉蘭片、筍絲、乾筍蒸、燒、炒、拌的各式菜肴。

中華各地各民族，與竹相關的美食佳饌亦風味紛呈、風情奪目。貴州苗族、侗族之竹筒烤魚、酸湯竹筍、竹筒飯、竹葉茶；雲南傣族的竹筒魚、竹筒酒；哈尼族之竹筒銀耳雞；景頗族的竹筒茶；滇西北中甸一帶的藏族同胞吃火鍋之必備菜是嫩竹葉。而在成都，有唐宋時代便聞名天下的「郫筒酒」。據《華陽風俗錄》記載：「郫縣有郫筒池（郫筒井），池旁有大竹，郫人刳其節，傾春釀於筒，苞以藕絲，蔽以蕉葉，信宿香達於林外，然後斷之以獻，俗號稱『郫筒酒』」。

可見，郫筒酒便是郫縣當地人巧發奇思、就地取材，將早先釀製的基酒盛於鮮竹筒內密封窯藏一段時間。集釀酒之器、盛酒之器、飲酒之器於一體敬獻賓客，真正的原裝、原汁、原味。杜甫客居成都草堂，在郫縣品飲了「郫筒酒」不甚感慨，留下「魚之丙穴由來美，酒憶郫筒不用沽」之佳句。蘇東坡也有：「所恨巴山君未見，他年攜手醉郫筒」。陸遊也曾寫下：「未死舊遊如可繼，典衣猶擬醉郫筒」的感人詩篇。清代袁枚《隨園食單》中則言：「郫筒酒，清洌徹底，飲之如梨汁蔗漿，不知其為酒也。」郫筒酒，亦可堪稱為酒與竹巧妙融合之絕代飲品。

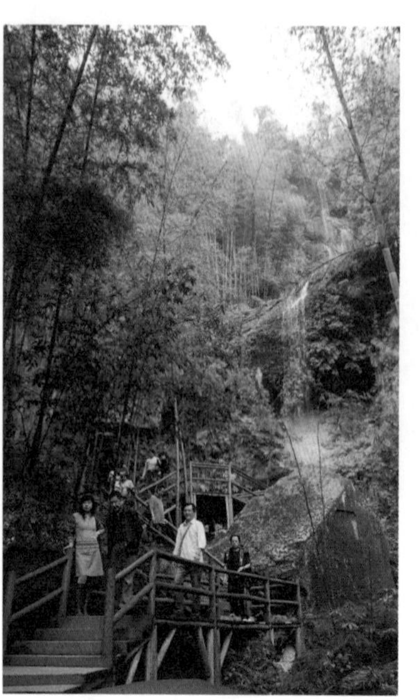
●四川是竹的國度，若要說竹子國度的首都當是蜀南竹海。

在現今的蜀南竹海，可謂是竹肴天堂，除了竹肴全席，各種各樣的竹類肴饌以及民間竹類小吃，像用嫩竹葉榨其汁液製作的糕點、竹葉芯烹製的竹羹湯、竹筒烤製的臘肉、豌豆米飯；竹枝薰製的醃肉、排骨、香腸；竹葉包裹、竹籠蒸製的竹葉黃粑、葉兒粑、竹葉粽子等。無不取竹子之天然清香、獨特風味。細品慢嘗、味中有味、味外有味，美不勝言。在蜀南竹海，還不難發現一個人所共知的妙事，這裡的居民極少有肥胖臃腫之人，往昔今朝也無癌症腫瘤或「三高」患者。這無疑與以竹筍竹蓀等竹肴為常食有著密切關聯。以現代飲食觀念，竹子即竹類食品乃是當今地球上少有的純天然有機、未受污染之人類美食。因此，為保健康長壽，不可食無竹應是一條食尚真理。

美味竹中來

在天府大地，與竹子相關的眾多飲食器具中，尤為值得一抒的是竹子蒸籠。它不僅豐富、方便了城鄉居民的日常生活，也成就不少的川菜名肴和川味名小吃。竹編蒸籠取材便利、造價低廉、形體輕巧、透氣保溫，用其蒸的米飯鬆軟散粒、香醇可口；蒸饅頭、花卷、包子等富有彈性、柔軟而不粘牙；蒸製各種肉品亦是特色獨具、風味別樣。偶到鄉間或古鎮，每當看見街邊店堂爐灶上熱氣翻滾的竹蒸籠，食欲吃情總會隨心而動。品嘗著籠中的米飯、包子、或各式米麵小吃亦會倍感溫馨親切、格外香美。因為竹蒸籠給我們的生活留下了太多的不可磨滅的印記。

蒸，是一日三餐中常用的烹飪方式。在川菜烹飪中是一個專門工種，也就是有專做蒸菜的廚師，以前叫做「籠鍋師」、「籠鍋匠」。尤為是過去包席館的籠鍋師更是十分重要。包席館專做包席筵宴或紅白喜事之流水席，一桌席的菜肴籠鍋上要出大部分，特別是「三蒸九扣」類的席桌，籠鍋師就是主角。另外還有專營蒸菜的飯館，那籠鍋師也是絕對得掌灶把籠。無論城裡鄉間的田席、壩壩宴，其「三蒸九扣」，民間也叫做「八大碗」、「九斗碗」中之「三蒸」，即清蒸、旱蒸、粉蒸。這些席宴的蒸菜多使用直徑一公尺多的大號竹蒸籠，一層可置十多二十個大碗，一疊七、八層，頗有氣勢、蔚為壯觀。

蒸菜中連湯帶水的稱為清蒸，像清蒸鴨、清

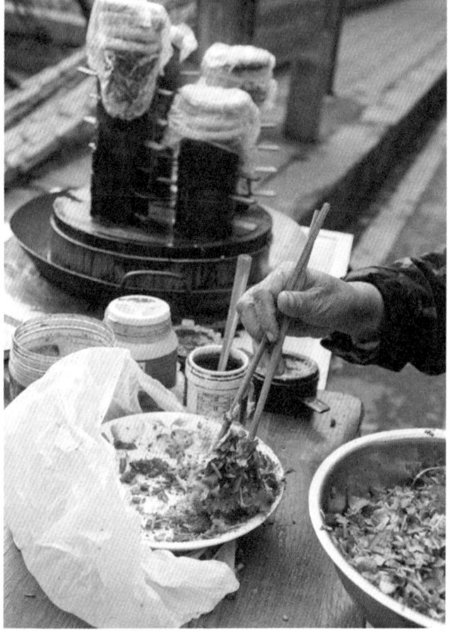

四川樂山的街邊小吃——小籠蒸牛肉，加點蔥、香菜夾入鍋魁中，咬一口，真是鹹鮮美味。

蒸雞、清蒸甲魚等；不加湯水將主料碼味直接蒸製的叫旱蒸，如鹹、甜燒白，八寶飯等；用炒製過的米粉拌合主料入籠蒸製的即為粉蒸，如粉蒸肉、粉蒸排骨、粉蒸肥腸、粉蒸牛肉、羊肉等。粉蒸菜式在配料上也很講究，有著均衡口感、增味添香的作用，還要因時應市主次分明、性味和諧。如粉蒸豬肉，夏秋時節宜配老南瓜或紅心苕（紅心番薯）；粉蒸排骨宜配春天的嫩洋芋或秋初的小芋頭；粉蒸牛肉或羊肉可用新鮮嫩豌豆、胡豆墊底；粉蒸雞等可用香芋、山藥；粉蒸鱔魚可配嫩豆角；粉蒸蹄花配四季豆等，吃來是風味別樣、多滋多味。川菜中有款頗具詩情畫意的竹籠蒸菜叫「圓籠玉簪」，即粉蒸排骨。圓籠即竹蒸籠，玉簪意為如手指長的豬肋骨蒸熟後，兩端露出白骨，形如古時婦女頭上別的玉石簪子，此菜味美意雅、風情別樣。但在這些五花八門的竹籠蒸製的菜品中，最具風情、最有風味的還是小籠蒸牛肉。

小籠蒸牛肉已有百十餘年的歷史，是一款純粹的民間風味小吃，川菜中的經典小品。早先是成都皇城壩一帶的清真回民小吃，頗受廣大市民喜愛，而後逐漸被成都人所「漢化」，成為一款麻辣多滋、鹹鮮香甜的川式風味小吃。小籠蒸牛肉味美價廉、快捷方便，其蒸法與蒸具亦獨具特色與風情。過去，在牛肉館子或牛肉麵店的堂前門口，通常有一口破舊大汽油筒製成的爐灶，上放一口大鐵鍋，燒著一鍋開水，上面擱著一塊有許多洞的圓木板，然後就是拳頭般大的小竹蒸籠，重重疊疊形如塔林，熱氣騰騰滿街飄香，誘得過往行人大口吸氣，食欲橫生，真個是聞香下馬，知味停車。無論是一人獨享，還是二、三人共品，即從那竹籠上取下一兩格，人一落座菜就上桌，花錢不多吃得樂呵。

成都最具名氣的是「治德號」，以及一家叫張麻子脆紹麵的小籠蒸牛肉。「治德號」始創於一九三〇年代初，其小籠蒸牛肉和牛肉麵最為出色。牛肉多用黃牛肉，有時也用犛牛肉，去筋切成小片，用剁細、煵酥的郫縣豆瓣、醪糟汁、加適量醬油、鹽、和炒製好的五香米粉、以油湯調拌均勻，放入特製的直徑八公分、高四公分的小竹蒸籠蒸格中，在店堂前臨街的鍋灶上層層疊疊矗立蒸製。通常一格中僅有幾片肉，大火蒸熟小火保溫。按成都人的傳統吃法是叫上一兩格牛肉、買個白麵鍋魁、加碗素湯，把牛肉夾在鍋魁裡吃；或是一格牛肉、一碗紅燒牛肉麵配著吃。牛肉從籠格上取下後還要加紅油、撒辣椒粉、花椒粉、加蒜泥、最後撒點香菜末或香蔥花。

治德號幾十年長盛不衰深受川人喜愛，無論寒暑，每近中午攜碗帶盆前來購買的客人絡繹不絕，堂內店外人聲起伏、熱鬧非常。不少外鄉人一經品嘗也愛不釋口，甚而留戀終生。現今治德號現今依然健在，小籠蒸牛肉仍是其當家名牌。成都別的一些小餐館，牛肉館也仍傳承著小籠蒸牛肉的風采。每年的成都燈會、花會、美食節中，來自成都周邊的地方風味小吃匯萃一堂，小籠蒸牛肉比比皆是，雖是風情依舊，但其風味已與原先相去甚遠矣！

撫今追昔，竹籠雖小卻是情系萬眾，除了頗具風味特色的小籠蒸牛肉，還有不少小籠美食，像小籠包子、小籠蒸餃、小籠燒麥等。

自從盤古開天地，數千年來人竹相依、情緣難了。竹子以其翠綠挺拔、枝繁葉茂點綴著四季山河，把其一身無私地融入人間；更以獨有的清香甘醇給國人帶來身心的康樂。正是這一美德、這般情操，竹子自古以來就被文人賢達、大眾百姓所崇敬所熱愛。它虛心有節、不畏寒霜、不嫌貧富、隨遇而安；竹子還與中國傳統文化中的論理操守、審美情趣相契合，而被中華民族讚譽為松、竹、梅「歲寒三友」，象徵著堅貞、高潔、謙虛和奉獻的高尚精神，視為為中華民族的品格與稟賦。

不可居無竹，不可食無竹，
做人則如竹，人生自不俗。

天府芙蓉錦繡舒

芙蓉與芙蓉菜式

作為世界四大「烹飪王國」之一，中華烹飪以其獨特的烹飪技藝和多彩的美食文化贏得世界喝彩。寓意菜，即是中華美食大觀園中一朵香妍流芳的奇花異草。

所謂寓意菜，或為比喻菜，是指抓住菜肴色、香、味、形的某一特色，烹製成具有美好意境的寓意物，賦於美稱，加以渲染誇張，引人入勝、耐人尋味，給食者的視覺、嗅覺、觸覺、味覺感官和身心帶來意想不到的愉悅。

隨意瀏覽中華食譜，不難從多姿多彩的寓意菜中窺察到中華飲食文化的悠久、豐富與博大精深，感悟到我們民族追求美好生活，和諧世界的願景。像常見的寓意菜，如全家福、佛跳牆、獅子頭、熊貓戲竹、孔雀開屏、龍鳳呈祥、鯤鵬展翅、鴛鴦戲水、秋水芙蓉、松鶴延年等；以及以數冠名的，像「一品」、「二龍」、「三元」、「四喜」、「五福」、「六合」、「七星」、「八仙、八卦」、「九色」、「什錦」等菜式；還有諸如龍鳳、如意、水晶、翡翠等寓意菜式，琳琅滿目美不勝收。

寓意菜是基於烹製者對菜品原輔料的認知，感悟及妙用巧烹，通過對菜式色香味形的精心構思，獲得恰如其分、畫龍點睛的寓意效果。菜品之寓意包羅萬象，植物動物、山水風光、日月星辰、金銀珠寶、神話傳說、成語典故、天地方物，人間萬像無所不含。當然寓意菜並非是附雍風雅、戲玩辭藻，它通過寓意，形像深動地刻畫出寓意之景像，一方面展現出精湛的烹調技藝，同時亦彰顯出菜品的特色與品位。這一藝術效果與風味特色的相映競妍，流芳而出的更是一個民族，一方水土的人文特色，美感情趣，風情習俗和文化意蘊。「芙蓉菜」，便是天府之國，美食之都寓意菜式中一個意韻深長的經典佳作。

水木芙蓉競芳菲

在中華烹飪之各大菜系中，寓意為「芙蓉」的名菜雖不太多，亦也不算少。像天津的芙蓉蟹黃、河北的芙蓉雞片、青海的芙蓉圓子、甘肅的芙蓉扒乳鴿、浙江的芙蓉豆腐、芙蓉肉、湖南的芙蓉鯽魚、福建的秋水芙蓉、八寶芙蓉鱘，以及清真菜中的一品芙蓉蝦等。但尤以川菜的芙蓉菜式最為豐盛，也因其獨具本土特色而與眾不同。

「芙蓉」入饌名，大約始見於元代著名養生書忽思慧的《飲食正要》中之「芙蓉雞」。川菜中，較早見於清宣統年間《成都通覽》所記的「芙蓉燕窩」、「芙蓉豆腐」及小吃「芙蓉糕」、「芙蓉餃」。然而，川菜中的「芙蓉」菜式，用以寓意與冠名之「芙蓉」，卻與各地的「芙蓉」大相徑庭。曾有學者撰文定論，中華烹飪中的「芙蓉菜」，其芙蓉皆為荷花，即水芙蓉，而非木芙蓉。此一論斷失之偏頗，至少於川菜，於成都並非如是。

芙蓉，有水芙蓉與木芙蓉之別。水芙蓉又稱草芙蓉，亦叫荷花、蓮花、藕花。宋代葉夢得

●成都市人民公園池塘中的水芙蓉。

的《石林燕語》中有此一說：「故知，芙蓉有二種，出於水者，謂之草芙蓉；出於陸者，謂之木芙蓉。」如此便有了「出水芙蓉」、「出污泥而不染，濯清漣而不妖」之讚譽。而生於陸長於樹的芙蓉，既非灌木，也非喬木。木芙蓉不如水芙蓉普遍，全國各地，尤其是江南一帶隨處可見水芙蓉。木芙蓉主要生長於四川、廣東、雲南等地，以四川最為常見。木芙蓉深秋開花，有兩色（白、紅）、三色（白、黃、紅）及五色之分。所謂五色，即芙蓉初開為白，次日粉，三日嫩黃，四日絳紅，花謝漸紫，世人謂之「五色醉芙蓉」。五色實為珍稀，據記載過去成都邛崍有五色芙蓉，稱為「弄色芙蓉」、「文官花」。木芙蓉花期甚短，四、五日即凋零。雖不似曇花一現，也算是薄命紅顏。大約自唐代始，人們漸漸把木芙蓉稱作芙蓉，水芙蓉則叫為荷花、蓮、藕花、菡萏。在四川城鄉水芙蓉舉目可見，木芙蓉因種植較難而顯稀少。但木芙蓉於四川，特別是成都卻有著悠久而難以割捨的歷史情結。為此，川人從不把荷花視為芙蓉，甚而大多川人更不知蓮荷亦也叫芙蓉，只是多一個「水」字而已。

介於唐宋之間的蜀國，分為前蜀後蜀，都府成都穿城九里半，周繞四十里。廣政十三年九月（西元九五〇年），後蜀王孟昶命人於城上盡種芙蓉，九月盛開，望之皆錦繡。次年後每到秋季，四十里城牆芙蓉競開，紅白相間花團錦簇，呈現出「城上芙蓉錦繡舒」、「深淺芳心濃淡容」；「二十四城芙蓉花，錦官自昔稱繁華」之壯美盛景。成都自此而有了「芙蓉城」之美名。明朝陸深的《蜀都雜鈔》亦道：「蜀城謂之芙蓉城，皆傳自孟氏。」然而在民間，人們世代傳頌的卻是位年方二八，美麗善良的「芙蓉姑娘」。她為了拯救成都城不被黑龍怪興風作浪，引發洪水淹沒成都，而與黑龍拼死搏鬥，最後黑龍被除，芙蓉姑娘亦也因身受重傷而犧牲。其鮮血順護城河漂流化為朵朵芙蓉花。傳說歸傳說，但卻反映了芙蓉在成都人心中的千千情結。

孟蜀之後，千百年間城毀城建，城上芙蓉

亦消殘殆盡，四十里錦繡已是名存實亡。至清乾隆五十四年，四川總督李世傑曾打算恢復成都芙蓉盛景，以使芙蓉城名至實歸，但卻未能實現，只是在內外城隅，水道河堰遍種芙蓉，且間以桃柳。到一九五〇年代後，芙蓉在成都幾近絕跡。一九九〇年代，芙蓉被成都市民選定為「市花」。於是在城市改造和建設中又開始在綠花帶、公園、河邊重植芙蓉樹。如今，金秋時節芙蓉雖不是舉目可見，到也不難尋覓。然而兩三百年間，芙蓉始終不凋不謝的，倒是川菜中的「芙蓉菜」。一代代川廚敬芙蓉花之高潔典雅，雍容美豔，把自己短暫而美麗的生命奉獻於人間的崇高品格，巧引入肴以示敬仰。

芙蓉川菜錦繡舒

一九五八年，在成都皇城下的人民南路建起了一座家喻戶曉，堂皇典雅的高檔酒樓「芙蓉餐廳」。名曰「芙蓉餐廳」，自然以芙蓉菜式為特色。其當家名品便有：芙蓉雞片、芙蓉魚片、芙蓉鯽魚、芙蓉雜燴、芙蓉魚翅、芙蓉肉片、芙蓉肉糕、芙蓉蒸蛋、芙蓉花仁……等。幾十年間，它先後接待宴請過不少國家領導人和國內外知名人士。均以其色香味形及寓意生動形像，富有詩情畫意的芙蓉菜式和其他川味佳饌獲得客人交口讚譽。

川菜中的芙蓉菜式多借芙蓉之色與形，或色形皆取，來體現菜肴的品相和品位，用於筵席高級菜肴以彰顯其典雅、素潔與吉祥。像芙蓉燕窩，大抵出於清中晚期，以腦花、蛋清、鴿蛋、清湯輔佐燕窩，形色皆似白芙蓉；芙蓉豆腐湯，亦始於清嘉慶年間，《錦城竹枝詞》曾贊：「芙蓉豆腐是名湯」。這款芙蓉菜倒是與眾不同，並不寓意芙蓉，而是把芙蓉花直接入肴。再有，芙蓉蛤仁這道湯菜，則是把雞蛋製成芙蓉蛋，注重形色素雅、細嫩清鮮；芙蓉銀魚，則是取雞蛋清製成白色芙蓉花瓣狀，置於湯面。川菜中最負盛名，亦最具代表性的一款芙蓉菜是芙蓉雞片。此菜取雞脯肉，經捶茸去筋剁細，加冷鮮湯、雞蛋清、太白粉水、鹽、白胡椒水調製成雞漿，分次在豬油鍋中沖製成芙蓉花片，裝盤再擺成芙蓉花形，其形色典雅、素潔清鮮，常令人歎為觀止而不忍下箸毀其美觀。

在川菜家常風味菜中，最典型、最普及的當是「芙蓉臊子蛋」，大多家庭都愛做。此菜通常是將雞蛋打入碗，加冷湯、少許鹽攪散，入籠小火蒸熟，把炒製成臊的肥瘦豬肉淋在蛋面上，因形色皆似嫩黃芙蓉，加上清鮮細嫩香美可口，美其名曰：芙蓉臊子蛋。另也有不加肉紹的，在蛋面上鑲以八種葷素絲料，稱之為「芙蓉八絲蛋湯」，這亦是老川菜中的一道風味名肴。蒸蛋中還有只用蛋清，蒸熟後因其雪白高潔，又稱為白芙蓉蛋。其他具有家常風味特色的芙蓉菜式還有芙蓉肉片、芙蓉牛柳、芙蓉鴨掌、芙蓉鯽魚、芙蓉青元、芙蓉豆腐、芙蓉牛脊髓等。在川菜筵席點心和風味小吃中也有不少芙蓉類美饌。如魚翅芙蓉包、海參玉芙蓉，四川各地民間小吃中的芙蓉糕、芙蓉餃、芙蓉麻花、芙蓉蛋糕、芙蓉玉米饃、芙蓉餅、酥芙蓉等。

芙蓉菜式，雖多為清鮮淡雅，但在川菜家常風味菜中，芙蓉菜式亦有辣麻風味的。如一款出水芙蓉，實為水煮芙蓉雞片，採用水煮牛肉之烹法，仍是麻辣風味，只是在成菜時將形色如白芙蓉花的雞片置於面上，擺設為芙蓉花狀。在當今川菜大師手中，亦也不乏芙蓉佳饌。像史正良的「芙蓉雞片」；張中尤的「碧波芙蓉」；盧朝華的「水晶芙蓉花」；王開發大師的「蟹子映芙

●酥香嫩滑的臊子芙蓉蛋。

蓉」；中青川菜大師喻波的「芙蓉牛脊髓」等。

川菜中自然也有借喻水芙蓉的名菜佳肴，但為了與木芙蓉相別，大都直接冠名荷花或蓮花。像金魚荷花、荷花魚翅、荷花雞片、荷花肉絲、蓮荷蝦卷、青荷里脊、荷花魚圓、軟炸荷花等，別是一番風情在肴中。其間，亦有一款以水芙蓉為名的名菜，叫「出水芙蓉」。一九八〇年，中日合編的《中國名菜集錦．四川輯》在成都進行拍攝。川菜名師陳海清的創新名菜「出水芙蓉」被日方編導，攝影一致看好，贊其為「色形味俱佳的名肴」。還稱此菜「扮相好，很上鏡」。筆者曾見史正良大師烹做此肴。他採用雞蛋清蒸成蛋粑，開成大片，再修成荷花瓣，用雞糝作座，把花瓣安上，「花」中撒上火腿末作花蕊，成一朵盛開的白蓮；另用幾隻鴿蛋煮成荷包蛋，用雞糝、豌豆、綠菜葉做成蓮蓬荷葉，擺放在「荷花」盤中，灌上特製清湯。成菜如芙蓉出水、情景交融、湯清味鮮，一曲清香令國內外許多食家讚歎不已。

巧奪天工烹芙蓉

川菜中的芙蓉菜式，多作為筵宴工藝大菜來做。這要求烹製者不僅要有精巧的烹飪技藝，也要有一定的藝術修養和美學情思。雖然，芙蓉菜式著重於芙蓉之色與形，但要做得形像生動、寓意貼切，甚而達到假亦真時真亦假的境界便絕非易事了。

芙蓉菜式大多側重白芙蓉。芙蓉初開鮮嫩欲滴，白如雪、潔似絹，堪稱冰肌玉膚。故此，多以雞脯肉、豬脊肉、魚肉，加蛋清、鮮湯、太白粉水來烹製。以廣為人知的「芙蓉雞片」為例，便可從中窺見到烹製芙蓉菜式之奧妙。據胡廉泉老師講，過去，成都有家餐館叫「北洋餐館洞青雲」。有次，老一輩川菜大師孔道生在這家餐館看到廚師做芙蓉雞片是「用油沖的」。即是把雞脯肉捶茸去筋剁細，加鮮湯、蛋清、鹽、白胡椒粉調製成稀糊，再依其濃稠加湯調製成雞漿。然後燒一鍋豬油，待油燒熱後，用炒瓢舀一勺雞漿，順鍋邊倒下去，任其自由流梭成片狀，凝固後浮起則打撈出鍋，用好湯泡起待用。孔師傅把此法加以推廣，稱其為「沖芙蓉雞片」。

後來，因此法「沖製」的芙蓉雞片厚薄片張不均勻，有廚師便將「沖」改為「攤」。亦如攤薄餅、蛋皮一般。攤時，鍋中有油但不現油，溫度為中小，把雞漿攤成蛋皮狀，再一片片鏟起，用好湯泡起。

這兩種「芙蓉雞片」的烹製法各有其長。「沖製法」，雞片色澤亂真，潔白鮮美，但片張厚薄不均勻，油脂較重；「攤製法」，雞片厚薄勻襯，但色澤不純，甚或泛黃，其鮮嫩度也較差。過去這兩種方法在餐飲行業中都十分常見。

另還有種製法，目前在行業中被廣泛採用，即「蒸製法」。在一方盤中先抹層豬油，把調製好的雞漿倒進去，蕩成薄薄的一層，放入蒸籠蒸製片刻，凝固成片後，取出來再改成芙蓉花瓣狀。這種方法既能保持雞片的雪白素潔，又省事省時操作也較簡便，不足點仍是厚薄較難把握，技術嫺熟者倒也問題不大。

當然，這僅講的是芙蓉雞片的成形之法。烹製芙蓉菜式，除製「芙蓉蛋」外，凡用以製作芙蓉花的，其關鍵所在是製漿。據老一輩川菜大師的經驗，單就「芙蓉雞片」而言，要達到「白芙蓉」初開之潔白鮮嫩的成菜效果，必須掌握好製茸兌漿兩個重點。

其一，要先把雞脯肉放進清水中浸泡，除盡血污，再用刀背將雞肉反復捶茸，剔盡筋絲，越茸越細越好。

其二，把握好雞茸、蛋清、鮮湯、太白粉水的調兑比例。通常若用雞脯肉二五〇克，則需蛋清四個，冷鮮湯二五〇克，太白粉水三十克。兑漿前，先用冷鮮湯將雞茸攪散成稀糊，再加進太白粉水，適量鹽，白胡椒水調和，蛋清用筷子打散成泡沫狀，然後倒入雞漿中攪和均勻，漿的濃稠度釅如濃米湯，可用手指蘸漿汁後令其自然流滴，滴速較慢且拖帶細絲為適宜。這與「雞豆花」、「魚豆花」的製漿相似。當然，現今餐飲酒樓多採用攪拌機製茸，省事省力，簡便快速，但成菜的品質效果如何就很難說了。

再者，製作「芙蓉雞片」，若是「沖」或「攤」，油溫是要點。首先鍋需炙得油滑光亮，油溫控在三、四成（九〇～一二〇℃），以低油溫「沖」或「攤」，這樣不至把雞片製黃或變焦。在用炒勺舀漿入鍋時，須從鍋邊緩緩倒入，雞片自然流梭，在熱力作用下很快凝結成片，升浮至油面後即時撈出，漂在鮮湯中以解油膩。若用「蒸製」，則要把控好火候，一般用小火時間不要太長，否則蒸老，可用手指輕觸其面，以不稀稍有彈性為宜，即可取出冷卻後改刀，不須要漂湯。

芙蓉菜式是川菜中獨具地方特色，形美色雅、品位高潔的寓意佳肴。它既展現了芙蓉花的豔而不俗、美好吉祥的意韻，又體現了川菜精湛的烹飪技藝和川廚的素養。常為筵宴和食客帶來意想不到的愉眼之色，戲鼻之香，娛舌之味及身心的美好享受。一九五八年，川菜大師曾國華奉命去漢口為毛澤東及中央領導主廚，他烹製的芙蓉雞片受到毛澤東讚揚。原來早在一九四五年，毛澤東在重慶參加國共兩黨和談時，就喜愛上了芙蓉雞片、麻婆豆腐、魚香肉絲等正宗川菜。然而，令人不無遺憾的是，近十餘年來，在芙蓉城之餐館酒樓中已是難覓芙蓉菜之芳蹤。這是為什麼？我也不明白，只留歎息……。

芙蓉城裡錦鏽舒，弄色芙蓉醉如初；
芙蓉芬芳柔腸胃，勾引鄉魂入夢中。

帶江草堂鄒鰱魚❶

軟燒仔鯰與川味河鮮

有道是蜀水美、河鮮肥。四川自古江河似網、溪流如織、河鮮無處不有，尤以鯰魚、鯉魚、鯽魚、草魚、花鰱、白鰱、黃臘丁等最為普遍。即便是穿城而過的成都南河、府河，舊時為濯錦江，亦是河鮮的世界，魚之樂園。那時，每年春天，當都江堰開閘放水，肥美的「桃花魚」便順流而下，魚躍水歡，府南河頓時熱鬧起來，撒網的、甩白杆的、扳罾的、網兜撈的、空手捉的，忙得人歡狗叫。也倒是春江水暖魚先知，那些藏在河堤石縫裡、岩洞中過冬的魚兒紛紛出來覓食，享受春光。到了夏天更是捕魚的旺季，沿河兩岸從清早到傍晚上全是打漁、釣魚族。漁船悠悠，魚鷹撲水。我們這些學生娃兒在河裡板澡（游泳戲水），腳板兒也能踩到魚，空手亦能捉住魚。一個迷頭兒（扎猛子）打進水底，伸手就能在岩洞裡、石縫中捉到一尺多長的鯰巴郎（鯰魚）。河堤水下的石隙中更是擠滿密密麻麻的仔鯰魚、頭朝外、口吐水泡，只管用手摳住魚嘴一條條往岸上扔。即便冬天枯水季節，小娃兒也可用自製的魚叉，挽起褲腳在溫暖的水中把大石頭搬開就能叉到不少小魚兒。回家用菜葉包住在柴火灶裡煨熟，或烤來吃、炸起吃美味開心，童樂童趣記憶猶新。

自古河鮮就是川人喜愛的美饌。在傳統川菜中河鮮菜肴佔有相當的數量，且有不少名品佳肴，像清蒸江團、砂鍋雅魚、豆瓣全魚、乾燒岩鯉、脆皮魚、水煮魚、酸菜魚、冷鍋魚等不勝枚舉。四川大江大河沿岸城鎮亦不乏優質河鮮。如新津黃臘丁、資陽球溪河鯰魚、樂山江團、雅安雅魚。而宜賓、樂山三江匯流，河鮮品種更為豐富。但在成都尤以資中資陽球溪河鯰魚長盛不衰，名揚巴蜀。乃至大多鯰魚館子都要打「球溪河鯰魚」這張名牌。雖現今河流溝渠裡野生鯰魚已為珍稀，但池養的鯰魚仍是川人品魚的首選，十餘年來品吃鯰魚之風依然高昂。至今在成渝高速龍泉高洞至內江段，路邊一排排氣派醒目的鯰魚餐館已成為一道高速公路靚麗景觀。這些餐館沿襲成都「帶江草堂鄒鰱魚」的習俗均以姓冠名：周鯰魚、高鯰魚、王鯰魚、胖哥鯰魚、么妹鯰魚及大姐鯰魚等，更多以「正宗」「資格」「老號」「野生」「道地」標其品質，實在是讓人眼花亂難辨真偽。儘管如此仍是車水馬龍吃情盛旺，其中尤以大蒜燒鯰魚、泡菜鯰魚為熱點。

軟燒仔鯰如詩畫

鯰魚，四川民間俗稱鯰巴郎，但川話中「鯰」、「鰱」的音分不清，所以也有人稱「鰱魚」。但與其另兩款鰱魚，白鰱和花鰱卻有本質

●今日院旁依舊流水潺潺的帶江草堂。

註❶：川話中「鯰」、「鰱」的音分不清，「鯰魚」常被寫為「鰱魚」，這裡沿用餐館原名「鄒鰱魚」，但指的是「鯰魚」。

上的區別。鯰魚是四川河鮮優質食用魚種之一，素以無鱗、魚身有粘液、肉質細嫩鮮美、體無細刺而受到川人喜愛。大江大河中的鯰魚個頭較大，有的可長達一公尺多，重達十多公斤。但在川西平原，尤其是成都周邊，鯰魚多生活在小河溝渠的回水處或樹根洞穴、石堆縫隙中。通常約二五〇公克重，二〇到三〇公分長，人們稱為仔鯰。現今的鄉間郊野因幾十年來不斷整治農田、砍掉樹木、截彎取直，加之河水污染，這種天然野生仔鯰幾乎絕跡，如今要吃到野生仔鯰已是十分難得。

「軟燒仔鯰」是川菜中久負盛名的魚肴，因以溫江特產的獨頭蒜為輔料烹燒，川人又稱為「大蒜燒鯰魚」。七、八十年以來，在成都最具盛譽，最為食眾所喜吃和推崇的還是「帶江草堂鄒鰱魚」。

在成都西郊浣花溪畔，有唐代大詩人杜甫晚年寓居的草堂，相距不遠的三洞橋邊，有一知名酒家——「帶江草堂」。過去這裡是鄉野田園之撫琴生產大隊，農田茅屋、清溪綠水、翠竹垂柳、閑牛悠鴨、雞鳴犬吠。一九三〇年代初，成都郫縣人鄒瑞麟偕妻在三洞橋旁馬路邊搭了間竹籬茅屋，開起了賣茶水、涼粉、涼麵、花生油糕、兼營「冷淡杯」的小店，為城裡及附近來來往往去杜甫草堂和王建墓的遊人提供小吃零食。店旁穿流過的小河中有不少仔鯰魚，鄒瑞麟便就地取材烹燒鯰魚賣。

過去，較早有名的是郫縣犀浦鯰魚。鄒瑞麟年少時在郫縣師從川西壩子名廚林世順學藝，練就一手不凡的烹魚技藝，深諳鯰魚烹調之道。因此，他烹燒的大蒜鯰魚不僅有犀浦鯰魚的鄉風鄉味，更有離骨肉嫩、鹹辣鮮美、香濃酸甜、口感舒爽等特色，於是很快名聲四傳，遠近食客慕名而來爭相品吃，稱其為「鄒鰱魚」。後來，眼見生意日漸興盛，一間破舊茅屋已不堪擁擠，鄒瑞麟便得將茅屋擴大修葺一新，改建為依橋傍水的吊腳竹樓，小間雅座，種上花草果木。鄒瑞麟熱愛田園、喜讀杜詩，因而把店堂裝飾成清幽典雅，富有詩情畫意的農家大院。這一來不僅店堂漂亮大氣，更吸引了不少文人雅客，其中有位叫陳踐竇的尤喜這小橋流水的幽雅竹院，便取杜甫詩句：「每日江頭帶醉歸」的意境，借喻院旁流水潺潺，摘「帶江」二字將鄒瑞麟的餐館取名「帶江草堂」。這以後人們便稱之為「帶江草堂鄒鰱魚」。

「大蒜燒鯰魚」，或說「軟燒仔鯰」是鄒瑞麟的當家菜肴。「帶江草堂」路橫南北、酒旗招搖，大凡食客來店，可在店旁吊腳樓下浸在河水中的竹簍裡自挑自選，現剖現烹，風味濃郁，味道鮮美，價格公道，八方食客聞風而至。經鄒瑞麟不斷精心對「草堂」進行打理修整，帶江草堂儼然成為鄉野田園中的一座高雅「農家樂」，其修竹為梁、雕竹為窗、竹亭竹椅、草青花香、蟬鳴蛙鼓、蜂舞蝶狂，四季秀色之自然風光讓文人雅士、詩人墨客心醉神迷，常會聚於此觀鄉景、嘗魚肴，美酒和腸、魚鮮娛胃，雅興所致賦詩作畫、誦古吟今，留贈帶江草堂。

對日抗戰爆發的第二年春天，即一九三八年春，張大千在成都舉辦了震驚中外的抗日美術畫展後，準備遠去荒漠考察敦煌壁畫。成都文化界為他餞行。因大千先生不僅是蜚聲海內外的國畫巨匠，亦是美食大家，烹魚高手，故而選定帶江草堂請張大千品嘗鄒鰱魚。大千先生一行坐人力黃包車一到帶江草堂，便見小橋流水，吊腳竹樓下一排竹簍浸在河水中，大千便道：「這家老闆懂魚經，定是養著活魚。魚，我所欲也」。進得堂內張大千環顧四周，略一審視竟然發現修竹庭院內四處張掛的是成都書畫名家的墨寶，楹聯和山水，不禁點頭稱道：「雖竹屋茅舍，卻是典雅脫俗，想必這裡的魚肴定也別有風味」。席間，鄒瑞麟烹好魚後親自送上桌，大千先生放眼一望，只見盆中湯色亮麗，滋汁金紅，七、八條仔鯰完整有形臥於盆中，獨頭蒜大小均勻，半沉半浮如玉珠落盆。他輕夾一條魚放在碗裡細品慢嘗，舉箸對一桌人說道：「這魚果然烹道不凡，肉嫩鮮美、湯汁入味、鹹辣酸甜恰到妙處，獨頭蒜也炸得酥軟有味，好魚。」又對鄒瑞麟說到：「鄒老闆，你魚燒得高明，敬你一杯」。話落，還邀鄒瑞麟入坐共飲同品，交流魚經。

一九五九年郭沫若重游成都西郊名勝古跡後，在帶江草堂用餐，品嘗了大蒜燒鯰魚後讚不絕口：「這樣的做法符合川味正宗，色香味美都做出來了」。郭老還饒有興致地留下墨寶詩作：「三洞橋邊春水深，帶江草堂萬花明，烹魚斟滿延齡灑，共祝東風萬里程」。一九六一年，陳毅元師返故里偕親友在帶江草堂小聚，嘗魚品酒興致盎然，即興賦詩：「野店觀農家，溪邊飲酒來」。一九八三年，著名漫畫家華君武先生品魚後亦盛讚味美：「很好、很好、不減二十年前美味」。並揮筆贈畫，傍題：「魚我所欲也，熊掌亦我所欲也，舍熊掌而取鄒鰱魚也」。其他文化名人巴金、沙汀、王朝聞、歐陽予倩、國畫家關山月等也先後來此品嘗鄒鰱魚，題詩作畫共賞美味佳肴。

國際友人也紛至遝來，美中貿委會駐京代表葛瑞德，紐約健康食品公司董事長邊敬耕以及加拿大、瑞士、印度、日本等各國外賓都先後光臨帶江草堂。一九八四年在日本出版的《中國名菜集錦》中、日、英文大型食譜畫冊收錄了帶江草堂的「軟燒仔鯰」、「浣花魚頭」、「泡菜鯽魚」「紅燒鯽魚」、「龜鳳湯」五款風味名肴。

半個多世紀來，帶江草堂的軟燒仔鯰能被中外文人雅士、藝術名流品出詩情畫意來，這在川菜美味佳饌中實為少有。一生熱愛詩書畫的鄒瑞麟自然得意在心，而哪些生活在潺潺小河中的魚兒們，倘能感悟到自身能被知已知味者詩畫般的品賞，想必也甘願鞠躬盡萃，雖死猶生吧。

風韻猶存浣花溪

軟燒仔鯰是以烹法和主料來命名的一款家常風味魚肴。軟燒意指烹製時魚不碼芡、不過油，將清理洗淨的鮮魚直接放入湯汁中，小火慢燒而成。用此法烹魚既能使魚肉入味、滋味鮮美，又可使魚肉細嫩、色澤亮麗。軟燒也可用於草魚、鯉魚、鯽魚、甚至黃花魚。在川菜風味名肴中除了軟燒仔鯰，還有粉蒸鯰魚、醋燒鯰魚、大蒜鯰魚，泡菜鯰魚等。

軟燒仔鯰通常選用約一斤重的仔鯰魚三至五尾，剖腹除去內臟，洗淨血水，在魚脊背上橫切兩三個刀口，抹點鹽，鍋燒熱下菜油燒至五成熱，下獨頭蒜炸至皺皮撈出，再下剁細的郫縣豆瓣或細紅豆瓣、薑米煵至油色紅亮香味溢出，摻入肉湯，然後放進鯰魚、獨蒜，加醬油、白糖、料酒輕推調合，改用微火，幾分鐘後將魚輕推翻面再燒到獨蒜軟糯魚肉入味時，將魚輕揀入盤，然後改用大火，鍋中湯汁加醋後勾芡，下蔥花推勻，舀起淋於魚上即成。軟燒仔鯰，魚形完整、色澤紅豔、肉質細嫩、味道鮮美、鹹辣酸甜、滋味豐厚、口感悠長。按川人的食俗，吃完魚，剩餘滋汁會讓服務生端回廚房免費加燒豆腐。幾分鐘後豆腐上桌，依然紅豔亮麗香鮮撲鼻，哪怕你已是腸滿肚飽仍會食欲重開，豆腐的口感可與鯰魚媲美。

如今，帶江草堂雖已年逾古稀，卻是成都屈指可數，八十年間不移其址、不變其名的老字號名店。三洞橋也早已是繁華鬧市、喧騰社區。帶江草堂雖仍「帶江」，但其江與草堂卻已面目全非。唯有其古樸典雅的門面和那塊黑漆店牌依然如故，優雅閒靜地注視著川流不息的車潮、熙熙攘攘的人流；店旁那悄無聲息的小河雖早已絕魚，卻也在緩緩流淌，似乎仍在敘述著往昔之悠然光景。

一九五〇年代中期，帶江草堂經公私合營劃

●以家常味為主，突出蒜香味的大蒜燒鯰魚。

歸成都市飲食公司，成為國營餐館。鄒瑞麟功成名就退休後，由其大徒弟，川菜名師秦紹都主廚。一九九五年，在鄒瑞麟先生去世十年後，帶江草堂被國家貿易部認定為「中華老字號」名店。在八十年的歲月中，帶江草堂雖也經歷蒼桑，卻也享盡風華，其創製的軟燒仔鯰、糖醋脆皮魚、清蒸青鱔、紅燒足魚、奶湯鯽魚、浣花魚頭、泡菜魚、青辣椒鱔魚均被列入「中國名菜集錦．四川卷」。此外，帶江草堂還有一款名肴「太白醬肉」，香美勝過宣威火腿，堪稱一絕。鄒瑞麟先生雖已過世二十餘年，所幸的是他所創製的系列美味魚肴風韻猶在、風味流香。其培養的多位高徒不僅嫻熟地傳承了烹魚技藝，也繼承了他美味求真，做人求誠的可貴品格。

一九九〇年代後，隨著「農家樂」的興起及迅速發展，遍佈成都周邊的農家樂幾乎家家都賣鯰魚。每逢周末節假日，城裡人蜂群般湧入農家樂品吃那有著濃厚鄉村風味的泡菜鯰魚、大蒜燒鯰魚和藿香泡菜鯽魚。暢遊天府，無論走到哪里在城鎮餐館，路邊飯店都能吃到各式風味不錯的魚肴。沿江沿河的城鎮縣市魚肴更為豐盛。然而最熱鬧壯觀，最誘人的仍是成都新津、樂山五通、宜賓、雅安等泊在江邊的水上船餐廳。

在船上品魚肴別是一番風情風味，不僅鮮活味美且水魚交融，賞河景、品魚肴，且是味中有味、味外有情，詩情畫意油然而生。那愜意與雅趣實乃人生不可多得。難怪唐代詩聖杜甫就為之感歎：「蜀酒濃無敵，江魚美可求」。陸遊更又是：「客報城西有園賣，老夫白首欲忘歸」。陸老先生遠在宋代就深感成都平原之優雅風情，時令鮮蔬，美味魚肴勝江南，打算買座「農家樂」住下養老而不歸故里。啊！成都，一座來了就不想離開的城市，看來自古就是如此。

天府自古為樂國，
君若入蜀要三思。

肴不醉人人自醉

醪糟與香糟風味

談吃開篇，「醉」躍紙面。「醉」字從酉，原意是指醉酒，「酒酣曰醉」。世易時移，「醉」的含義也隨之變化演繹。大凡屬迷戀、癡情、嗜好、酷愛等皆有稱「醉」，所謂「心耽曰醉」。如：陶醉、沉醉、癡醉、迷醉等。生活中，除了醉酒、酒醉，也還有醉茶、醉煙、醉油，乃至醉人、醉心；武術套路中亦有醉拳、醉棍等。「醉」雖從酒，但已不再僅限於酒。真個是「醉翁之意不在酒」。

香糟風味，當是美食歷史中較早的風味之一。雖在烹飪中不占主流地位，但在天下美味中卻是獨具一格。香糟風味，也叫酒糟菜、糟食、糟滷、糟醉食品。大約早在三〇〇〇多年前的周代人們就已吃糟貨了。在周代之「八珍」中，與淳熬、炮豚、搗珍、肝膏並例的漬，就是用酒糟浸漬的牛羊肉食物。北魏賈思勰在《齊民要術》中詳細記述了糟肉的製法。宋代《清異錄》、《夢粱錄》中也記載有「糟鵝」、「糟蟹」、「糟羊蹄」等美饌。五代孟蜀時亦有「糟薑」。南宋時期，杭州一帶糟食風行。到元朝，糟薑、糟魚、糟蟹等被視為「食珍」。明清以後，糟食更是大行其道。小說《紅樓夢》中，賈母和寶玉吃糟鵝掌、糟鴨舌、糟鵪鶉的情景，被曹雪芹描繪得絲絲入扣，字行間飄溢出縷縷酒味香風來。

香糟風味醉華夏

在美食烹飪中，香糟風味主要在江浙一帶及南方的四川、福建、廣東等地盛行。除糟禽畜肉食、海河鮮，也有不少山珍素料，像糟毛豆、糟青豆、糟冬筍、糟蘿蔔、糟黃瓜、糟薑、糟大蒜、糟萵頭等；其中最享美譽的是江南的糟腐乳及四川的糟蛋。北方的香糟食品及菜肴較少。過去較具名氣的也是中原大地之陝西的醪糟，古稱「醪」，其「桂花醪糟蛋」是秦川著名小吃。唐宋時代，長安的「糟肉」世人皆知，以豬上品五花肉經煮炸上色，皮朝下入蒸碗，周邊圍紅棗，酒糟蓋於肉上，蒸軟爛後翻扣入盤，撒上白糖即上席。此糟肉紅亮豔麗、軟爛香甜、酒味濃醇、油而不膩、爽口滋身。

●傳統農貿市場中自製的醪糟。

然而，香糟風味美食最為豐盛多滋的還當數上海。一年四季糟香四溢，春夏有糟雞、糟豬腳，糟豬肚、豬舌，糟田螺，糟鵝掌、鴨腳；秋冬則是糟醉蟹、糟醉蝦、糟青魚等不勝枚舉。老吃客都知道，上海灘的糟貨要數「狀元樓」酒家最具特色，亦最有名氣。狀元樓乃百年糟貨老店，以糟海鮮見長，常年供應的糟貨不下數十種，除堂吃、外賣，還專備糟貨宴席。上海的香糟風味分為兩種，像狀元樓便多用糟滷，即是以酒糟、黃酒、高粱酒，加花椒、茴香、桂皮等香料，用鮮湯下精鹽熬製成香糟滷汁，然後濾去料渣，冷卻後再放入煮熟的各式原料浸泡十個鐘頭左右，即可食用。該店最有名的「糟駝峰」，既脆又韌，很富彈性，越嚼越鮮，越吃越香。就連糟毛豆也堪稱一絕，糟得是綠油油，鮮嫩如初，把酒細嚼，妙不可言，是上海人難以忘懷的美味記憶。

再一種即是川糟，顧名知義，亦是效法川人的作法，不用糟滷，而用醪糟，上海人稱之為甜酒釀。上海另一家百年老號「梅龍鎮酒家」便最善此法。該店以經營川菜為特色，其中有款「富貴魚鑲白」就是用鮮活鱖魚，以醪糟、泡椒末、郫縣豆瓣、蔥薑等調輔料，採用川菜乾燒法烹製的香糟風味魚肴。裝盤時魚身兩邊擺入龍鬚麵，用菜肴湯汁拌麵吃，十分香美可口。此菜還曾榮獲第二十七屆世界奧林匹克烹飪大賽金獎哩！還有一家以經營川菜糟砂鍋聞名的百年名店，在上海豫園老城隍廟旁邊。它以高湯、糟滷入鍋煨熬濃醇後，放入青魚中段，再加冬筍、冬菇，翠綠菜心、冬瓜、蘿蔔等，其湯色醇似奶、魚肉潔白鮮嫩、酒香暗浮，湯一入口滿頰生香。

整體上，江南一帶香糟風味的製法分為糟醃、糟浸、糟滷與糟烹。做法上則有熟糟與生糟。熟糟即是先把原料烹熟然後糟製；生糟是原料經碼味醃漬後直接糟製。除此之外，福建及廣東地區的香糟風味肴饌也很有特色。尤其是福建的紅糟風味更是十分獨到。像酒糟雞、醉排骨、糟醉竹蟶、糟溜魚片、炮糟田螺、糟青毛豆等，都是百吃不厭，吃情難忘的風味佳肴。但在中華烹飪中，別具香糟風味特色，富有風情食趣的還是巴蜀大地香糟風味之佳寶——醪糟。

似酒非酒話醪糟

醪糟遍及四川各地，可算是天府特產之一。但以四川大竹東柳醪糟最好，被譽為「醪糟之鄉」、「醪糟王」。四川還有大邑黃醪糟、蒲江醪糟、達縣清水醪糟、綿陽梁醪糟等都是醪糟名家名品。四川鄰水縣還有款獨具特色，風味別樣的「南瓜醪糟」，即用南瓜所釀製。醪糟的歷史源遠流長，可說是源於民間，盛於市井。但在《辭海》與《辭源》之類的經典辭書卻未留芳名，在民間卻是世代流傳，十分受寵。

過去，無論城鄉、不計窮富，幾乎家家都要蒸醪糟。特別是有孕婦的家庭，蒸醪糟便是件很上心的大事。因為，以川人的傳統習俗，醪糟是「月母子」（產婦）坐月子必備的食料。醪糟紅糖蛋是女人產後哺乳期間必食之物。老人們常說，醪糟補氣血、散結通乳，雞蛋補虛，紅糖生血、去火滅燥，故而產婦要吃醪糟煮雞蛋加紅糖，起鍋還得放點化豬油，既營養又香甜滋潤，「月母子」吃了不僅恢復快，且奶水多。小時常見大人用醪糟煮雞蛋、煮鍋魁，家裡條件好的，還用醪糟、花生、紅棗燉肘子或豬蹄，或醪糟、玉蘭片、竹蓀燉魚頭等給「月母子」享用。說來也果見奇效，吃上幾回，產婦便是乳脹奶湧，大人小孩皆歡喜。

即便是以現在營養學的觀點看，酒釀中確含有能促進女性胸部細胞豐滿的天然荷爾蒙，酒精成分亦能豐胸催乳。如今牛奶不安全，還是人乳最可靠，多吃醪糟對哺乳而言，既省錢又安全，純天然且順帶豐胸健乳。花大錢去隆胸，不僅冒風險，即便隆得十分完美，亦也是假冒偽劣。醪糟美食的效果如此「挺好」，女士們何樂而不為呢。

醪糟，是用糯米蒸或煮熟後，拌以酒麴裝進缸罈，密封嚴實後放入鋪墊有棉絮的竹蘿筐中，再用棉絮紮緊，使之自然發酵，三、五天后即成，具有酒香特色，滋汁清亮、香醇甘美、甜酸宜口。兒時，母親有時會給我們三個娃娃煮碗醪糟粉子、或鍋魁什麼的，每逢過年還能吃到醪糟湯圓、醪糟蛋。我工作後偶爾回家看看，一進屋，母親便是不聲不響地去操作，不一會兒，一碗熱騰騰、香噴噴的醪糟粉子便端到我面前，一邊看著我吃，一邊嘮叨怎麼又瘦了、黑了……我總是因母愛而默然，眼眶泛紅，醪糟粉子一勺勺的往嘴裡送。

四川人普遍喜食醪糟，過去，尤其是冬天，常有走街串巷挑擔賣醪糟粉子、醪糟湯圓的小販。一副擔子，前面是小火爐，放在小桌面大的木盤上，下面是小風箱，方木盤周邊擺著小碗、勺子和雞蛋、白糖、紅糖罐子，以及湯圓粉子和芝麻心子等原料。後擔則是上了紅黑漆的圓木桶，裝有調兌好的醪糟。有要吃醪糟蛋的，小販便手腳麻利地舀出一湯勺醪糟倒進小銅鍋裡，呼啦呼啦扯幾下風箱，便見鍋中醪糟熱氣滾滾，這時立馬把雞蛋打進鍋，很快，清醇的醪糟中飄起一只潔白的荷包蛋，熱氣夾著香風撲鼻而來，然後加白糖或紅糖進碗中，酸酸甜甜、酒香動人。

吃醪糟湯圓亦同樣。若是吃醪糟粉子，便是醪糟燒開後，小販抓一團湯圓粉子，在手掌中搓成手指樣的條，再揪成指姆頭大小的不方不圓的小塊丟進鍋，很快雪白光滑的粉子便浮起，稍煮一會，碗中放勺白糖，倒進醪糟、粉子便可享用了。寒冬臘月，端碗醪糟湯圓或粉子，蹲在擔子旁，或站在路邊，一勺勺地喝著鮮燙的醪糟，酒香繞身暖氣上竄，寒氣頓失面色紅潤，很是愜意。現在想來，仍舊是十分實惠而令人愉悅的平民生活。

然而，遺憾的是現在城裡幾乎少有人家蒸醪糟，那天然滋補佳品「醪糟紅糖蛋」、「醪糟花生紅棗燉肘子」也遠離了城裡懷孕和哺乳的婦女。雖說超市的貨架上堆放著各式瓶裝、罐裝、罈裝的醪糟，但食話實說吧，這些醪糟寡淡如水，品嘗起來真就是清湯稀飯加點白酒、糖精而已，沒有自然發酵所產生的乳酒香味和酸甜感。好在農貿市場尚有賣農家自釀的醪糟，大多也都較道地。因為鄉村一直都自然地傳承著很多傳統習俗，醪糟也不例外，現今鄉里人家接客待友、紅白喜事、蓋房上樑等都仍以醪糟蛋作招待。鄉里人家做醪糟也就成為居家常事。

過去，成都最有名氣的是「金玉軒」的醪糟，這家以擺街攤賣醪糟起家的百年名店，一直以醪糟粉子、醪糟湯圓、醪糟蛋、醪糟煮鍋魁、以及出售小罈裝醪糟和酒麴享有盛譽。金玉軒的醪糟色白晶瑩，汁多味濃，醇香甘甜，煮出的醪糟，米粒浮面，米心空，不渾湯，不帶苦尾子，久放不變味變質。對那些起早的過客和趕上班的人來說，金玉軒的系列醪糟美食便成了習慣性的早餐佳肴。兒時，大凡寒冬臘月，父親常一大早就要叫起我，穿好衣服，牽著我到東大街金玉軒去吃一碗粉子醪糟暖身禦寒。也怪，吃了後，果然也是一整天都不覺冷。長大後漸明白，那是父愛溫暖著我的身和心。

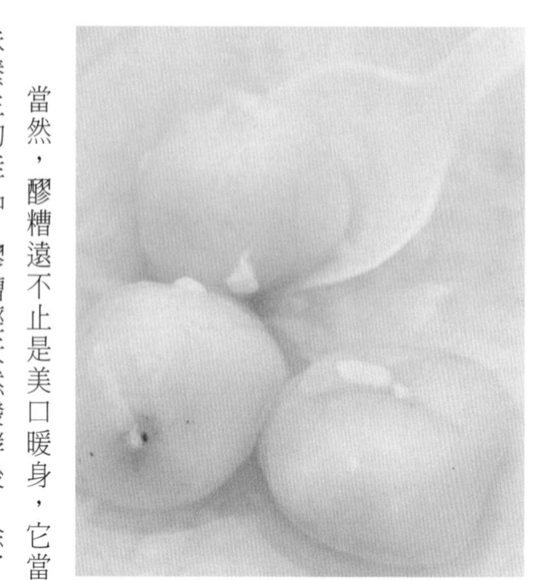

在冷冽的冬日來碗熱燙的醪糟湯圓，不知身體暖了，心也溫暖了。

當然，醪糟遠不止是美口暖身，它當是美味養生的佳品。醪糟經天然發酵後，除了富含碳水化合物，還含有多種氨基酸、脂肪、維生素、鈣、磷、鐵及有機酸。常食醪糟，不僅有益健康，護體養生，對一些慢性病亦有輔助食療作用。像慢性胃炎，消化不良，醪糟亦可促進胃液分泌，增強消化吸收，開胃健食。患有高血脂及動脈硬化的人，醪糟也可加快血液循環，提升高密度脂蛋白含量，減少脂類在血管內的沉積，對降血脂，防治動脈硬化有一定的食療功效。但患各種肝病者不宜食醪糟。

玩酒之意不在酒

在烹調中，醪糟的運用無論民間還是飲食行業都十分廣泛。民間大都不備黃酒、料酒之類，烹製食物多用醪糟。像做臘肉、鹽肉、醬肉、香腸都少不了醪糟，就是做紅苕豆豉、水豆豉、鮓辣椒，做豆瓣、鹽菜，泡泡菜，醃點黃瓜、子薑、藠頭、大蒜等都要用醪糟。平日裡燒個肉燒條魚什麼的，醪糟更是避腥除異、增香添味的妙物。而到了川廚手中，就更是把醪糟玩得八面珍瓏、十面生香。玩出個獨具川菜地方特色的香糟味型來。

川菜香糟味涵蓋三種風味，一是醪糟風味；二是酒糟風味；三是酒香風味。三個是同宗不同種的物料，在烹調中亦產生出不同的酒香風味和特色。

醪糟風味中，醪糟一是用於原料的碼味、製

味，去腥除異、增香和味。像粉蒸肉、粉蒸排骨、荷葉粉蒸系列菜肴、鹹燒白等在原料碼味中便要用醪糟汁。二是直接用醪糟醃漬烹製，像香糟雞條、香糟鴨、香糟兔、香糟魚及素料中的香糟冬筍、香糟茭白、香糟銀杏、香糟蘿蔔等。這類菜肴均是咸鮮清爽、酒香濃醇、甘甜美口、味感悠長。

在川菜蒸、燒、燜、燴、燉中，將醪糟作為主要調輔料之一是十分普遍。像紅燒肉、燒肘子、醪糟紅棗燉蹄膀、泡菜魚、乾燒岩鯉等。特別是紅燒肉中的「櫻桃紅燒肉」，又叫「醪糟紅燒肉」，那更是讓幾代人回味不已。筆者數年前在老成都公館菜有幸品嘗到了其被命名為「中國名菜」的醪糟紅燒肉，那是紅豔亮麗、汁稠味美、鹹甜多滋、醪香濃郁，其肉有五花之豐腴，而無豬肉之肥膩，入口化渣、香浸齒舌。

醪糟用於炒煎煸熗中亦是同樣作用，如炒肝腰、醉鴨肝、旱蒸回鍋肉、林派回鍋肉、醬糟酥魚、煙薰排骨、小煎糟鰻魚等。

●酒香味濃郁的酒香糯米魚。

其他還有直接用醪糟加工的菜肴，最具代表性的是宜賓糟蛋。宜賓糟蛋已有二〇〇多年歷史，糟蛋的製作是把新鮮鴨蛋洗淨擦乾，將蛋殼輕輕敲，裂而不破，不傷蛋膜，逐個放進放有一層醪糟的罈中，放一層鴨蛋鋪一層醪糟，最後撒少量精鹽，用黃泥土密封罈口，置於陰涼潮濕處放三～五個月即可。吃時用小刀輕輕劃開，撒上白糖。糟蛋酒味馥鬱、香甜美口、易消化吸收，是青少年、孕婦、乳母、老年人美味養身的滋補佳品。

另有一款醪糟風味名品，便是食眾所熟食的「醉八仙」。是川菜中歷史悠久的傳統甜品。所謂「八仙」是選擇用八種果料，配醪糟汁烹成。色澤豔麗，主料豐富，軟脆柔糯，香甜爽口，酒香馥郁，讓人食來是雙頰飛紅，似醉非醉，是冬末春初的時令滋養佳肴。

川菜香糟味中的第二種即是酒糟風味。所謂酒糟，又叫酒渣，是做黃酒發酵蒸餾壓榨後所剩的糟渣，經加工製成酒糟。酒糟分為白糟與紅糟，白糟用的是白糖，紅糟則用紅糖所製。紅糟是福建菜香糟風味的特色。酒糟也廣泛用於各種烹飪方式中，像川菜蒸菜之扣肉，燒菜中之東坡肉、罈子紅燒肉，滑溜中的溜魚片，醃製中與醪糟並用的樟茶鴨、香酥鴨、香糟鴨、脆皮香糟鵝，糟醉冬筍、銀杏等。

再者，便是酒香風味，皆是直接用白酒、黃酒（紹酒）、啤酒、果酒，烹製菜肴。如：糟醉河蝦，醉蝦即用曲酒浸泡，醉雞用的是黃酒（紹酒）浸醉；啤酒鴨自是不言而喻；貴妃雞翅這款川菜名肴則用葡萄酒。現今，老成都公館菜中的「五糧神鱉」、「茅台雞」、「醉魚頭」、「葡萄米酒羹」都是十分經典的酒香風味名饌佳肴。此外，川菜中亦也有用花卉，果料釀製的花露酒，果露酒入肴，像桂花酒、玖瑰酒、楊梅酒、桑椹酒、白蘭地、XO、香檳等，當然這些大都是高檔酒樓，美食會所一類餐飲場所之肴饌，平常之人難有口福。然而對川人而言，醪糟風味才是尋常百姓永遠的最愛。

青山綠水各有景，
醪糟酒糟皆醉人。

老饕亂點鴛鴦譜

鴛鴦趣話及鴛鴦菜式

兒時，曾看過一部壩壩電影，戲曲片「喬太守亂點鴛鴦譜」。懵懵懂懂一點兒都還摸不到「譜」的我，開始對「鴛鴦」有了些許認識和感知。幾十年後，有幸與川菜結緣，遊蕩於吃吃喝喝，方又才發現，原來烹飪中居然也有那麼些「鴛鴦菜」，讓我在觀賞品享中對「鴛鴦」有了更多層面的感悟，對川菜的烹藝與文化有了更深的感動。

鴛鴦菜式，是中華烹飪中十分生動，象徵美好的寓意菜式之一。大凡文學藝術作品，是很注重通過形像來描繪意境的。意境即是作品所蘊含的意願、意像、意景和意趣，需要通過某種特別的手法或手段來達到，甚或超越構思立意之境界。非但如此，藝術作品亦熱衷於作品內涵之意味深長、意在言外。對烹飪和肴饌而言，所要體現的則是味中有味、味外有味。

只慕鴛鴦不羨仙

鴛鴦，是中國特有的一種觀賞鳥，看上去像野鴨。鴛鴦是複合詞，指雌雄一對。鴛為雌鳥，羽毛蒼褐色，腹部為白色；鴦是雄鳥，有彩色絢麗的羽毛，頭後長有銅赤紫綠的多彩長冠毛，嘴殼呈紅棕色。鴛鴦多是成雙成對、偶居不離，棲息在湖塘溪水中。故而古往今來，都被人們視為夫妻恩愛、美滿幸福的象徵。

在古代早以鴛鴦于飛、鴛鴦戲水、鴛鴦交頸等言詞稱頌，比喻夫妻與情侶間之親情與恩愛。

《詩經》中就有：「鴛鴦于飛，畢之羅之。君子萬年，福祿宜之。鴛鴦在梁，戢其左翼，君子萬年，宜在遐福。」唐詩中，最為著名的詩句則是盧照鄰的《長安古意》，其中之「得成比目何辭死，願作鴛鴦不羨仙。」已是千古絕句。連一向抑鬱寡歡的杜甫，也有一首「鴛鴦」佳句，以「睡美人」為對像描繪了他心中理想的田園生活，詩道：「遲日江山麗，春風花草香，泥融飛燕子，沙暖睡鴛鴦。」清代的季淑蘭更是把鴛鴦的恩愛描繪得真切感人，「鴛鴦自是多情甚，雨雨風風一處棲。」可見，幾千百年來，鴛鴦的習性與品行被中國人視為一種「執子之手，與子偕老」的情愛精神。從帝王將相，文人學士到庶民百姓都十分難得地一致認同了鴛鴦的象徵意義，並深深地融入到生活中，以鴛鴦為楷模，於是就有了「鴛鴦衾」（鴛鴦被）、「鴛鴦枕」、「鴛鴦椅」等夫妻專用品。

●自古以來人們總是只羨鴛鴦不羨仙。

文壇中亦有「亂點鴛鴦譜」、「棒打鴛鴦」等戲曲和故事。清末至五四運動，中國文壇還形成了「鴛鴦蝴蝶派」之文學潮流，以慣寫才子佳人的哀情愛怨，「相悦相戀，分拆不開，柳蔭花下，像一對蝴蝶，一對鴛鴦」類的言情小說。像張恨水之《啼笑因緣》、《金粉世家》，其影響就很是巨大。此流派發展到瓊瑤、金庸的小說，則只是在題材上沿襲了鴛鴦蝴蝶派傳統的「言情」、「武俠」，其思想情感，形式內容已經完全現代化了。一九九〇年代，臺灣歌手黃安的一首流行歌曲「新鴛鴦蝴蝶夢」唱響華夏大地。其後，以演奏浪漫情調音樂而著稱的法國鋼琴王子克萊德門，則將其改編成他的東方情調鋼琴曲傳遍了全世界。

鴛鴦作為一對美麗、忠貞的浪漫水禽，在中國人的心中所受到的喜愛和崇敬是其他動物難以比擬的。然而令人驚愕和痛心的是，山東維坊有家仿古莊園式飯店，店主據說還是清代名人的後代，居然以「鴛鴦宴」為特色，以鮮活鴛鴦為食料供人大快朵頤，一享口服。菜譜上赫然列出：熏鴛鴦胸、滷鴛鴦翅、臘鴛鴦腿、紅燜鴛鴦、辣子鴛鴦、香炸鴛鴦舌……等，在讓人詫意驚愕中，似乎有個如鐵爪般的東西緊攫住了人的心。固然在中華食譜中，幾乎什麼都可入肴，但即便再放肆的老闆、廚師和食客，也不敢輕易屠宰鴛鴦烹製為菜。從集中華筵宴之大成的「滿漢全席」，到《紅樓夢》這部將中國美食吃到了極致的名著中，大清皇帝、皇太后以及甯、榮二府的主人們也不敢打鴛鴦的主意。在從古至今的各式「八珍」中，也從未將鴛鴦列入其中。可以說，鴛鴦是中國發達飲食文化中，上至天子，下達平民一致認同之飲食禁忌。因為這是一個民族無可替代的精神象徵與寄託之吉祥物。「鴛鴦宴」冒天下之大不韙開殘殺鴛鴦之戒，是對中華傳統飲食文化中「鴛鴦菜式」的褻瀆。

情綿味濃鴛鴦菜

鴛鴦實不可吃，但鴛鴦菜卻是可以做的。鴛鴦菜出現在中華食譜中已有千百年歷史。所謂鴛鴦菜，是廚師崇敬鴛鴦之雙飛雙棲、恩愛專一、忠貞不二的秉性，在烹飪中以肴饌之色成雙、味成雙、料成雙、形成雙、餡成雙等來展現其「夫唱妻隨」、「妻唱夫和」的美好願景，而寓意為「鴛鴦菜」。

華夏各地都有「鴛鴦」美饌，像黑龍江的「鴛鴦戲水遊飛龍」，即以飛龍（禽鳥，似野雞）脯肉，用模具製成鴛鴦形，輔以口蘑、火腿、雞蛋清、菜心、雞湯經汆蒸而成，這是形成雙之鴛鴦菜。湖北的鴛鴦蛋，其烹製十分巧妙，雞蛋煮熟去殼一分為二，再用豬肉、雞肉、魚肉、蝦仁混合製成餡茸，糊在每一半邊蛋上形成全蛋狀，掛蛋粉糊，入油鍋炸成金黃，再用滷汁稍燴勾芡裝盤，這即是料成雙。其他亦有青海之鴛鴦芙蓉髮菜、廣東的鴛鴦蟹糕、湖南的鴛鴦鯉等。

各地風味小吃中也有不少鴛鴦美饌，如長沙

的鴛鴦酥，形似鴛鴦抱合，鹹甜雙味；上海的鴛鴦雞粥，見粥不見米，乃用雞茸熬製，輔以青菜汁，顏色成雙。當年美國總統尼克森訪華，在上海品吃了這款小吃，贊其為「中國最好的美肴。」其他還有天津的鴛鴦酥盒、江蘇的鴛鴦餃、廣東的鴛鴦蛋捲、火腿鴛鴦夾、雲南的鴛鴦小籠肉糕等。

中華各地之鴛鴦肴饌，也算是多彩多姿。但仍要數四川最為豐盛。清末《成都通覽》就已記有，用兩隻大鴿子加燕窩烹製的「鴛鴦燕窩」；用雞茸、火腿、香菇、雞皮、韭菜烹製的鴛鴦魚翅以及鴛鴦海參。現今川菜中除此三款「鴛鴦大菜」，還有兩色雙味的鴛鴦全魚、鴛鴦魚頭（雙味）、鴛鴦雞淖（雙色）、鴛鴦魚片（雙味）、鴛鴦鴨子（雙味）、鴛鴦豆腐（雙味形異）等不勝枚舉。

一九八三年，首屆全國烹飪名師技術鑒定會，四川代表團一舉端出三款鴛鴦肴饌。一是重慶名師李躍華以獨特構思，巧妙手法，精心製成一料兩烹、一盤兩色、一式雙味鴛鴦海參。另一位重慶名師陳志剛則一改火鍋紅燙單鍋的傳統，以清湯（鹹鮮）紅湯（麻辣）組成雙味火鍋，即現今流行的鴛鴦火鍋，受到專家組顧問，評委之一的大清末代皇帝溥儀之胞弟溥傑的高度贊評。再一是成都小吃及糕點名師李新國製作的鴛鴦葉兒粑咸甜餡各一，形似如意的鴛鴦，形雙餡雙味雙，別開生面，情趣生動，也成為獲獎作品。

當然，說到鴛鴦葉兒粑，在四川各地風味小吃中鴛鴦類的小吃比比皆是，像鴛鴦麵、鴛鴦花卷、鴛鴦包子、鴛鴦甜糕、鴛鴦酥等。有的是形似鴛鴦，有的雙餡雙味，有的形色味餡皆取。如鴛鴦酥，便採用水油皮和酥麵製成酥皮，一白一紅。紅酥皮包甜餡，白酥皮包鹹餡，再捏成半圓餃子形，紅白相拼合成圓形，邊沿捏成花邊，有如鴛鴦合抱，經油炸製熟。川菜中借寓鴛鴦的肴饌不時在廚師中推陳出新，從筵席工藝菜到家常風味菜、小吃糕點都能品味到「鴛鴦」的風采。

巧寓妙意創佳肴

鴛鴦菜作為寓意菜之一，重在設計菜肴時，要立意巧、構思妙，寓意貼切、意景生動，冠以美名、配以美器，則能理想地展現出寓意之情景情趣，達到為席宴增輝添彩，讓人歎為觀止，引人入勝，耐人尋味的境界。尤其是「美名」，既要名副其實，又能畫龍點睛，既雅俗共賞，又寓趣盎然，方能達到賞心悅目，娛樂食情的效果。

川菜中有款高級湯菜，竹蓀鴿蛋湯，便是依其成菜特色與視覺效果，定名為「推紗望月」。竹蓀寓意為紗，荷包鴿蛋寓為月，飄浮在清澈鮮美的特製清湯中，把「閉門推出窗前月，投石衝開水底天」，蘇小妹三難新郎的著名典故融入菜肴中。使這一寓意不僅貼切生動，更極富詩情畫意。菜肴雖清鮮淡雅，卻是韻味深濃。又如家常名菜粉蒸排骨，經圓竹籠蒸製好的肋骨，長短大小劃一，兩端露出一截潔白如玉的骨節，其形色頗似古代仕女頭上之玉簪，如此而美其名曰：「圓籠玉簪」，一下使這款平常家肴古韻盎然、風雅有趣。類似這樣美妙生動的寓意，在川菜數千達萬款菜品中舉目可見，垂手可得。

然而，在現今的餐飲行業中，類似這樣情趣高雅、意韻濃郁、妙寓佳名的肴饌卻是不多見了。這個業界似乎在市場競爭中，要麼因急功近利而浮燥；要麼便是投機取巧，嘩眾取寵。以所謂「新、奇、怪」來引人注目招攬食眾。於是不少低級趣味，庸俗不堪的寓意及菜名充斥在菜單上。諸如什麼「西施乳」、「太太樂」、「二奶香羹」、「男歡女愛」、「少婦潑辣雞」等。更有甚者，是把活蝦與死蝦合烹稱之為「鴛鴦麻辣蝦」；「鴛鴦香辣蟹」，自然也是死蟹活蟹同盤；還有用鮮肉與陳肉合炒之「鴛鴦肉絲」等，真叫人大跌眼鏡目瞪口呆，居然炮製出這樣的「鴛鴦菜」！如此喪心失德的「創新」與「寓意」，這樣的歪「鴛鴦」，真就該狠狠地「棒打」方才解氣。

然而，透過這一現象，不容忽視的是，一些經營者和廚師在降低成本，追求高效意念的驅動下，不惜胡烹亂製、弄虛作假。進而使豐富多彩的川菜菜式中，大凡工藝性、技術性、觀賞性較強的傳統菜式都被悄然摒棄。這些傳統烹飪技藝的逐漸消失，無疑是川菜烹飪與飲食文化的莫大悲哀。

弘傳統之風，揚時代之韻；承一菜一格，展百菜百味。

●四川傳統鴛鴦火鍋。

不得其醬，不食

醬與醬香風味

兩千多年前，中華聖人孔老夫子在《論語．鄉黨》中對飲食之道、烹調之道提出了一套精闢的見解，繼而成為中國古代達官貴人、文仕商賈的飲食與烹飪準則，也被後人奉為中華烹飪與飲食文化之經典聖言。其「食不厭精，膾不厭細」，在今天仍為世人所曉。本篇之題：「不得其醬不食」。則出於孔子著名的「八不食」論斷。所謂「八不食」，即「食饐而餲，魚餒而肉敗不食（飯餿色變、魚肉變腐）；色惡不食（質變、色變）；臭惡不食（腐敗變味）；失飪不食（烹飪不當、生熟不當）；不時不食（原料不成熟未到三餐之時）；割不正不食（用料不正，加工不當）；不得其醬不食（調味不當，配醬不當）；沽酒市脯不食（街市上的散酒及熟肉食）。」

歷史上亦有不少學者對孔子所提出的這「八不食」的動機和目的，以及產生此意識的原由有所質疑。有的認為這「八不食」是專為士大夫、貴族們提煉出的飲食精品意識，是權勢地位的顯示，為的是體現飲食貧富貴賤之差別，而口腹之欲已在其次。另則認為，孔子並非專門針對飲食、烹飪之道提出的一套論理，而是因自己的身體狀況與生活習慣之所需，對家廚及下人提出的他個人的飲食規則。

孔子先人亦曾為貴族，但到孔子幼年已是「家貧且賤」，孔子成年後則四處拜師學藝，聚眾講學，從事政治活動，意欲謀官圖治，恢復家道。年過五十之後，為推銷自己的學識與政見，尋求安幫治天下而周遊宋、衛、陳、蔡、齊、楚等國。在長達十三年顛沛流離的周遊歲月中，孔老夫子這位年達六旬的老者，就靠一輛破車瘦馬，沒包膠皮的嘎吱木輪，在既未鋪混凝土，更未上瀝清的泥濘、爛石路上顛簸折騰，且日曬雨淋、風吹雪打，常是好幾天不得食而沿途乞討。如此艱辛勞累，吃一餐算一頓，老人家之身體受到極大傷害，差點就命歸荒野，尤其是腸胃已是虛弱到吃啥拉啥，稍有不當不慎，則腸痙胃攣，口吐黃水，疼痛難忍。六十八歲無功而返後，便安下心來在魯國致力教育與著書立說的孔夫子，為了身體之需，特對家廚及下人提出了這「八不食」之要求，叮囑要「食不厭精，膾不厭細」。一切均是為使其身體易消化好吸收、不傷腸胃為準則。

孔子七十二歲去逝後，其弟子集結其言論而成的《論語》所代表的學說才被各國封建統治者所重視，奉為封建文化之正統，孔子學派亦被視為儒家學派「九流」之首。歷朝歷代均尊其為聖人。於是，孔子的飲食烹調要求，亦作為一種炫富顯貴的重要方式和特權，成為皇家貴人、高官仕爵、文人商賈之流享受美食的聖典。然而，雖同為「飲食男女，大欲存焉」，但於平民百姓，生存都是問題，那還能去講究飲食之精細，這不食那不食，只得餓以待斃。

但單就飲食和烹飪而言，即以今日之飲食與烹飪觀念，孔子之「食不厭精，膾不厭細」與「八不食」仍不失為科學合理、健康衛生之灼見。其中之「不得其醬不食」，亦從另一角度反映出在兩千多年的中華烹飪及飲食文明的進程中，「醬」所佔有的重要地位。

醬，中華飲食瑰寶

醬之所以可稱為中華飲食之瑰寶，是因為醬作為中華早期飲食的主要食品和調味料之一，它在一定意義上伴隨並促進了中華飲食文明與文化的開發與進步。

醬之初，是作為一種重要的食物形式而出現的。從早期的各種肉醬發展成為以調味為主的各式調味醬。商周時期，即孔子之年代，醬的品種已達百款，有豬肉醬、牛肉醬、羊肉醬、兔肉醬、魚肉醬、蛤蜊醬、蟹醬、蟻卵醬等；以及梅子醬、蔥醬、芥醬、蜜醬、蒟醬等。人們既以醬為主食亦以醬調味，像食魚肉，春用蔥醬，秋配芥醬，不得其醬則食之無味，食趣索然。

關於醬的創製坊間傳說頗多，以史料所記亦有兩種說法：一種認為先秦時期已有豆醬、麵醬，《物原》載：「周公作醬」。另有認為醬在秦漢之際始現。但在漢代，人們已普遍用大豆和蠶豆製醬，這就是豆醬、豆瓣醬。唐代即已廣泛以麥麩作麩醬，米粉做米醬；以豆和麵混製而成甜麵醬。其後醬的品種層出不窮，直至今天幾乎無所不醬。

到近代，醬幾乎完全從食料演化為調味料。並在烹飪中分為三大類：豆醬、麵醬、蠶豆醬。豆醬，以黃豆或黑大豆製成，也有加米，麥或麵粉混製，稱為黃醬、大醬、京醬等。麵醬，以麵粉製成，稱為甜麵醬、甜醬、金醬。蠶豆醬即用蠶豆所製，加辣椒，故稱為豆瓣醬、辣醬、豆瓣等。中華各地都不乏醬之名產，如桂林豆醬、昭通豆醬、陝西黃醬、廣東普寧與柱候的豆醬；麵醬，有江蘇巴山醬、濟南甜麵醬、保定麵醬、山西太腐醬、曲沃麵醬；蠶豆醬則主產於四川，最著名則是郫縣豆瓣，資陽臨江寺豆瓣醬。雖然從廣義上講，現代之醬品種眾多琳琅滿目，像蝦醬、火腿醬、牛肉醬、魚子醬、XO醬、海鮮醬等；以及諸如番茄醬、芝麻醬、花生醬、豆豉醬、果醬、沙茶醬、蒜蓉辣醬、香辣醬等但仍屬輔助食料。與烹飪調味中的豆醬、麵醬、豆瓣醬是不同品類的醬製品。

烹飪中，南方多用豆醬，北方多用麵醬，豆瓣醬則多用於西南地區，是構成川味的重要調味料之一。由於醬粘稠適度、鮮香甘甜、色澤特異，烹飪中也用於取其色。甜麵醬可用於醬燒菜與小吃，豆瓣醬則在川菜中廣泛運用，如麻婆豆腐、回鍋肉、豆瓣魚、粉蒸肉、水煮肉片以及火鍋、麻辣燙等。豆醬，豆瓣醬也常用於製作小菜，醬醃禽畜肉類等。

傳統工藝的醬具有相對高的營養價值和保健功效，傳統中醫總結出：「醬」味鹹性寒，有除熱解毒的功效，內服可袪暑熱，內臟鬱熱及各種藥毒、食毒等；外敷可治毒蟲咬傷，如野蜂等螫傷、燙傷、燒傷等則可用醬外敷；利大小便、解心腹惡氣、腎熱及藥物食物中毒，則可以醬湯內服。以現代營養學來看，醬含有相對較高的蛋白質，各種人體必需的氨基酸，以及鈣、鎂、鉀、鐵等礦物質。

●成都郫縣傳統醬油作坊仍保有舊時的風情。

醬，川菜別樣風情

川人用醬的歷史十分悠久，早在秦漢以前四川獨產，「蜀人以為珍味」之「蒟醬」已是名聞華夏的美味。至於「蒟」為何物，今日之學術界仍爭議難定。有說是枸杞，有說是拐棗，有說扶留騰，有說是桑果，有說是野果等，只可惜此醬在一千多年前就已失傳，故而只好眾說紛紜。現今之川醬則多指甜麵醬。川醬製作工藝亦多受江西的影響。清代順治末年，成都方才開設第一家廣益號醬園，製醬技術很不成熟，到咸豐中年，由江西人掌控的醬園行幫建立了醬園公所後（現今成都醬園公所街），製醬技術迅速提高，除了生產甜麵醬，也有醬油。清末已出現了德陽醬油、中壩口蘑醬油、犀浦醬油三大名品。隨著川菜風味體系的逐漸形成，醬與醬香風味已成為一個獨具特色的味型，稱為醬香味型。主要突出甜醬鹹甜兼備、醬香濃郁、色澤別致的特色。用於醃製、粘裹、燒爆、燜、燴和乾醬一類菜式，以及調製蔥醬碟和一些風味小吃的餡料等。常見的粘裹類醬製肴饌，有醬桃仁、醬酥花仁、醬胡豆、醬腰果等；醃製類的醬肉、醬牛肉、醬排骨、醬豬肘、醬豬蹄；熱菜中的醬燒鴨子、醬爆肉、京醬肉絲、醬燒肘子、醬燒蹄膀、醬爆牛肉、醬燒茭白、醬燒苦瓜、醬燒茄子、醬燒豆腐、乾醬冬筍等傳統名菜。當然，這些都是純醬香風味。還有些以甜麵醬為主要調味料的複合醬香味，像回鍋肉、甜椒肉絲、青辣椒肉絲、荷葉蒸肉、粉蒸排骨等。近十年來的醬香風味名菜如青辣椒醬爆鴨舌、青辣椒芽菜碎米雞、青辣椒醬香兔等。

甜麵醬，是以麵粉為原料，加水及老麵調和揉勻，切成塊放進蒸籠蒸熟，然後取出涼冷、打成碎末、下種麯，裝進缸內加鹽水發酵而成。成品為褐黃或棕黃色，有濃郁的醬香和酯香味，鹹鮮柔甜。甜醬作為調味品在烹調中不僅可以提味增香、提鮮美色和賦予菜肴醬香風味，且其風味口感柔和細膩，解膩改油，老少宜食，這也是吃烤鴨、烤乳豬、烤酥方等為什麼要搭配蔥醬碟的

●醬——對川菜的重要性遠大於任一菜系，一家餐館有時就因為一「醬」而成名。

原因。

醬香風味，以甜麵醬為主配以鹽或醬油、香油，根據菜品的需要，適當添加白糖、胡椒及薑蔥等。醬香風味大多用於禽畜等動物性原料和根莖瓜果蔬菜。過去在民間、鄉村中有條件的還自製甜麵醬。一般城鄉家庭則是到年底便要做臘肉、醬肉、鹽肉、香腸等過年貨。記得小時一看到母親準備做了，心裡就開始湧出一股濃烈的企盼。母親也做醬肉、醬排骨、醬豬舌一類。像做醬肉，便是割一大塊帶皮豬後腿肉，去掉大骨，再劃成幾塊，把火硝，白酒，炒熟的鹽均勻抹在肉塊上，放進瓦缸中醃漬三天，中途還要翻動一次；出缸後，再把肉塊掛在家門口的屋簷下吹乾水分，然後用甜麵醬、五香粉、醪糟汁加紅糖、乾花椒調和，均勻抹在肉上，再入缸醃漬三、四天，取出掛在晾衣杆上吹乾，晾乾就可食用。那時，一到年終幾乎家家都要做，稱之為備年貨，熱熱鬧鬧喜笑顏開。我們小娃兒每天都不知要朝哪高高掛成一排的臘肉、醬肉望多少次，吞多少清口水。過年了，每家就煮臘肉、醬肉、香腸，那又是一番景像。這家請嘗，那家請品看哪家的做得好。娃兒們則手拿臘肉或醬肉骨頭滿院子轉遊，啃得口水長流。過去家戶人家有的還做醬醃蔬菜，像醬蘿蔔、醬洋薑、醬刀豆、醬萵筍等。

醬香風味在川菜烹飪中大多用在炸收粘裹類及燒燜類菜品。像炸收菜式，即先把原料清炸，再將甜醬炒香上色，摻鮮湯，下炸製的主料，然後調味，自然收汁而成。如醬酥魚、醬酥胡豆、醬香腐竹等。

粘裹類，則將乾果仁炸或炒酥，通過熬糖、炒甜醬、下果仁、返沙等環節，讓甜醬隨糖粘裹在果仁上，突出其香甜酥脆，醬香濃郁的風味。像醬酥桃仁，醬酥杏仁、腰果、花仁等。

熱菜中，醬香風味普遍用於燒菜，是一種不帶辣麻的紅燒菜式，突出鹹甜和醬香。烹製中，先把甜醬炒香上色，再下其他調料加適量鮮湯，然後放入已經炸製過的原料燒至甜醬汁完全粘附於主料上而成。成菜有見油不見汁、色澤褐黃、脆軟香美、醬味濃厚的特點。像：醬燒苦瓜、醬燒茭白、醬燒茄子、醬燒冬筍、醬燒豆角等。禽畜水產原料則多需先加工至熟，再入甜醬汁鍋中燒至入味，勾芡收汁亮油即可。如：醬燒鴨子、醬燒肘子、醬燒乳鴿等。

醬香風味在爆炒中亦多有運用，通常分有兩種：一為生料經加工成絲、丁、片，經碼味上芡，入油鍋炒散開，再下甜醬炒香，加調味料，放適量鮮湯，收汁亮油後起鍋。另一種是熟料，多切為片、條入油鍋爆香，再下甜醬炒香，加其他調味料炒勻，甜醬粘附於原料上即可。此兩種行業中稱為「生炒熟爆」。像醬爆肉、醬爆羊肉、京醬肉絲、醬爆鴨舌、青辣椒醬肉絲、甜椒肉絲等。

醬香風味還在其他一些肴饌中作輔助調味使用。大多是底味淡雅，油重肥膩的菜肴，通常要配備蔥醬味碟蘸食。可起到解油化膩、提味增香、豐富口感及吃情食趣。像吃烤鴨、香酥鴨、烤乳豬、烤酥方等類大菜。另外，在一些風味小吃中，像炸醬麵、醬肉包子、蘿蔔包子、鴛鴦蒸餃、鍋貼等，都有醬香風味的口感。

醬香風味要充分體現出醬香濃醇、鹹甜鮮美、口感舒爽、風味悠長的風味特色，重要的是把握好醬香味的調製。鹽定底味用量要精；甜醬出醬香，用量需依據原料多少而定，原則上可多，但少不得；白糖和味，輔助甜醬之甘甜，用量需輕；醬油提鮮，輔助甜醬之醬香；香油則增香提鮮，以口感適宜為好。

醬香風味一直就是川人喜愛的一種風味，老少皆宜，四季可食。當然，關鍵還是川人的美食特性就是一個「香」，「香」為川味之核心，就是川人日常飲食中那「五香嘴」、「吃香香」，尤好「吃香喝辣」而促成的。

不得其醬不食，
不得其香不啖。

青衣羌國品三雅

「三雅」趣話與砂鍋雅魚

距今三千多年前，在蠶叢氏的帶領下，蜀地成為一方農桑繁榮，魚米豐盛之地，不但開啟了古蜀國的百代鴻業，鑄造了一段如今在三星堆及金沙遺址所發掘出來之震驚世界的燦爛的古蜀文明，也為後來的「天府之國」奠定了厚重的根基。蠶叢氏之後，第三代蜀王魚鳧，其名便象徵著黑色魚鷹，川人稱為「魚老鴰」，可以說蜀地子民便有意識地捕了三千多年的魚，也烹食了三千多年的魚，川菜河鮮文化就此而發端。大約一千多年後，西漢楊雄在《蜀都賦》中首次詳細記述了四川之河鮮水產及烹飪原料，烹飪技法，川式筵宴及飲食習俗，且有詩云：「嘉魚出於丙穴，良木攢於褒穀」。無獨有偶，在西晉文學家左思的《蜀都賦》中更是生動描繪了蜀地的筵席魚肴：「金罍中坐，肴隔四陳，觴以清醥，鮮以紫鱗」，可以說，就在這一時期，蜀地之河鮮及魚肴已是名傳華夏。

縱觀歷史，數千年來巴山蜀水各鑄千秋。巴國之人占山為王，蜀地子民擇水而居。在距成都西南約一三〇公里處，就有這樣一條江、一方水、一方土。傳說中蜀之先祖蠶叢氏初為蜀候，後稱蜀王，常服一身青衣巡行蜀地四方。他教民耕種，輔民桑蠶，為人們帶來了安定富足的生活。他死後，人民為紀念他，把這方叫為若水之地的一條江稱為「青衣江」，並尊崇他為「青衣神」，為其建立祭祀廟宇的地方也因此而得名青神縣。在巴蜀山鄉，不少地方至今仍保持著男人四季身著青衣長褂，頭紮白布的習俗。原先蠶叢是頭紮青布，死後，人們為悼念他而改紮白布。

「三雅」之美麗傳說

若水之地是盆地向高原過度的生態階梯，更是溝通川、藏、滇各民族的地緣走廊。一條遺跡斑斕的茶馬古道，不但把歷史的昨天與今天，還把高原風光、地理奇觀、生態美景、人文風情連成一線。它亦是世界茶文化的源頭，國寶貓熊之故鄉。就是世界地理上奇跡橫生，神秘難解之北緯三十度線，又一個以「三雅」誘惑世人的美麗歷史名城，古稱「青衣羌國」之雅安。

雅安，在地理書上被稱為「天漏」之地。且因此而有了歷史上「女媧補天」的美麗傳說。上古雅安天之所漏，使百姓苦不堪言。上蒼為之動容，玉帝派女媧補其天漏。女媧取太湖之石用盡功力補其大部，終因殫盡竭力勞累而死。雅安因此而成「雨城」。女媧死後，其玉體化為碧峰峽，碧秀於峰，靈動於峽；她雙手凝成「十指補天柱」支撐補天之石。那時雅安周公河裡還多有妖孽作怪，女媧臨死前便將其佩劍墜入河中，化為神魚驅妖鎮邪，為民除害。神魚即雅魚，而女媧之後裔便為雅女。雅安之「三雅」便如是進入歷史長河中，年復一年地展現並抒發著自己的風采。成為北緯三十度線上的一朵自然奇葩。

雅雨，傳說中雅安城南五公里處周公山上有

●雅雨有如魔術師的薄紗般，將雅安廊橋變成為一幅山水畫。

一「石筍」，稍一風吹石動，天就下雨。一年中有二〇〇天是清涼細雨，說下就下，滴滴似珠。因此，雅安人出門不看天只管帶把傘。古今有言，西蜀雨露，清風雅雨，細綿溫柔，潤物無聲，沐於雨中，涼體淨心而心曠神怡。

雅女，傳是女媧之後，故爾天生麗質，靈氣秀美，儒雅如璞玉，溫婉多風情。有道是女人是水做的，那江、那雨、四季氤氳，滋潤出冰肌玉骨，儀態雍雅的雅州女子來。信步雅安城鄉，漫遊山林溪水，無論是城中嬌女，還是鄉野村姑，或莞爾而笑，或回眸一嗔，即便不讓人失魂落魄，亦也叫人神魂飄然。

雅魚，為女媧之寶劍所化，墜入周公河之丙靈寺水中，故而此魚頭部皆有一劍骨。傳說此骨帶有女媧之靈氣，故而雅魚被視為珍稀神魚。歷代達官貴人、名流雅士皆以能品享此魚祈福求安為榮，亦也視為人生一大口福。

如此「三雅」，任何時節，只要身臨其境便可切身感受。沐雅雨，祛除風塵、潤體清心；賞雅女，雖似雨朦朧、霧朦朧，隔岸觀花花不明，卻仍會讓你心動情往。

品雅魚，則實實在在、美口益身。雅安之雅魚名品為「砂鍋雅魚」、「砂鍋魚頭」。吃完雅魚，若發現魚頭頂有一約四～五公分長，酷似寶劍的魚骨，這便是女媧之劍所化，據說有此劍骨則是資格之雅魚。在雅安，民間還有這樣的傳說，雅魚之劍骨，老人佩之能驅邪除病，小孩佩之可靈明慧智，男人佩之名利雙生，女人佩之則青春常駐。然而靈驗與否，卻是無可求證。

魚之丙穴由來美

山水相間的雅安城，青衣江自西向東穿城而過，四周翠峰環繞，郊野綠水依依，山珍河鮮豐盛肥腴。雅魚則為其中之珍品。雅魚在雅安，依其生活地段而分為上、中、下三品。離雅安雨城十公里處的周公河丙靈寺水域，寺廟山腳下有許多岩腔洞穴，生活在腔穴中的魚多以岩泥漿為食，其頭部有紋理呈「丙」字形，也因此而叫

「丙穴魚」。此魚，體形修長，色青褐、腹玉白、鰭尾微紅、細鱗無刺，肉質極為細嫩鮮美，一般個兒頭小到幾兩，大到斤把重，量不多，離水易死。過去漁家捕撈丙穴魚，大多是到丙靈寺山腳下的河岸邊，用帶葉子的竹竿伸入水下洞穴中一陣狂攪，魚兒受到這突如奇來的驚擾而紛紛遊出亂竄，漁人再撒網捕之。丙靈寺之丙穴魚，為雅魚之上品。

在丙靈寺下段的周公河水域，河面較寬，江水碧藍，穴水深、流速緩，河岸紅石齒齒，苔蘚藻類及浮游生物十分豐盛。這裡的魚類似丙穴魚，體身稍大，成魚一般重約二、三斤，背脊呈藍黑色，肉質亦可與丙穴之魚媲美。漁家多用「搬針網」捕撈。此魚為雅魚之中品。

下品雅魚則產於青衣江，與周公河之魚不同，其魚背色淺灰，腹雪白、形體大，可達五、六斤之重，量亦多。雖品質次之，但卻遠勝青衣江中一般的鯉魚、鰱魚、草魚，食來依然是風味鮮美，口感尤佳。

這三品魚皆為雅安之特產雅魚，當然，三品之中，丙靈寺的丙穴魚歷來便被視為珍稀之品。難怪一千多年前唐代詩聖杜甫的下酒菜就是丙穴魚，經品食後常常思念，留下了「魚之丙穴由來美」的名句。宋代陸游老先生亦是從川返鄉後，對川中美食風情眷戀不已，在其《思蜀三首》之一篇中抒發了「玉食峨眉栮，金齏丙穴魚」的讚歎與懷念。在《雅州府志》裡還記載有一段「送條雅魚，得個知府」的美談趣事。說的是當年慈禧太后一天在慈甯宮進膳，突然被桌上盤中一條昂首翹尾，頭頂「丙」字的奇魚驚呆，且魚的鮮美香濃之氣四溢，慈禧小心地夾了一小塊，剛一進口，頓覺此魚味之鮮，肉之嫩，香美勝過龍肉鳳脯。立即傳來御膳房管事一問，方知是雅州舉人李景福進貢孝敬老佛爺的雅州珍品丙穴魚。慈禧吃完魚十分高興，連誇李舉人能幹會辦事，當即賞賜李景福任雅州知府。

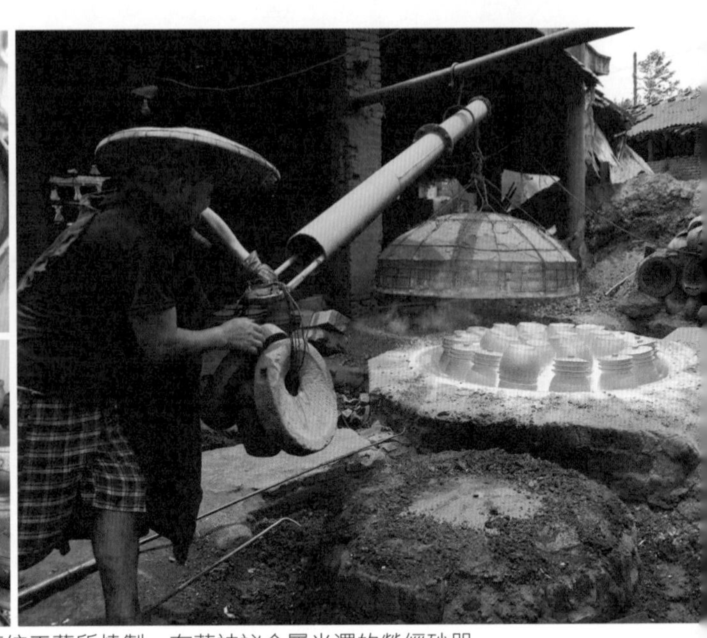

●仍舊使用著超過千年的傳統工藝所燒製，有著神祕金屬光澤的滎經砂器。

異香奇味砂鍋魚

雅魚，學名齊口裂腹魚，又叫嘉魚。為岷江、大渡河水系的重要魚種之一。雅魚富含磷、鐵、鉀諸元素及多種氨基酸，營養十分豐富，對老、弱、病、孕者有強身健體的滋養作用。因此，雅安人食雅魚，向來追求滋補養生，喜好原汁原味，濃湯厚汁。傳統上，歷代雅安名廚都擅用雅魚烹出上百種魚肴，風味則是一魚一格，百款百味。豆瓣雅魚、蔥燒雅魚、脆皮雅魚等，款款都不失為筵席珍肴。然而最負盛名的還是砂鍋雅魚與砂鍋魚頭。烹製這兩款雅魚的砂鍋亦也是非同尋常，它是雅安滎經縣的著名特產。

滎經，古稱「若水」，是「三皇五帝」中五帝之一顓頊帝之誕生地。滎經砂器在民間已傳承兩千多年，有「黑色精靈」之稱。砂鍋為其中之經典。這種灰黑色的晶亮砂鍋，取用滎經特有的優質白善泥與白煤砂，以傳統工藝焙製而成，能耐二〇〇〇度高溫。砂鍋本身還富含多種礦物質及微量元素，使其烹煮的食物不易與其他物質在高溫中起化學反應，而保持原味原汁。尤其是烹燒河鮮、海鮮，更是風味別樣、鮮美奇香、極富營養。但真正滎經砂鍋的原產地，是在城西一公里處，古城坪的砂器一條街上。

砂鍋雅魚和砂鍋魚頭在烹製上講究原魚原鍋、原汁原味。原魚指雅魚，原鍋指滎經砂鍋，原汁原味即指煮雞、豬肚的原湯，輔以熟雞肉、熟豬肚、舌、心及火腿、金鉤、玉蘭片、口蘑香菇、水發魷魚、海參；砂鍋摻湯放置爐火上燒沸，放入除魷魚海參外的所有輔料，沸後打盡浮沫，再放進蔥結、薑塊、料酒，然後下雅魚、魷魚、海參、加精鹽、胡椒粉，稍烹幾分鐘便可將砂鍋端離灶眼，置於托盤中上桌。成菜上桌後，揭開砂鍋蓋，熱氣沖騰，鮮香樸面，十數分鐘內，鍋內之湯汁仍咕嘟冒泡，保持沸騰狀，不由得讓人食興蕩漾，品湯嘗魚那是湯鮮美、魚香嫩，美味醉人遠非尋常魚肴湯煲可比。

烹製砂鍋雅魚，砂鍋魚頭，看起來是配料複雜，操作是乎較簡單，其實不然，即便是經驗老道的雅安大廚，烹製起來仍然很注意，特別是把握好火候，當猛則猛，該小則小，十分用心，馬虎不得。然而原汁原味的砂鍋雅魚或砂鍋魚頭倒是首推雅安民間百姓的烹法。雅安百姓人家烹砂鍋魚肴崇尚原味、自然，把雅魚宰殺洗淨，放進燒開的豬骨湯裡，加點化豬油或雞油，燒煮十分鐘，湯色乳白時撒上蔥花就可上桌品用，沒有任何輔料，天然鮮香、樸實絕美。

雅州雅水雅魚樂

如今雅安之「三雅」，雅雨，依舊淅淅瀝瀝時下時停；雅女，依然撫媚動人，卻似水中觀月，霧裡看花。唯有雅魚，差不多近二十年來，由於長期的水源污染，恣意亂捕，已是幾近絕跡。特別是丙穴魚，在周公河丙靈寺水域中更是難覓影蹤。筆者十餘年前到雅安拍攝電視節目，當地烹飪協會天不見亮就派三個人騎著摩托車，前往周公河一帶收尋雅魚，直至日落方才搞到三尾雅魚，小的三、五兩，大的一條斤把重，好在還是屬於上品，讓差不多已失望失落之情緒又激動起來。更有幸的是，平生第一次品享到了丙穴魚，提筆寫來仍感覺那砂鍋雅魚的鮮香繞舌、美味撓腮。

今日一進到雅安城，遍街都是大大小小的雅魚餐館，幾乎家家都醒目標榜的是「正宗」、「道地」、「野生」，讓人困惑難解亦無所適從。當然最好還是選定較有品牌，經營規範的雅魚館。其中有家名叫「干老四雅魚飯店」的雅魚餐館，其魚種豐富、烹法多樣、為雅安傳統名師主廚，亦能品得真慨、吃得明白。食客吃後，還可獲得繫上紅線的雅魚劍骨。

近十年來，雅安大力整治污染，保護生態環境，不僅禁捕雅魚，還先後建立了雅安周公河珍稀河鮮省級自然保護區，寶興河珍稀魚類自然保護區，以及天全河珍稀魚類自然保護區。同時，還建立了五十餘個雅魚養殖點，總面積達三〇〇餘畝，每年可向市場輸送鮮活雅魚二十萬公斤，僅成都大約每天就有幾千公斤鮮魚進入市場和餐館酒樓。二〇〇九年五月一三日，雅安舉行了青衣江魚類人工增殖放流活動，放流雅魚、鯉魚、鰱魚及草魚四十一．五萬尾。二〇〇九年七月，雅安以「雅魚」作為地理標誌申報成功。如今，清澈碧藍、翠竹掩映下的周公河，返樸歸真、回歸自然，又唱響了河鮮生命之歌。

沐雅雨，淨體潤心；
品雅魚，和腸娛胃；
賞雅女，眷戀三生。

滋身怡情花果肴

川菜花果風味品賞

二〇一〇年，義大利、法國等地中海國家發起了一場「地中海飲食申遺」的宣傳活動。作為飲食申遺，這在西方尚屬首次。然而很多年以來，地中海飲食就被專家、學者、民眾公認為是世界上烹飪合理、調味自然，低脂、低油、低熱量、高蛋白、高營養、高纖維的健康飲食。「地中海飲食」宣傳的兩個主題十分有趣而令人深思。一是裸體烹飪，二是自然美味。所謂「裸體烹飪」，當然絕不會是赤條條一絲不掛地在廚房中舞鏟弄勺。意指天然原料，無需複雜的烹調和修飾而以簡單、基本的方式來展現出原料的特有食性。「自然美味」，即是原材料之本味，反對用花俏的調輔料或添加劑改變食材的原味。地中海飲食歷來即以天然瓜蔬花果、五穀雜糧、深海海鮮、自然禽畜、橄欖油為主要食物源。以烹法簡單、自然美味而贏得美譽。

在東方，享有五千年飲食文化的中國，在兩千多年前，崇尚養生之道的中國道教就已提出「道法自然，美味天成」的飲食理念。「道法自然」，即飲食烹飪之道，當是取之自然、烹之自然；「美味天成」，即是取天然本味、原汁原味而食之自然。本篇所要講述的花膳果肴則是道、佛兩家歷來最為推崇的美食美味之源。道、佛飲食理念都認為花果凝聚著天地陰陽之靈氣，蘊藏著日月乾坤之精華。食之可修身養性、補精益氣、益壽延年。道家、佛教的這一飲食理念傳入皇宮貴宅便成為帝妃貴族的精品食尚。於是上行下效，達官富賈、文人雅士均視為飲食養生之絕妙食材。

花膳果肴古今美

花卉水果，是大自然恩賜於人類的最美麗的植物。各種花果，形態萬千、五彩繽紛、色澤豔麗、嬌柔芬芳。它不僅美化環境、生活，美化心靈，還可入肴成菜，成為美味佳肴而滋養世間飲食男女，真是秀色美可餐。

花果入饌，倘若從傳說中的「吳剛捧出桂花酒」算起，恐怕就有數千年的歷史。屈原在《離騷》中就抒發了「朝飲木蘭之墜露兮，夕餐秋菊之落英」之情。漢武帝時，重陽必飲菊花酒更是成為定律，並由宮廷傳入民間成為習俗相延至今。世人皆知的陶淵明更是有名的「護花使者」，一生愛花惜花，尤以菊花為癡。傳說有一次他坐在菊花叢中發呆，忽見江州刺史王弘送來美酒，便雅興盎然將菊花作佳肴佐酒。

唐代，烹食花果之風盛行，尤以武則天為酷。她愛花賞花，常令宮女採集百花，和大米搗

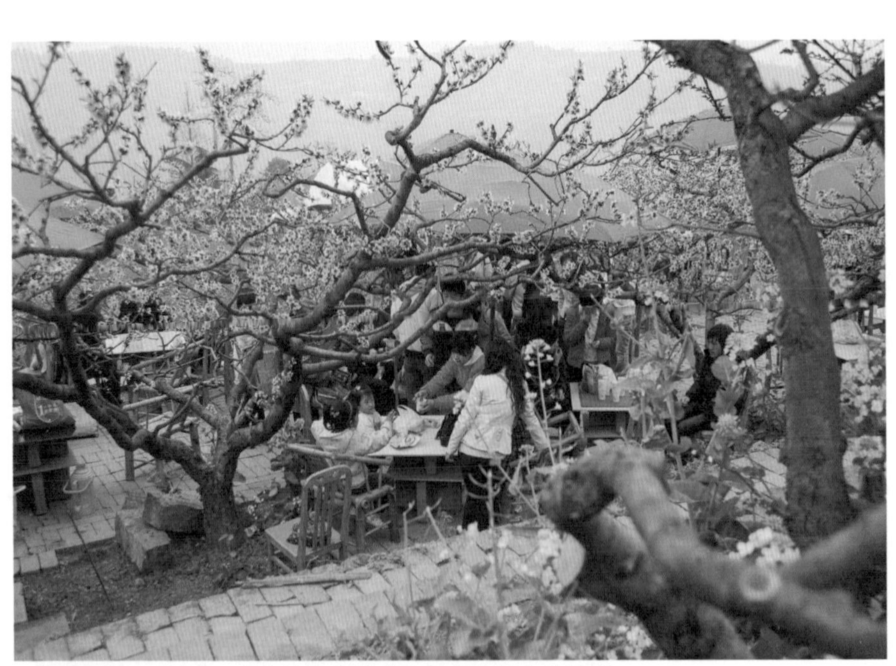

●自古蜀人就尚踏青，花海中品享美食也是現代川人的最愛。

碎製成百花糕與群臣共用。特別是松花製作的糕點更受她喜愛。傳說武則天一次在洛陽賞牡丹，一時雅興大發豪擺牡丹宴，引得王公大臣爭相效仿，使得「洛陽花貴」，一花難求。

「問君能有幾多愁，恰似一江春水向東流」。這千古流傳的妙詞絕句，是南唐後主李煜在《虞美人》一詞中，對亡國喪權所流露出的悲涼心聲。李煜曾親自設計過有九十餘道花膳果肴的大宴。選用了各地水果幾十餘種，花卉十餘種烹製成各種飲料、湯羹、點心、小吃、開胃菜、下酒菜，並用花果烹製各種禽畜、海河鮮，形成有植物性肴膳六十多款，動物性肴饌三十餘款的花果盛宴。

話說古時四川有兩位天姿國色的絕美佳人，都叫花蕊夫人。一位是前蜀主王建的小徐妃，另一位就是名揚古今的後蜀主孟昶的費妃，青城山人。這位花蕊夫人精通音律、能歌善舞、詩詞書畫樣樣精到。但鮮為人知的是這位花蕊夫人不但溫柔賢淑，更極擅烹調。所創食譜多達百卷。蜀宮每日御宴，肴饌上百。她尤喜花果佳肴，其親創的「月一盤」，即用山藥切片、酸梅汁、甘蔗汁、薑汁加鹽醃漬，油炸後撒上炒熟的蓮米粉，色白如雪、香脆可口，宛如一盤皎潔圓月。另一款「紅梔子花魚」，則將桂魚去皮骨，切成梔子花瓣狀，再將鮮紅梔子花剁成醬，浸漬魚肉蒸成花形，放入蝦茸熬製的鮮湯，湯漾花動栩栩如生，有如紅梔子花在湯中盛開，美不忍食。花蕊夫人還用宮中的荷花、桃花、牡丹等烹製成美食佳肴。

唐代以後，花果入饌之風更為興盛，還相繼有了記述烹調花膳果肴的食譜。不少文人雅士更是把鑒花賞花、食花品果視作一種高雅情調盡情享樂，吟詩作賦留下許多秀色可餐的佳句名言和有趣的傳聞軼事。像李商隱介紹玉米花粉的詩句：「借問健身何物好，無心搖落玉花黃」。蘇東坡更是喜食善烹野蔬花果的名家。他採松花、槐花、杏花拌飯共蒸，然後密封數日自釀成酒。且專門題詩記述：「一斤松花不可少，八兩蒲黃切莫炒，槐花杏花各五錢，兩斤白蜜一起搗，吃也好，浴也好，紅白容顏直到老」，寥寥數語道出了食花的美妙及護膚養顏的功效。在《金瓶梅》與《紅樓夢》中，也有較多的篇幅詳盡地記述了花果佳肴的美味、養生和情趣。像《紅樓夢》中的妙玉，細掃梅花、積雪烹茶，尤是情趣盎然茶香味妙。《金瓶梅》中則描述了不少像「松花餅」、「菊花餅」、「玫瑰糕」及各種花酒、花茶等。

花膳果饌色香味形俱佳，具有營養豐富，滋身養體的功效。花果入食，還集情趣、雅興、美色、美味和芳香於一體，堪稱美食一絕。因此，不但古時的皇帝宮妃、王公權貴、文人雅士喜歡食用，當今之人，也有許多崇尚天然綠色飲食養生，將其視為美食珍肴。一九七四年，周恩來總理陪同加拿大總理特魯多訪問洛陽，亦曾擺出「牡丹宴」，讓客人是驚喜加欣喜，周總理還吟詩二句「洛陽牡丹甲天下，菜中也生牡丹來」贊其美妙。

食花似花顏如玉

花卉入饌，風味獨特、五彩繽紛、色澤豔麗、芳香四溢、味美可口。據記載，可以成菜的花卉品種十分豐富，多達百種以上。其中為人們普遍食用的就有桂花、黃花、菊花、茉莉、玫瑰、牡丹、晚香玉、梅花、玉蘭花等。

桂花，素以香味濃郁著稱，在歷代文人雅士的詩詞歌賦中倍受吟詠讚歎，在飲食中也極受人們青睞。用其釀造與製作的桂花酒、桂花糖、桂花糕、桂花粥、桂花羹、桂花露……無一不芳香迷人、美口怡心。尤其是享譽中外的桂花酒，早在幾千年前就是人們鍾愛的佳釀，且還醞釀出不少有關桂花酒的神話傳說來。

菊花，尤是千姿白態，嬌豔芬芳。不僅具有很高的觀賞性，也具有食療保健的價值。在傳統中醫看來，菊花本身就是一劑良藥。用菊花製成的各種風味食品，均是藥食俱佳。像人們夏季常愛飲的菊花茶，不僅芳香爽口，更能提神解乏清心明目。古人尤愛飲菊花酒，認為可以長壽。百姓也常用菊花、粳米、冰糖熬粥，涼爽舒適、香甜可口、疏風清熱、生津益氣，是夏秋時令佳品。陶淵明甚至還自創菊花火鍋，將繽紛的菊瓣撒入湯汁中，芬芳四溢，流傳至今。當今以菊花入饌而成的佳肴，更是豐富多樣不勝枚舉，像為人們所喜愛的菊花魚片、菊花蝦仁、菊花雞絲、菊香肉絲等。

茉莉花，以濃香雅潔著名。除傳統上用以薰製茶葉、提煉香精外，也用以入饌。春夏之交茉莉花盛開，人們常用其浸泡成汁，用來烹製肴饌，花香沁體，美口清心。據說當年蘇聯將軍伏羅希洛夫來中國，吃過專為他烹製的「茉莉雞絲湯」後，拍案叫絕、盛讚不已。

玫瑰花，豔麗多姿、芳香宜人而被世人視為愛情的象徵。據《本草正義》載：「玫瑰花香氣最濃，清而不濁，和而不猛，柔肝和脾，疏氣和血。」用玫瑰花製作食品，很早便是一種常見的飲食習俗。如人們所熟知的玫瑰糕、玫瑰糖、玫瑰餅、玫瑰湯圓、玫瑰豆腐、玫瑰魚脯等，都是久負盛名的佳饌美味、滋養珍品。

牡丹，被譽為「花中之王」、雍容華貴、嬌豔無雙，千百年來深受人們喜愛。牡丹具極高的觀賞性和藥用、食用功效。用牡丹燴肉、烹肉湯，風味尤為美雅，享有「肉汁牡丹」的美譽；牡丹與蝦仁同炒，色豔味美，也是廣為人們讚歎的一道名菜。

在大自然中，可入饌的花卉十分豐富。如芙蓉花與豆蔻同烹，其色賞心悅目、宛若雪霽之霞，故而冠以「雪霞羹」的美名；荷花與肉爆炒而成的「荷花肉」，花香肉嫩，成為一款風味名肴；玉蘭花，裹蛋清麵粉油炸，清香撲鼻、鮮酥脆爽；梅花燴魷魚更是上等佳肴。其他還有杜鵑花、梔子花、夜來香、桃花、槐花、芍藥、月季乃至民間常食的絲瓜花、南瓜花、漏蘆花（又名菜芙蓉，是野菜也是草藥）……等，皆可入肴成為花饌美食。

花卉，以其天然的姿態和色澤，特有的芳香與氣味、內涵，為我們提供了美好的烹調飲食資源。它們富含蛋白質、碳水化合物、多種維生素、澱粉和礦物質、微量元素等營養成分。花卉入肴，既美味可口，又能健身益體、增歲延年。食花似花顏如玉，男女老少何樂而不為之！

食果似果姿色嬌

水果，千姿百態、風味萬般，同花卉一樣富含營養，具有很高的可食性與食療養生價值。尤其是水果中所含的纖維素和水果特有營養素，更被醫學界、營養學家稱為第七大營養素，具有改善和促進人體功能。因此水果千百年來也就一直受到人們的青睞。

水果入肴，不僅滿足了人們口味的需求，更有效地豐富了人體營養，促進人體健康。對於女性而言，水果菜更是最理想、最安全的塑身、養顏的天然食品。川人「尚滋味、好辛香」，素來在口味上重辛辣、好油膩，喜味濃、味厚的食品。這無疑對身體的健康會有不好的影響。水果菜肴不僅使我們的口味得以昇華，還讓人們從傳統飲食的不良影響中解脫出來。如今，人們已進入現代飲食和飲食時尚的時代，進一步認識水果和水果菜肴，有助於改善我們傳統飲食與習俗的缺陷。

長久以來，大多數人都視水果為零食或補充餐食。至於水果做菜，也多是用來裝盤圍邊，起點綴作用。其實

●天府之國的四川，地理氣候條件極佳，蔬果質佳味美，一年四季輪番上市。

水果入饌，古來有之。從神農嘗百草後，關於水果的食性、食療、食養等，在諸多文獻著作中都有論述。我國各大菜系也有不少果肴名菜。川菜中就有「茅梨（中華獼猴桃）蝦仁」、「草莓雙尾魚」、「八寶釀梨」、「荔枝魚丁」、「蜜汁桃脯」等傳統名菜。近幾年來的創新川菜中更有不少特色果品菜肴。

當然，儘管廚師們在果品菜肴的開發中動了不少腦筋，但水果菜品，一如花卉菜品一般一直未形成體系和規模。也沒有一家專營花果菜品的餐館。加之一般人沿襲傳統的飲食觀念和習慣，致使水果菜肴未能普及開來。今天，不再為吃穿犯愁的人們，特別是都市人對飲食生活有了更高的需求，吃特色、吃風味、吃營養、吃健康、吃美麗。而水果菜肴正是現代飲食和餐飲時尚的最佳選擇。

●酸甜爽口的水果魚肴。

水果，品類繁多，因地域、氣候、季節等不同，而獨具其形，各有特色，風味炯異的品種。水果入菜，同樣依其不同的質地、特性和風味，合理運用不同的烹製方式，烹飪技法，選用相應的食性與風味，使其八仙過海，各顯神功。下面略舉數例以供品享。

梨：個大、色黃、汁多、細嫩甜爽；具有生津潤燥、清熱化痰的功效。入肴以雪梨、鴨梨為佳，葷素皆可，適宜炒燉蒸煮拌。

蘋果：肉質脆嫩、香味濃郁、甜酸爽口；有生津潤肺、解暑祛煩、開胃健脾的作用。入菜以脆果為佳，葷素不論，適宜炒拌。

枇杷：柔甜多汁、甜酸宜口；富含胡蘿蔔素、維生素B和C、蛋白質及礦物質。入饌多用於甜菜、甜羹和小吃。

桃：水蜜桃肉質柔軟，香氣濃郁，汁多味甜；白花桃肉質脆嫩，酸甜爽口。桃的營養豐富，含多種營養成份。入饌亦多為甜菜、甜羹。

香蕉：果肉香甜滑膩，營養豐富，有止煩渴、潤腸胃、通血脈、益精髓的作用。

荔枝：果肉白潔，汁多甘美，營養豐富，具有生津、益血、理氣、止痛的功效。

西瓜：果瓤汁多而甜，營養豐富，入饌多用於冷食。西瓜皮則脆嫩清香，可用於燒、炒、拌，做湯，甚至做泡菜。

此外，還有柑橘、柚子、桃子、芒果、李子、木瓜、香瓜、葡萄、草莓、鳳梨等。不過用水果做菜也要有一定的學問，甚至有些水果與其他配菜性味相克會產生副作用。例如，烏梅不能與豬肉同吃，柿子不能配蟹肉，否則會痢瀉；雞肉與李子同食則傷腸胃；龜肉則反水果；雀肉忌桑果、李子；柿子、葡萄、石榴、山楂忌海鮮；香蕉不可和土豆、紅薯共烹；蘿蔔忌與橘子蘋果等；再有，喝白酒不可吃桃子李子類肴饌等。另外，因水果本身含有濃郁的甜味和果酸，並具獨特芳香味，烹飪時主配料的搭配，烹製方式是否恰當，時間、火候的把握等都會直接影響到水果菜品的色香味形。反之，巧妙搭配，精心烹製則是風味萬千、唇齒留香。

如今，花果入肴在宣導有機天然美食的今天，再次成為飲食世界的新潮流，花果肴饌受到世界各地烹飪者和美食客的關注。開篇所談及的地中海飲食，即包括地中海沿岸國家及歐美其他國家，不僅花果餐館隨處可見，且幾乎任何一家餐廳，酒吧都有花果美食或飲品。有花果沙拉，玫瑰燉牛肉，花卉果醬烹製的湯、點心，花醬、果醬蘸美食的各式海鮮肉品，花果三明治、花果漢堡等，讓人眼花繚亂品享不盡。

然而，讓人不無遺憾的是，在被聯合國授予亞洲唯一美食之都的成都，竟然難以發現一家花果餐廳。四川歷來物產豐富，繁花似錦，遍地果香。民間百姓也早有食花果之習俗。筆者兒時便常吃母親清炒的南瓜花、絲瓜花以及漏蘆花煮稀飯，還有槐花、桂花、茉莉花、荷花等。然而，在餐館酒樓，花果肴饌卻是芳香難覓。在十多年前，已故川菜大師黃致遠曾在羊西線創辦了一家「錦城花膳」酒樓，但沒兩年，因拆遷而被迫關門。以芙蓉花冠名之蓉城第一家花果酒樓就此夭折。

當然，亦有不少廚師也在不斷努力挖掘開發花果美饌。筆者初略收集統計，近年來，出現在各餐館酒樓的川味花果肴饌亦也上百，甚而打破花肴果膳淡雅甜酸的傳統風味特色，創製出不少麻辣、熗辣、椒麻等花果風味菜式。像椒麻菊花、香辣草果夾、酸辣脆草莓、香蕉瓤尖椒等。只是因其零零星星、勢單力薄而未能引起食客關注。

相信，在人們追求天然飲食、健康美味、可口養生的食尚潮流中，花果佳饌也將很快受到人們青睞，成為美食美味新寵。

千古花果饌，秀色美可餐；
男女多品享，花果自羞慚。

紅肥綠瘦泡菜情

巴蜀泡菜之民間風情

華夏各地，大凡說到川菜，都會把火鍋、小吃、泡菜稱為巴蜀美食「三絕」。但在川人心中，回鍋肉方是巴蜀第一菜，泡菜則是天府一枝花。

二〇〇八年五月一五日，震驚世界的四川汶川特大地震後的第三天，看到這樣一張令人感懷不已的照片。一對北川中年農家夫婦，從自家垮塌房屋的廢墟中，刨出一個大泡菜罈子。夫妻二人各提一邊，從瓦礫斷樑堆裡抬出來，臉上顯露出樂觀開心的笑容。外鄉人可能不以為然，可川人都打心底明白這個泡菜罈子的份量。尤其在農村、在山鄉，這個或許是上輩傳下的，與他們相依相隨了幾十年的泡菜罈子意味著什麼？從夫妻倆滿身塵埃，笑容綻開的表情中不難看出，對他們而言，找回了泡菜罈子，也就找回了以後的生活，找回了平淡幸福的希望。也讓我憶起了諸多有關泡菜的往事。

一九九七年在川東山鄉拍攝紀錄片時，坡坡梯田，稻穀金黃，山灣灣那邊隨風飄出喜氣盈盈的嗩吶聲，蜿蜒的山道上紅紅火火來了一隊送親的人馬。大花轎裡坐著喜悅嬌眉，羞澀而漾溢出幸福光采的新娘，後面跟隨著十幾個悠悠顫顫，紅紅綠綠的嫁妝抬盒。而最引人注目的卻是排在頭裡，那紮著紅綢布、油光發亮的泡菜罈子。一罈泡菜作為陪嫁，這是川鄉人家的傳統風俗。一來可以向婆家顯示新媳婦勤勞持家的能力。二來，罈中的泡菜蘊藏著娘家濃郁的親情。初離家的女兒，還可借泡菜化解思家念鄉的愁緒。這就是罈中那枝枝葉葉，紅肥綠瘦，剪不斷理還亂的泡菜情結。

罈中泡出金鳳凰

再說城裡的人吧，幾乎沒有那家那戶不泡泡菜。倘若是喬遷搬家，什麼老傢俱、老電器等都可一扔了之，唯泡菜罈子是一定要帶走的。尤其對老奶奶、老母親來說，那泡菜罈子就像是她的么兒么女，心疼得很。城裡人家，無論貧富都有兩三個泡菜罈子，即便是年輕夫婦，最起碼也得用玻璃缸或瓶什麼的泡上洗澡泡菜。過去民間俗語說：沒有女人不成家，沒有泡菜不像家。即使是今朝，無論是進高檔酒樓，還是下大眾飯館，無論是吃山珍海味，還是家常便飯，只要一吃飯，就得上泡菜，那是必須的，就連幾塊錢的盒飯，裡面也有一撮泡菜。這種食俗甚至還傳染了外鄉人、外國人。據說，那年英國查理斯王子來四川，參觀了都江堰，在豐盛的筵宴上品嘗了各種川菜佳肴之後，又上來一小罈子，開封揭蓋倒出一盤紅黃白綠、鮮嫩如初、香美撲鼻的各種蔬菜瓜果。查理斯被告之，這是青城道家美味四絕中的青城泡菜。大不列顛王子一品一嘗、一嚼一吞，立馬興奮起來，似有諸味頓失食欲重開的快感。竟放下大英第一紳士之架子，提出要帶兩三罈回去，讓王后和皇室眾人品嘗這世間獨一無二的美味。

那遠離蜀水奔走它鄉的四川人，一旦嘗到泡菜，甚至是談起、想起泡菜，都會勾起無盡的鄉味、鄉情與親情。筆者在異地它鄉也曾漂泊生活多年，亦常被泡菜、回鍋肉折騰得鼻塞淚湧……。泡菜，就是這樣讓人常吃常戀，牽腸掛肚，可以說，數百年來，在成千上萬的川菜菜品中，沒

●即使只是一小碟泡菜，就讓身在異鄉的川人想念再三。

有哪款菜肴還能像泡菜、回鍋肉那樣與巴蜀五十七萬平方公里之地域，一億多人民，世世代代有著如此深切的纖纖情懷，與巴蜀百姓的民生、民俗、民風與民情如此溶融。

更令人意想不到的是，恰似一個淳真純樸，秀美簡約之鄉村姑娘般的四川泡菜，竟然還能在人民大會堂炫靚四座，穿金戴銀、美驚華堂。一九八三年十一月，全國烹飪名師技術表演鑒定會，重慶廚師李躍華與省烹專熊四智教授共同創意的「鹹菜什錦」，風彩誘目，先聲奪人，驚呆了三十二位專家評審，「鹹菜什錦」竟喜獲金獎。

無獨有偶，事隔十六年，一九九九年十二月，全國第四屆烹飪技術大賽，青年廚師鄒錫東，又以一款九罈八盤，色香味形料及器各異，葷素並舉、精美紛呈的「奇味泡菜」再次奪金。擺在展臺上的「奇味泡菜」還沒等評審完就被一搶而光，最後竟然連罈中的泡菜鹽水都點滴不剩。展臺四周都能聽到這樣的聲語：「四川泡菜味道真的太妙了！」「四川泡菜簡直不可思議，連豬耳朵、蝦仁都能泡得這麼好吃。」泡菜，真正是風頭盡出、美醉世人。

二〇〇二年十一月，美國著名生活雜誌《美食家》一行五人，以及二〇〇三年七月，美國食品工業協會一行七人，分別來蓉考察川菜及原輔料生產加工。他們參觀了雙流少坤風味酒樓的泡菜間。那每個要四隻成人之手臂方能合抱的泡菜罈，數十個一並排開。任意揭開幾個蓋子，泡紅椒、泡薑、泡蘿蔔、泡青菜等美味撲鼻，滿屋生香，老外們俯身又聞、又看、又嘗，猶如觀賞哈利波特魔法一般，驚訝萬千、咋舌稱奇。

一枝一葉情味濃

翻開《辭海》（上海辭書出版社一九八九年版）第一千零三十一頁，其泡菜條目記述：「蔬菜經淡鹽水浸漬而成的製品……不必複製就能食用。質脆，味香而微酸，稍帶辣味。四川泡菜最為著名。」

美國《紐約時報》也曾載文講述：「泡菜，

發酵過的蔬菜，實際上在中國建造萬里長城時就有了。」山姆大叔說得沒錯，秦代修築長城時，民工們為不讓蔬菜腐爛變質，便用鹽水、米酒把菜醃泡起來，於是自然發酵產生出獨特的芳香，鹹酸可口更為下飯。

泡菜，歷史上始見於北魏賈思勰的《齊民要術》一書，距今已是一千四百多年。四川泡菜始於何時，則無記述，只能有待從考古發現中去求證。但可以斷定的是，四川泡菜與地理環境，及川人「尚滋味，好辛香」，「尚生活，好勤儉」的傳統習性一脈相承。它生於民間，流於民間，盛於民間。清末民國初年的《成都通覽》記載有泡菜：「用鹽水加酒泡成，家家均有。」並列舉了二十餘種居家常有的泡菜。

川人的泡菜，一年中因時應季，應根、莖、葉、藤、瓜、果等物，只要是能吃的皆一泡了之。尋常人家多是把紅辣椒、子薑、青菜、蘿蔔、蘿蔔纓、豇豆、茄子、芹菜、大蒜、藠頭、洋薑、蒜苔等統統泡進一罈。生活條件較好的則要講究些，單料專泡。像辣椒、子薑、青菜、蘿蔔等都各泡其罈，家中有五、六個泡菜罈亦是平常。像正月間，肥美豐嫩、翠綠多汁的青菜，大堆買來在屋簷下、院壩頭晾起，青菜曬蔫了，顏色也由綠變黃，皺皺巴巴的，便統統塞進泡菜罈裡。皺蔫的青菜經鹽水一泡，十天半月又變得鮮嫩、香脆，就可以撈出來切碎，加乾辣椒、花椒熗炒；或把青菜幫撕成小條，用紅油拌和；特別是夏天，悶熱心煩，大多人家都會用泡青菜來燒一大缽酸菜鮮胡豆瓣粉絲湯，那可是金黃清亮、酸香可口、饞死人哩！記得常年與河流打交道的父親，偶爾帶回一條大鯽魚或團魚，母親就用切細的泡辣椒、泡子薑、泡青菜及大蒜、蔥，放進油鍋裡炒香，摻上水，燒開後便把魚放進去燒。這就是從鄉村傳到城裡的「泡菜魚」。其魚肉細嫩鮮美，鹹酸微辣爽口，泡菜風味香濃。早就饞得口水嗆喉嚨的三個娃娃上桌就開搶。母親總是把魚肉夾給弟弟，父親則揀給我和妹妹，自己是一邊喝酒一邊吃魚頭，最後，碗中的魚只剩下光骨架，便輪到一直在桌下靜靜蹲著，眼巴巴望了好久的貓。碗裡的湯汁我們都爭著舀來拌飯，那真是要把肚皮脹得像氣球一樣。

到了秋冬，家家戶戶都愛用泡了一年多兩年的泡蘿蔔燉老鴨。也就是酸蘿蔔老鴨湯。秋後，紅、白蘿蔔，青菜頭上市，又忙著洗、切、晾、曬再泡入罈。一年四季，大凡這類家務事都必有我的份。長大工作後，再看到這樣的場景，卻是觸景生情。俗話說：人生一世，草木一秋。可一細想啊，有時這人還真不如草木。飲食男女一樣會蔫，被歲月曬蔫，被風雨吹打蔫，也會形變色衰，好似「泡青菜」，「酸黃瓜」，一塌糊塗地皺縮成一把把。可人能像泡青菜、泡蘿蔔那樣雖蔫卻鮮美香脆風味誘人嗎？能如土罈裡的泡菜那般盡可能地延續它生命的風華嗎？

●在鄉間常可見到成群的泡菜潭子與倒伏罐。

四川城鄉人家泡菜十分講究的，尤其是在鄉村，泡菜罈除了日常養護、洗擦、換罈沿水，還得是專人專手。通常是由婦女，像婆婆、奶奶、母親、嫂子專管。民間常說，泡菜罈子不會說話但會認人。不是專管的哪個人，其他任隨哪個，即便用肥皂把手洗幾遍去接觸了泡菜，那泡菜鹽水就會「生花」變味起白膜。專管它的，那怕不洗手任憑在罈中攪撈，泡菜鹽水也很乖順決不會耍脾氣，來點「化學變化」什麼的。夏天氣溫高，尤其是「洗澡泡菜」易於生花結膜，便要倒點白酒，砍截甘蔗放進去，再摻涼開水讓花膜溢出來，切不可把膜攪散。

川人的泡菜分為陳年泡菜和新鮮泡菜。陳年

泡菜多用來烹調，作調味輔料；新鮮泡菜仍需用老鹽水加新鹽水泡。一般鄉下都還是用罈子泡，城裡人多用玻璃缸泡點高麗菜、大白菜幫、青筍等，頭天泡第二天吃，成都人管這叫「洗澡泡菜」、「跳水泡菜」。新鮮泡菜不像老泡味厚，吃時，有的愛添加紅油辣子、花椒粉、糖拌和，以求口感更爽更下飯。

過去，城裡人多數時候都要靠這泡菜來打理一日三餐。一九七〇、八〇年代，成都還流行這樣的幽默：「泡菜罈裡撈手錶、撈自行車」。意為多吃泡菜少花錢買菜，攢下錢來買塊半鋼防震的上海手錶，或峨眉牌自行車。尤其那些剛參加工作的，一個月工資二、三十元錢，除了自己的衣食還要資助家裡。若是上班較遠，更得起早摸黑擠公交。有塊手錶或自行車，不僅很方便亦是很有成就感、很洋盤的事情。因此，那時的上班族，男女一樣大都帶上自家拌的、炒的泡菜及其它小菜。中午在食堂打三、五兩白飯，幾個人一圈把自帶的菜拿出來共用，於是拌泡菜、炒泡菜、水豆豉、豆腐乳、鮓辣椒、炒鹽菜等，簡直就是家常小菜筵席，大家不僅吃得歡聲笑語、豐富多滋，還要評選誰家的什麼做得好。這生活現在想來也覺得還是多開心、多幸福的。

泡菜在四川人的生活中不僅是與三餐相伴，泡菜既助食亦也為藥。酒醉不醒，用泡菜熬碗醒酒湯；感冒風寒，用泡薑泡椒切碎熬湯，一口喝下大汗直冒，蒙頭睡一覺也就好了。記得一九五八年成都修錦江大橋時，夏天常跑到南河裡許澡（游泳），有時怕回家挨罵，就順便在建橋工地上去收撿點廢木屑帶回家當柴燒以將功補過。一次沒注意，光腳踩到一根長釘子上，差點沒把腳板兒奪穿，鮮血長流，我慌忙撿了些爛報紙亂七八糟把腳包起來，一跛一拐地回到家，母親一見便急了，嘴裡一邊嗔罵著，一邊使勁替我擠出瘀血，然後從泡菜罈裡舀了一勺鹽水把腳板擦乾淨，又從罈子裡抓了塊泡蘿蔔，切下一片敷在腳底，再用布包紮起來，雖然那鹽水咬得我眼淚花花，可第二天醒來，傷口竟不紅不腫沒事一樣。

成年後閑看雜書，方知醫食同源，鹽水可殺菌、解毒、止痛止癢；泡蘿蔔也可消腫毒、散瘀血。現在的我不僅對蔬果有了更多的認識，對泡菜更有了深厚的情感。

百格千味學問深

話說四川泡菜，就少不了要提起倆個人。一個是一九六〇、七〇年代成都名餐館朵頤食堂的溫興發。朵頤之出名，多半要歸功於溫師傅的泡菜，很多食客就是沖著那泡菜去就餐的，人們親切地稱其為「溫泡菜」。溫師傅十五歲進餐館當學徒就學泡泡菜，到七十歲病故，一生與泡菜結緣，始成一代四川泡菜名師。

另一位便是新繁泡菜的奠基人何子濤。新都人何子濤十四歲在新繁入飯館學藝，亦與泡菜結下終身情緣。他努力鑽研、勤學苦泡、四處取經，亦曾到成都經溫師傅指點，終成獨家風格。他創製的泡魚辣子、泡柚子仁堪為絕無僅有，被譽為「泡菜狀元」。新繁泡菜後來名聞天下，成為四川泡菜之冠，何子濤奉獻了一生。

然而幾百年來，享有盛譽甚而多少帶有點神秘色彩的還是佛廟與道觀的泡菜。峨眉佛廟、成都昭覺寺、文殊院、寶光寺的泡菜一直口碑盛傳。青城山道家的泡菜更為青城一絕。佛家以素為生，故對泡菜的製作特別講究精細。道家則崇尚「道在養生」，製作泡菜亦是「道法自然」。一九九七年筆者到峨眉與青城拍片，與方丈和道長交流，雖是閒聊，卻讓人心靈震撼。佛家、道家亦將泡菜昇華到了這樣的境界，認為：泡菜似修行，即需修身養性。倘是人不正、身不淨、性不和、心不寧，氣不順，那就泡不出上品泡菜。六根不淨亦會影響泡菜之品質。道家還認為，泡菜，當取之自然、泡之自然、食之自然，自然而然方使泡菜成為靈氣之物。十餘年來我常悟此理，泡菜亦如做人，這恐怕就是佛家、道家之泡菜既美口又養生的玄機吧。

當然，從純技法上講，泡菜還需要品質好的罈子、水質、濕度、溫度；不能走氣喝風，不能被人體汗液及不淨之物污染。川人泡菜都喜用榮昌縣產的罈子。榮昌泡菜罈已有數百年歷史，除了當地特有的「糍粑」粘土，其製作工藝亦十分嚴謹精良，且施以刻、貼、刷、雕、填等工藝，全手工製成圓潤飽滿、古樸典雅、光潔亮麗的大小罈子。榮昌的罈子蓋沿合一，摻上罈沿水天衣無縫，空氣細菌無從進入。泡菜則在罈內自由自在地醞釀發酵。

泡泡菜，川鹽、辣椒、花椒、薑是不可少的基本調味料。正是這幾樣才賦予泡菜特有的風味。通常泡菜是把洗淨晾乾水分，或經切、剖加工處理的蔬果放入用川鹽、乾紅辣椒、花椒粒、白酒或醪糟汁、香料、冰糖及冷開水配製的溶液中浸泡。講究些的還要添加陳年泡菜鹽水。民間有句老話：「若要泡菜香，離不開陳年湯」。泡菜若要香美多滋，薑椒蒜芹也少不了。薑、蒜苔、辣椒、藠頭、大蒜、芹菜都具有殺菌增香的功效，且各具芳香，為泡菜的提鮮增香起到很大的作用。

泡得好的泡菜，一看泡菜罈子就知道。那罈錚光發亮無一點污漬水痕，罈沿水新鮮乾淨無任何雜質。罈中的泡菜鹽水清花亮色，有的老鹽水甚至是自上輩傳留下來的。像朵頤溫師傅釀製的老鹽水有如菜籽油，顏色黃亮濃稠、清亮純淨。這樣的鹽水泡出的菜，即使是泡了幾年，吃起來依然如頭天泡的一樣鮮嫩如初、香脆爽口。新繁何師傅泡製上百個品種，都是各具風味特色。泡紅辣椒，不變形、不走籽，根根飽滿豐腴、鮮如初摘、脆爽可口；泡青豆，色澤翠綠、圓潤結實、香脆味美；泡蘿蔔，顏色微黃、肥嫩多滋；其泡柚子仁，那更是泡菜之鄉巴蜀之絕無僅有的珍品。當然，溫師傅、何師傅這兩位巴蜀泡菜名匠也決然不會料到，這日子過到九〇年代，泡菜罈中居然鬧起翻天復地的「革命」來。

泡菜罈中鬧革命

一九九七年底，成都郊外羊西線新開一家鄉土風味酒樓，叫「鄉老坎」。其首推之泡菜佳肴「爽口老罈子」轟動市場。那如柚子般大的罈裡居然泡有葷料，也就是除常見鮮蔬，還泡有豬耳、豬尾巴、鴨鵝肫乾、兔耳朵、鴨腸等，簡直是讓人大吃好幾驚。從根本上，也從歷史上對四川泡菜進行了前所未有的革命，其開創性的領軍人物竟還是川菜一大著名廚派，張中尤大師之高徒蘭桂均及舒國重。爽口老罈子徹底征服了以口味向來挑剔而著稱的巴蜀食客。

第二年底，在相距「鄉老坎」幾百公尺之地，「卞氏菜根香泡菜風味酒樓」粉墨登場。其主推之招牌菜品竟也是泡菜，叫「菜根老罈子」。與鄉老坎不同的是，「菜根香」竟把這「泡菜革命」鬧到海裡去了，居然還泡海鮮。那雪白鮮嫩、香脆多滋、鹹辣酸甜的泡墨魚仔及泡魷魚、螺、蟹，真是人見人愛。果然，「菜根老罈子」不僅迅速風行巴山蜀水，不少南來北往的外省客，臨行前必到該店買幾罈、十幾罈「菜根老罈子」。此後，巴蜀餐館酒樓無一追隨此風，老罈子泡菜成為川菜之精品。隨之，菜根香泡菜泡椒風味不但成為餐飲食尚潮流，更正式確立了在川菜中作為一個獨特風味味型的地位。

泡菜之革命，不僅是從原料開始，而是進一步從鹽水著手進行變革。「老罈子」的鹽水調製大膽引進、採用了新的調輔料，其主要用野山椒、泡紅辣子、花椒、白酒、醪糟、香料、檸檬、白醋、冰糖以及適量老鹽水調製成，且以礦泉水或純淨水為水源。泡菜之基本原料則有仔薑、柿子椒、大蒜、藠頭、土芹菜、洋蔥、黃瓜條、西洋芹等，讓各種蔬菜都揮發出各自的芳香味，使泡菜的風味爽口多滋。各種葷料像豬耳、蹄、尾及雞腳、鴨掌，因膠質較重，則先洗淨烹製熟軟；鴨鵝腸、肫肝、雞冠、豬腰等，其質脆嫩，則入開水鍋中氽熟；魚、蝦、魷魚、墨魚仔及螺等海鮮原料，肉質細嫩，烹製加工須仔細。一應葷料製熟後均放入涼開水或礦泉水、純淨水中浸漂一個小時左右，除去油脂及腥味，漂時大多還放少許白醋和明礬，既徹底除腥臊，又使葷料更加脆嫩。入泡前要沖漂去掉明礬澀味並瀝乾

●泡菜大革命，葷素不忌，一泡而發。

水才行。這種泡法一般三、四個鐘頭即可入食。

在傳統川菜中，泡菜、泡椒、泡薑多作為調味輔料運用，獨成風味的菜肴並不多見。常有的像泡菜鮮貝、酸菜魷魚、泡菜魚、酸菜魚、泡菜白鱔、泡青菜燒魔芋，以及近十餘年出現的藿香泡菜鯽魚、泡蒜苔炒雞米、泡菜芥藍溜魚丁、泡藠頭爆羊肉、泡芹菜煸牛肉絲、泡菜燒牛蛙等。

二〇〇〇年後，泡菜泡椒風味大行其道，成為川菜新的風味特色而倍受海內外食客稱道。泡菜泡椒火鍋亦也爭先恐後閃亮登堂。那郊外和鄉下以餐飲休閒為主題的「農家樂」，更是借農家泡菜及環境的優勢，吸引了城裡潮湧般的消費者。泡菜成為了一個產業、一條經濟發展路線，更成為鄉村發展、農家至富之法寶。今非昔比，人們如今從泡菜罈裡撈出的已是別墅、汽車，泡出的是一個個蓬勃興旺的企業。泡菜罈中那些枝枝葉葉彷彿魔法般地變成了金條元寶。

泡菜罈中乾坤大，
葷素齊揚盡風華。

天上瑤宴，人間田席

巴蜀田席之古風新韻

在《西遊記》中生動地描述了王母娘娘在瑤池大設瓊宴，以饗各路神仙。然而畢竟是神話神說。但在人間，確有一種盛行巴蜀大地的民間盛宴，幾千年來煙火不絕、風情依舊、風韻盎然。

大約四千多年前，一支浩蕩的人流從川西高原茂縣、汶川一帶的崇山密林中，沿岷江峽谷翻山越嶺，艱難而執著地跋涉。他們意欲走出群山，尋找一個廣闊的天地，開闊的視野，開始新的人居生活。這支人流在部族首領杜宇王的率領下，終於在灌縣見到了一望無邊的平川原野，便安居下來。然而年年的岷江山洪使得其難以長治久安。他們繼續遷徙，來到其後被稱為廣漢、郫縣、溫江、金沙的地方，形成了蠶叢氏及魚鳧氏部落，並與當地土著部落柏濩氏組合為古蜀三大民族。先民們在這裡擇水而居，圍獵捕魚、農耕桑蠶、飼養禽畜、冶煉製陶，開始過上了安定富足的生活。

西元二〇〇〇年，世人方被廣漢三星堆、成都金沙出土，由古蜀人及其後人所創造的溢彩燦爛的文明所驚醒，得以窺探蜀人先祖的風采、古蜀王國的風貌。從青銅錢樹、太陽神鳥、以及精美絕倫的罍、尊、盤、罐、甑、鼎等青銅與陶土餐飲器具中，似乎看到了古蜀先民在遠古時期那神秘飄逸、開放進取的氣度；崇尚生命、熱愛生活，既聰慧勤勞又浪漫休閒的氣質。不僅如此，人們還隨之發現了先民們在水旱從人，不知饑饉的絕佳自然環境中，在農牧魚獵生產活動中，為祈願、為感恩而創造的各種祭祀、典儀及飲食餐聚和宴樂活動。這可說是現今四川田席與筵宴之源頭。

餐今食古窺川筵

到商周時期，蜀國更是「山林澤魚，園囿瓜果，四節代熟，靡不有焉」；巴國則是「土植五穀，牲具六畜」，出產「魚鹽」、「茶蜜」。秦、漢、晉時代，帶有地域特點和風味特色的川菜在巴蜀開始初步形成，呈現出烹飪原料的多元性和獨特性，如生薑、附子、食茱萸及花椒、大蒜、蒟醬的食用，顯示出了「尚滋味，好辛香」的特點。各種筵席及飲食宴樂亦有了相應的格式和規模，並擴展到宮廷、官宴、家宴、婚娶、壽辰、慶功、餞別等活動中。宮廷官府、文人商賈崇尚宴飲、喜好食娛的奢侈之風日益興盛。在民間，其婚嫁筵宴、笙歌宴樂，奢華之勢亦可比公候。

唐宋時期，成都繁榮昌盛，官民吃喝玩樂之風被譽為「楊（楊州）一益（成都）二」，遊宴、野餐與船宴成為巴蜀時尚。廣政年間，後蜀主孟昶「召百官宴芳林園，賞紅梔子花。」如花蕊夫人在《宮詞》中對當時游宴之描述：「海棠花發盛春天，游賞無時列御筵。繞岸結成紅錦帳，暖枝低指畫樓船」。元代費著撰寫之《歲華紀麗譜》，又名《成都遊宴記》稱成都：「地沃人驕，奢侈逸樂，官紳熱衷，民尚娛遊」。「游賞之盛，甲於西蜀」。

到清代中葉，隨著戰亂後的「湖廣填四川」，蜀地人口與經濟得以逐漸恢復，大批滿清官紳入川，川菜及傳統上的飲食宴樂之風又繁榮熱鬧起來。尤其是在江南興起的滿漢全席進入川內，更掀起筵宴高潮，且創製出了川式滿漢全席，使川菜及筵席之發展達到頂盛。清末，簡陽人傅崇矩在《成都通覽》一書中，就列舉了三百餘款筵席菜點，還分門別類地寫明成都二十一處筵宴場所。

縱觀蜀中筵宴及飲食娛樂，從古至今名目繁多不拘一格，皇家官府、名流百姓皆以為樂。從漢晉時之野宴，五代時之船宴，唐宋時的遊宴，清代的滿漢全席，以及百官宴、千叟宴、定鼎宴等到民間之祭祀宴、婚娶宴、壽喜宴、接風宴、餞別宴、謝師宴、慶賀宴、喪葬宴、滿月酒等不勝枚舉。

油嘴滑舌說田席

過去，按傳統習俗，民間飲食宴樂四季不斷。像正月「迎春宴」、農曆二月「踏青宴」、清明掃墓祭祀先人後的「清明野宴」、「端午宴」、「中秋宴」、九九「重陽宴」到「賀歲宴」、「團年宴」等。在這系列宴席活動中，田席則是最流行、最主要的操辦形式。

古時，大凡秋收人皆慶賀，各家都將備好的食物一同擺在田間地頭、竹林、樹林裡的空壩上，同吃共飲、同樂共慶，也祈願來年好收成。這一祭祀天地、祈保風調雨順的習俗，從重要的農事活動逐漸擴展到人生禮俗的各方面。像婚娶，訂婚有訂婚宴，送親要擺「上馬宴」或「花夜宴」。川西壩子叫「出閣宴」、「打發酒」，即為把女兒「打發」出去之意。男方接親要擺「下

馬宴」，結婚當日則是更為隆重的慶婚宴。婚後三天返娘家，又擺「回門宴」。所有這些席宴多在田壩竹林壩舉辦，故稱為田席。此後，一應紅白喜事都要辦田席，從栽秧打穀、修建房屋、喬遷新居，到如今娃兒考上大學，或誰家有人當了官、發了財都要擺田席，四方鄉鄰則聞風而動前來趕禮賀喜。

田席，作為一種歷史悠久、傳統習俗濃厚、人情味純樸的民間宴飲活動，無論是場景、氛圍、人際關係、文化內涵都無疑是珍貴的飲食風情景觀。尤其是在川西平原，禽畜蔬果長年豐盛，田園秀麗翠竹成林。每有田席，那田間小道、地頭院壩便是人流如織、牽群打浪、你呼他喚、嘻哈打笑、熱鬧非常。竹林盤中飄溢而出的肉香、菜香彌漫在竹林中、田野間，連貓狗雞鴨也聞香而來。林盤的院壩裡，幾十上百張桌子連同椅凳井井有條擺成一壩，成筐的碗盤、成堆的葷素菜品重重疊疊，高矗如塔的大竹蒸籠熱氣沖騰，幾個大鍋灶爐紅火熊熊、油煙翻滾，七、八

現今巴蜀地區的特色小餐館多以壩壩宴、田席的風情，吸引眾多食客。

個滿頭大汗、紅光滿面的鄉廚揮鏟弄刀忙得手舞足蹈。親友鄉鄰、男女老少紛至遝來。甚至不少遊手好閒，四方流浪的人，包括討口要飯的，碰上辦田席只消說聲道喜哈，唱上幾句表吉祥的順口溜，像：「先殺肥豬後殺羊，辦九熱鬧廚子忙」，「蔥子蒜苗半截腰，黃花木耳不用刀」之類，主人家一樣請坐入席任其吃喝。若遇上已開吃，就唱幾句祝福詞然後海吃海喝。那氣氛、盛況，真是王母瑤池瓊宴也難以與之媲美。

習俗中，吃田席還有這樣的禮數，紅白喜事來吃的人還得要趕個禮，過去常送幾把掛麵、或二、三十個雞蛋、提塊豬肉什麼的。現今則是送個紅包，紅包金額多為「十二」，意表「月月紅」。當賓客吃罷田席，或喝茶拉家常，或打牌搓麻將，告辭時，主人家還備有一個禮包，大多裝的是雜糖、乾果，席桌上的糖果點心、醃滷乾菜等。請其帶回去讓沒能來的人分享。也有的用荷葉包好紮好的，有的則是在席桌上備有「雜包紙」，折成三角形，客人可自行包裝席桌上的點心、瓜果、醃滷等東西。

清朝中期，田席亦流入城市，這一別具情趣、鄉味濃郁，豐儉自主的飲食餐聚形式頗受城裡人歡迎。加之城市中有專做各式席筵的包席館，故而田席也開始在城市中大行其道。其席桌之形式亦仿鄉村田席之「三蒸九扣」、「九大碗」或「肉八碗」。

三蒸九扣品田席

「三蒸九扣」多指田席之席桌菜式與特色。即田席以「三蒸九扣」菜式為主，輔以其他的涼碟、下飯菜。「三蒸」，實指清蒸肘子、清蒸雜燴；鹹燒白、甜燒白（夾沙肉）；粉蒸肉、粉蒸排骨類。所謂「九扣」，即上菜時，將置於籠中的九大主菜依次反扣於九個大斗碗中上桌，謂之「九扣」。

通常傳統三蒸九扣的菜式是：清蒸雜燴（鑲碗）、鹹燒白、甜燒白（夾沙肉）、粉蒸肉、清蒸全肘（蹄膀）、熱窩薑汁雞、紅燒肉、燴酥肉、燜明筍。中等檔次的有：九色攢盒，內分九格每格分別裝有醃臘肝腰心舌、雜糖、瓜果、蜜餞等，再就是蒸雞燴、鹹燒白、夾沙肉、粉蒸肉、蒸蹄膀、白菜肉圓、紅油雞塊、八寶飯、攢絲湯。

高檔次的則有：九圍碟，四熱吃加九斗碗。九圍碟是中盤裝金釣，八個圍碟分別盛糖醋排骨、紅油肝片、麻醬川肚、炸紅苕乾、涼拌石花、熗高麗菜、瓜子、花生米；四熱吃是：燴烏魚蛋、水滑肉片、燴雞樅菌、燴百合羹；搭配的九大碗又是：攢絲雜燴、明筍燴肉、墩坨坨肉、椒麻雞塊、肉燜豌豆、五香蒸肉，鹹、甜燒白，清蒸肘子。

三蒸九扣菜中，最重要的幾大蒸菜，行業中稱為「四道皮」，即帶皮的豬肘，鹹、甜燒白，粉蒸肉。這四款菜是田席的代表菜，是不可缺和少的，否則不叫田席。倘若這四款菜未上齊，客人不會輕易放筷離席，若缺了其中一、二，客人也會心存遺憾怏怏下席，私下則會言其「不道地」。行業內和民間還把這四款菜戲稱為「姨媽」。尤其是清蒸肘子，形胖色白、豐腴柔軟、肥而不膩、香糯可口，人們將其諧謔如豐滿白嫩、秀色可餐之「大姨媽」，其他的鹹、甜燒白，粉蒸肉則稱為「二姨媽」、「三姨媽」、「四姨媽」。大師傅們常說「四個姨媽」請齊了，就可以辦田席了。

三蒸九扣菜之所以成為田席的主打菜和特色，則是出於農村的實際和田席人多，流水般不斷開席的特點。首先是可就地取材、操作方便、出菜快捷，能一口氣成批做好置於籠中，保溫保鮮，來客便上，吃得熱乎香美。同時，這幾款菜色香味形俱佳很抬桌面，故而成為田席之絕對主角。不僅如此，流入都市進入飯館酒樓後，更逐漸成為傳統川菜經久不衰的經典菜肴。像鹹燒白、甜燒白、粉蒸肉等，至今在川菜成千上萬個菜品中，依然佔據著無可替代的地位。且在廚師們手中還演出不少新花樣，像水煮鹹燒白、香酥夾沙肉、香煎粉蒸肉、水煮粉蒸肉等。

田席鄉廚交響曲

農村辦田席並不像城市，有專業包席館或專業廚師，而是半農半廚的鄉廚子，既務農活又操廚事。他們對田席的格式、套路、三蒸九扣菜品瞭若指掌、十分嫺熟。田席的廚師班子多為較鬆散的鄉廚組成，接席單者便是操辦田席的組織者又是廚師長，由他招集鄉廚安排準備一應席宴事項、餐炊器具等。一個田席班子通常有七、八個鄉廚，蒸、燉、燒、炒、拌各司其職，其餘搞清洗、備碗盤、切配料的多為臨時幫工。

操辦田席是件十分辛苦的活路，但鄉廚們由於深諳其道、分工明確、按部就班、加之手腳麻利（俐落的意思），倒也是井井有條，環環緊扣忙而不亂。鄉廚在舉辦田席的前一天就要進場，把一應餐炊用品運到，搭砌灶台案板、準備原輔料，蒸籠、鍋瓢、碗盤，各就各位。下午時分便開始殺豬、刮毛開膛、清洗內臟、按需分解豬肉，然後過水燙皮、當煮則煮；有的則殺雞殺鴨，擇菜備料。首先得把三蒸九扣菜品從分料、切配、調味、定碗等全部準備就緒，炒好夾沙肉的餡料，再酥花生、炸酥肉等，涼拌或醃滷葷菜也要先煮好、滷好、切配好。同時把所有入籠上鍋的菜品準備齊整。第二天一大清早便就開始蒸的上籠，燒的進鍋，拌的裝盤，涼的分碟，瀝米甑子飯也開燜。此時的竹林院內灶火熊熊、香風彌漫，一首醇朴樸的鍋瓢碗盤、辣麻鮮香之田園美食交響曲就奏響了。

這時，八方四鄰的客人大多已陸續到場，分桌坐定，喝茶、吃瓜子、擺龍門陣；小孩子們則在田間溝渠、竹林院內玩耍打鬧。正午時分，鄉廚們就先後把涼菜、冷盤擺放到桌上，主人家便開始簡短的禮儀，在田頭或竹林邊點燃鞭炮宣佈開席。在一陣震耳欲聾的爆竹聲中，在歡聲笑語的喧鬧中，杯舉箸揚吃喝開了，主人便每桌依次敬酒、勸菜。不一會，鄉廚們則每人手托數個甚至十餘個盛著三蒸九扣菜的碗、盆分送上桌，滿場食客便歡鬧起來，田席也就達到了吃喝高潮。最後便是幾道下飯的家常小炒，到這時鄉廚們方可鬆口大氣坐下來喝口茶、抽支煙。席宴通常要延續到晚上，中途還有遠道晚來者，有因事遲來的，隨到隨開，故而又叫開「流水席」。

在四川農村，田席鄉廚是不可以小視的。通常專業的田席承包人，其手下有數十個男女鄉廚，一年有三分之二時間在外操辦田席，有時可一天同做四、五起數百桌。更為讓人感歎的是其操辦這類流水大型席桌之經驗與技藝、廚事管理、調度協調之能力，以及大批量做菜，如油酥花仁、油炸酥肉、怪味花生、糖粘羊尾；大鍋燒菜、熗鍋菜、炒菜等火候運用與烹調技巧等十分複雜繁瑣，然而其菜品的風味特色絕不在餐館酒樓之下。可以說，數百年來田席鄉廚對川菜，尤其是大眾席桌川菜的發展有著十分重要的影響。

●鄉間操辦田席多由半農半廚的鄉廚子擔任。

今非昔比九斗碗

田席，也多被稱為「九斗碗」，「九」指田席主菜之數量，「斗」指碗大。無論豬牛羊兔，還是雞鴨魚蟹，必得上滿九大碗。再者「九」乃數中最大，且「九」與「久」音同意近，藉以表達良好的祝願。像農村中婚娶田席又叫吃「喜九」，賀壽田席又稱為吃「壽九」。故而田席亦也被叫做「辦九斗碗」。

九斗碗菜式，雖有傳統套路和規格，像「三蒸」之菜必不可少，亦也因地、因時、因人而變。如一九五〇年代，溫江地區田席中流行的九斗碗菜式便有：甜燒白、鹹燒白、粉蒸肉、燴酥肉、紅燒肉、脆皮魚、燒什景、清蒸肘子、麻辣雞塊；一九七〇年代末，溫江田席九斗碗又是：清蒸雜燴、紅燒羊肉、白汁蛋捲、明筍燴肉、五香蒸肉、跑油燒白、夾沙肉、扣雞、魚香肘子；近十餘年來，其田席菜單又有了像：火鍋黃辣丁、酸菜魚、香辣蟹，白灼蝦、泡椒墨魚仔等流行新菜。二〇一〇年八月，溫江永盛鎮還被四川省烹飪協會授予「川西九斗碗之鄉」匾牌。

四川各地的田席和九斗碗也因出產而各具地域特色。像夾江產苦筍，宜賓亦物竹筍，其九斗碗則是無筍不成席。「新津韭黃天下無，色如鵝黃三尺餘」，這裡九斗碗之湯菜便多是「韭黃肉絲湯」或「韭黃酸辣湯」。龍泉柏合鎮的客家人，九大碗中絕少不了那滾燙紅亮、麻辣香美的豆腐絲。新都多產紅豆，則用紅豆泥、黃糖、豬油炒製夾沙肉的餡。

再有，原重慶傳統田席的九斗碗，起席為花生米，九斗碗則是清蒸雜燴、扣雞、酥肉、鮓肉、紅燒羊肉、薑汁熱肘、扣鴨、燒白、外加糯米飯、芝麻丸子、渣辣椒蒸肉、蝦羹湯；而達川地區的「雜燴席」其九斗碗又是：清蒸雜燴、紅燒魚、荷葉蒸肉、扣雞、龍眼燒白、蒸全肘、白糖羊尾、炒野雞蘋、蝦米湯；川北農村的九大碗另具特色，多是：煙熏鴨、折耳根拌豬耳、黃瓜拌豬頭肉、蒜苔肉絲、黃瓜肉片、四季豆煸肥腸、鑲碗、黃金餅、肘膀、咸甜燒白、廋肉燒白、龍眼燒白及燉雞湯。由此可見，四川各地的田席及九斗碗可以說是大同小異，但隨著時事變遷，各地田席的菜品亦也推陳出新。

古風新韻壩壩宴

自田席流入城市後，因城裡沒有太多的空曠之地，大都在院壩或前街後巷鋪擺，故城裡人稱為「壩壩筵」。特別是有錢人家操辦這類席宴更要講究得多，像官紳商戶人家則多是開辦「流水席」。這類席宴不僅由城中有名的包席館承辦，其菜點也更為精美。如成都著名文學家，美食評論家李劼人在《舊帳》一文中所記載，其外曾祖於一八三六年去世所辦「送埋宴席」的待客席單，雖為「九大碗」，但所配的果盤圍碟卻十分豐富。

壩壩宴也受到當時以皇城壩一帶為中心的回族百姓所接受。成都回族的壩壩宴就是「肉八碗」、「三出頭」。多見於聖紀節、開齋節、喜事席宴等，一直沿習至今。舊時，還有一種十分特別的「八大碗」，也叫「剩八碗席」。通常是主人家辦席時，將吃剩下肉菜湯羹分別收起來，再加些其他輔料烹調加熱後，給雜工、幫工及下人們吃。或是賣給貧苦大眾和乞丐們吃，食者稱之為「剩八碗」。

再說「流水席」，雖仍沿用「九大碗」，但其他輔菜卻豐盛得多。過去成都最為熱鬧有名的流水席是一九五〇年代之前，四川軍閥、西康省主席劉文輝嫁女和娶媳婦所辦。一次在陝西街，一次在老玉沙路劉公館，席桌擺滿整條街，幾十上百桌，張燈結綵，白天黑夜不斷開席，連搞三天三夜，來者不拒，連叫花子也趕來道喜吃席。操辦席宴之統領則是成都著名館子「姑姑宴」的掌門人川菜名師羅國榮。街面上吃的是「九大碗」，公館內則是開海參席。

壩壩宴作為一種有著濃郁傳統風俗的宴飲娛樂活動，也與文化娛樂有機融合。過去辦壩壩宴，還要請戲班子搭台唱戲。清末民初周詢的《芙蓉話泊錄》一書中便記有：「成都北門外城隍廟，每歲例於二月中旬以巨木托台唱戲，俗謂此戲可拔除不詳。」文中所說之戲為川戲《目蓮救母》，此戲之高潮，就是臺上台下互動，演員觀眾同吃「九斗碗」，台上邊報菜名、邊演邊吃，台下則是幾十大桌邊吃邊看，吃喝聲、喝采聲交織一堂。一九九三年九月，綿陽市川劇團按傳統戲路恢復演出《目蓮救母》，就再現了演員觀眾共用戲中九大碗的熱鬧場景。現今在一些鄉鎮，偶爾還能見到辦九斗碗時，請民間川戲愛好者自發組織的班子來「打圍鼓」，即六～八個人，有男有女，不著戲服不化妝，圍坐在院子一角敲鑼打鼓，拉胡琴清唱。然而現在更普遍的還是被打撲克搓麻將等低俗娛樂所替代。這是傳統文化的一種墮落，還是一種無奈？所幸的是，田席及其壩壩宴仍還以其風情魅力在鄉村城市中大出風頭，其影響甚至擴展到了少數民族中。

二〇〇八年，對田席、壩壩宴而言，無疑是特別的一年。這年的五月十二下午二：二十八分，汶川、映秀及都江堰遭遇超大地震災害，數十萬同胞受災，上百萬人失去家園。隔年，都江堰首個開工重建的安居公寓建築工地，為慶祝重建開工，緩建單位和工人們，擺下三六〇桌的盛大壩壩宴，動用二〇〇多名鄉廚，一五〇〇多公斤肉，一〇〇〇多公斤的蔬菜瓜果，六〇〇〇餘副碗筷，八〇〇〇多人從中午到傍晚輪流就餐。二十多個超大鍋灶爐火歡跳，烏骨雞燉甲魚、香辣蟹、粉蒸肉、紅燒肉、臘肉香腸、……等菜餚，碗重盤疊，讓生命希望的火苗在熱鬧依然的壩壩宴中再次點燃。

縱觀大千世界，飲食——其實是窺察一個國家，一個民族，一個地域的人文風情與傳統文化極好的窗口。田席——這承襲古蜀先民們在幾千年前於「三星堆」、「金沙遺址」所創造的璀燦文化與多彩風情，相信將一如既往地傳承下去。

民以食為天，食以味為先；
古今飲食風，豈在吃喝間。

後記

歷時六載筆耕，終了宿願。幾十年人生之旅，頗感有幸與川菜結緣，和烹飪相伴。十餘年間，在四川省烹飪協會、《四川烹飪》雜誌的熱誠支持和幫助下，在與各地大師名廚的真摯交往中，對伴隨我成長，濃縮了人生經歷與情感的川菜美食有了廣泛而深層次的瞭解和感悟。撰寫此書，亦是對從小帶著我泡茶館、坐酒館、品小吃的父親，對每日操勞、費盡心機、弄菜做飯，養育我成長的母親略表感恩寸心。也將此書作為對四川省烹協、《四川烹飪》雜誌的一個回報；對巴蜀各地大師名廚的致謝。

十餘年來，雖得行業賞識，主導拍攝《中國川菜》、《今日川菜》；掛銜省烹協副秘書長，參與《四川省志．川菜志》編撰。但我既非專家，更非學者。自侃為專家中之業餘，業餘中之專業。故而，書中若有謬誤，儘管笑話並指正。雖如是，仍要對有所參考之《川菜烹飪事典》、《中國烹飪大全》、《中國食經》，以及熊四智教授，胡廉泉老師的相關著述致謝。並對《四川烹飪》所刊相關文章之作者一併感謝。

這裡還要特別感謝臺北賽尚圖文事業有限公司總編蔡名雄先生對本書的編輯和出版發行通力支持與辛勤勞作。將本書的品質與品位提高提高到了一個很好的層次。

作者向東

二〇一〇年中秋於蓉城蝸居

國家圖書館出版品預行編目資料

食悟・千滋百味話川菜／向東 著. --
初版. -- 臺北市：賽尚圖文，民 100.07
面； 公分. --（書食館；04）
ISBN 978-986-6527-22-7（平裝）
1. 飲食風俗　2. 四川省
538.782　　100011427

書食館 04

食悟・千滋百味話川菜

作　　者／向東
發 行 人／蔡名雄
主　　編／蔡名雄
出版發行／賽尚圖文事業有限公司
　　　　　106 台北市大安區臥龍街 267 之 4 號
電　　話／02-27388115　傳　　真／02-27388191
劃撥帳號／19923978　戶　　名／賽尚圖文事業有限公司
網　　址／www.tsais-idea.com.tw
賽尚玩味市集 http://tsiasidea.shop.rakuten.tw
封面設計／大雄
電腦排版／帛格有限公司
總 經 銷／紅螞蟻圖書有限公司
　　　　　台北市內湖區舊宗路二段 121 巷 28 號 4 樓
電　　話／02-27953656　傳　　真／02-27954100
製版印刷・科億印刷股份有限公司
出版日期／2011（民 100）7 月初版一刷

ISBN／978-986-6527-22-7
定　　價／NT345 元

書食館系列讀者支持卡

感謝您用行動支持賽尚圖文出版的好書！
與您做伴是我們的幸福

讓我們認識您
姓名：____________
性別：☐ 1. 男　☐ 2. 女
婚姻：☐ 1. 未婚 ☐ 2. 已婚
年齡：☐ 1.10~19 ☐ 2.20~29 ☐ 3.30~39 ☐ 4.40~49 ☐ 5.50~
地址：☐☐☐ ____________
電子郵件信箱：____________
電話：（日）____________（夜）/ 手機 ____________
職業：☐ 1. 學生 ☐ 2. 餐飲業 ☐ 3. 軍公教 ☐ 4. 金融業 ☐ 5. 製造業 ☐ 6. 服務業
☐ 7. 自由業 ☐ 8. 傳播業 ☐ 9. 家管 ☐ 10. 資訊 ☐ 11. 自由 soho
☐ 12. 其他 ____________
（請詳填本欄，往後來自賽尚的驚喜，您才接收得到喔！）

關於本書
您在哪兒買到本書呢？
連鎖書店 ☐ 1. 誠品 ☐ 2. 金石堂 ☐ 3. 何嘉仁 ☐ 4. 新學友
量販店 ☐ 1. 家樂福 ☐ 2. 大潤發 ☐ 3. 其他 ____________
一般書店 ☐ ____________ 縣市 ____________ 書店
☐ 1. 劃撥郵購 ☐ 2. 網路購書 ☐ 3.7-11 ☐其他 ____________

您在哪裡得知本書的消息呢？（可複選）
☐ 1. 書店 ☐ 2. 網路書店 ☐ 3. 書店所發行的書訊 ☐ 4. 雜誌 ☐ 5. 便利商店
☐ 6. 超市量販店 ☐ 7. 電子報 ☐ 8. 親友推薦 ☐ 9. 廣播 ☐ 10. 電視
☐ 11. 其他 ____________

吸引您購買的原因？（可複選）
☐ 1. 主題內容 ☐ 2. 圖片品質 ☐ 3. 編排設計 ☐ 4. 封面設計 ☐ 5. 內容實用
☐ 6. 文字解說 ☐ 7. 使用方便 ☐ 8. 作者粉絲

您覺得本書的價格？
☐ 1. 合理 ☐ 2. 偏高 ☐ 3. 偏低 ☐ 4. 希望定價 ____________ 元

您都習慣以何種方式購書呢？
☐ 1. 書店 ☐ 2. 網路書店 ☐ 3. 劃撥郵購☐ 4. 量販店 ☐ 5.7-11
☐ 6. 其他 ____________

給我們一點建議吧！

____

填妥後寄回，就可不定期收到來自賽尚圖文的出版訊息與優惠好康喔！

請沿虛線剪下，謝謝！

廣告回信
台北郵局登記證
台北廣字第 2066 號

10676
台北市大安區臥龍街 267 之 4 號 1 樓
賽尚圖文事業有限公司收

請沿虛線對折，封黏後投回郵筒寄回，謝謝！

食悟

千滋百味話川菜

請沿虛線剪下，謝謝！